教师教育系列教材

小学语文实践教程
(微课版)(思政版)

孙菊霞 主 编
王亚斌 王建峰 王 晔 副主编

清华大学出版社
北京

内 容 简 介

本书以微格教学理论为基础，紧紧围绕小学语文课堂日的教学实际，主要讲解小学语文课堂教学各项技能的概念、类型、构成要素以及各项技能的训练要点，并精选几项最基本的课堂教学技能作为重点训练内容，着重突出对导入技能、讲解技能、提问技能、结束技能和板书技能的训练。《义务教育语文课程标准》(2022 年版)提出四种语文学习活动方式，包括识字与写字、阅读与鉴赏、表达与交流、梳理与探究。本书根据新课标内容，主要讲解这四种活动板块的学段教学要求、教学策略和教学案例与分析，说明各项技能训练所必需的训练内容和方法指导等。本书内容与时俱进，富有时代特色，实践性和可操作性强。

通过小学语文微格教学基本技能的训练和四大活动板块教学策略的实际操作应用，能使师范生和各类教师更好地提升课堂教学技能。根据新版课标的学段教学要求，能使师范生和各类教师及时调整教学策略和方法，对教学案例进行深入的分析、解读，为进一步实践训练提供参考。因此，通过本书的全方位实训，可以切实提升师范生和各类教师的教育教学能力，促进教师的专业发展。

本书内容贴近实际，具有理论性、实践性和可操作性，既可以作为师范生职前训练的实训教程，也可以作为教师职业发展的培训教材，还可以作为各类教师专业技能提升的训练手册。

本书封面贴有清华大学出版社防伪标签，无标签者不得销售。
版权所有，侵权必究。举报：010-62782989，beiqinquan@tup.tsinghua.edu.cn。

图书在版编目(CIP)数据

小学语文实践教程：微课版：思政版/孙菊霞主编. —北京：清华大学出版社，2024.2
教师教育系列教材
ISBN 978-7-302-65251-9

Ⅰ. ①小… Ⅱ. ①孙… Ⅲ. ①小学语文课—教学研究—师范大学—教材 Ⅳ. ①G623.202

中国国家版本馆 CIP 数据核字(2024)第 034620 号

责任编辑：陈冬梅
封面设计：刘孝琼
责任校对：么丽娟
责任印制：刘海龙

出版发行：清华大学出版社
网　　址：https://www.tup.com.cn，https://www.wqxuetang.com
地　　址：北京清华大学学研大厦 A 座　　邮　　编：100084
社 总 机：010-83470000　　邮　　购：010-62786544
投稿与读者服务：010-62776969，c-service@tup.tsinghua.edu.cn
质量反馈：010-62772015，zhiliang@tup.tsinghua.edu.cn
课件下载：https://www.tup.com.cn，010-62791865

印 装 者：北京同文印刷有限责任公司
经　　销：全国新华书店
开　　本：185mm×260mm　　印　　张：15.25　　字　　数：371 千字
版　　次：2024 年 3 月第 1 版　　印　　次：2024 年 3 月第 1 次印刷
定　　价：49.80 元

产品编号：103113-01

前　言

　　学习并贯彻党的二十大精神，增强对习近平新时代中国特色社会主义思想的理解和认识，继承和弘扬中华优秀传统文化、革命文化、社会主义先进文化，弘扬伟大建党精神，全面落实立德树人的根本任务，进一步深化课程改革，推进中国式现代化发展，持续加强对师范生的教育教学技能的培养，既是高等院校师范及相关专业的职责和义务，更是教师教育类课程设置的重要内容。

　　2022年3月25日，教育部发布《关于印发义务教育课程方案和课程标准(2022年版)的通知》。2022年4月，新修订的义务教育课程方案和《义务教育语文课程标准》(2022年版)等16个学科的新课程标准正式发布，并于2022年秋季学期开始执行。2022年版新课程方案、课程标准，对广大教师提出了新标准、新要求，呼唤高素养、高创新意识的义务教育师资。高等师范院校的小学教育专业肩负着为义务教育初等学校培养师资的重要任务。输送合格、优秀的小学师资，以及教师专业的发展始终是教育部门要关注的问题。

　　当今时代发展变化极其迅速，教育数字化转型背景下的母语课程——小学语文，是为我国学生终生发展奠定基础的一门重要学科。语文教师的质量，直接对小学生听、说、读、写能力的形成具有至关重要的影响。语文教师除了要培养和训练学生听、说、读、写、思考等能力之外，还要在这些方面为学生作出示范和表率。多年来，对师范生教学能力的训练虽不断加强，但总体而言，这种教师课堂实践技能训练体系，随着社会与时代的进步，有待于持续更新、完善，使其更加系统化、更具可操作性。

　　日前，各类教师教育教材陆续出版，其中不乏新的探索，有不少地方值得借鉴，但我们认为教材还可以改进。师范生应具备的能力很多，在有限的时间内进行训练不太现实。因此，我们考虑编写一本从师范生实际能力和水平出发，便于在课堂上进行语文课堂教学技能训练的实用教材。本书主要有以下几个特点。

　　第一，内容与时俱进。根据《义务教育语文课程标准》(2022年版)的课程与教学理念进行教学设计与策略调整，并融入课程思政元素，符合时代要求和现实需要。

　　第二，教材内容系统。以微格教学理论为基础，紧紧围绕小学语文课堂教学实际，全书分技能训练部分和策略应用部分。技能训练部分主要讲解课堂教学技能的概念、作用及各项技能训练要求；策略应用部分，根据2022年版新版课标语文学习四大板块(识字与写字、阅读与鉴赏、表达与交流、梳理与探究)展开，主要提供不同内容板块教学要求、各项技能训练内容教学策略和方法指导等。

　　第三，实践性和可操作性强。技能训练部分精选课堂教学技能作为重点训练内容，着重突出对导入技能、讲解技能、提问技能、结束技能和板书技能的训练；策略应用部分聚焦《义务教育语文课程标准》(2022年版)提出的语文四大教学领域展开训练。从篇幅来看，概述部分占本书较小篇幅，绝大部分篇幅都是语文教学技能的训练。从训练材料的选择来看，绝大部分的材料、案例都来自课堂第一线，学生学习后可以马上模仿和应用。

　　第四，案例视频真实。每章均有学生真实课堂中展示的案例，更贴近大多数学生的实际情况，更接地气，更加真实，能与学生拉近心理距离，符合学生的心理认知特点。

第五，信息资源配套。运用信息技术手段，各章节配套教师精讲音频，针对各项技能关键要素和各个板块特点进行讲解，时间控制在15分钟左右，符合学生的认知特点和学习需要。

本书内容贴近小学语文课堂实际，具有理论性、实践性和可操作性，既可以作为师范生职前训练的实训教程，也可以作为教师职业发展的培训教材，还可以作为各类教师专业技能提升的训练手册。

本书是集体智慧和劳动的结晶。具体分工情况如下：孙菊霞任主编，王亚斌、王建峰、王晔任副主编。各章主要撰稿人(按章节顺序)孙菊霞(第一章)；孙迪、王亚斌(第二章)；成紫君、王亚斌(第三章)；苏闻怡、王建峰(第四章)；孙菊霞、胡葭(第五章)；刘彦佐、王亚斌(第六章)；孙迪、王建峰、王晔(第七章)；胡葭、成紫君、王建峰(第八章)；刘彦佐、王晔(第九章)；苏闻怡、王晔(第十章)。孙菊霞负责全书的统稿工作。

本书在编写过程中参考和借鉴了大量有关案例、研究成果和视频资料，在此向各位相关作者深表谢意；撰写、修改过程中征询并采纳了语文教育领域的学者靳健教授、倪文锦教授、陈黎明教授的宝贵意见，在此向三位专家致敬；也向为这本书提供案例、视频的吴杨、张昕、刘清华、张艺馨、王馨瑶等众多同学和老师，以及清华大学出版社的编辑表示感谢。

由于编者水平有限，本书难免存在一些不妥和疏漏之处，后续我们会持续改进，敬请广大读者批评指正。

编　者

目 录

第一章 小学语文教学技能概述 1

第一节 小学语文教师必备的教学能力 2
一、调整学习动机 2
二、教师工作的特点 3
三、小学语文教师必备专业素养 3
四、课堂教学技能 5
五、课外教学能力 5

第二节 小学语文微格教学及其发展 7
一、认识微格教学 7
二、微格教学的发展 8
三、小学语文微格教学 9

第三节 小学语文微格教学技能的训练过程 10
一、学习理论 11
二、教学示范 12
三、编写设计 13
四、尝试教学 16
五、反馈评价 16
六、分析诊断 17
七、修改设计再实践 18

第四节 小学语文教学技能训练模式 18
一、教师指导模式 19
二、自主训练模式 21
三、合作学习模式 21

本章小结 22
思考题 23

第二章 导入技能 24

第一节 导入技能概述 25
一、导入技能的含义 25
二、导入技能的功能 25

第二节 导入技能的类型 27
一、直接导入 27
二、复习导入 27
三、质疑导入 28

四、激趣导入 30
五、释题导入 32
六、悬念导入 33
七、直观导入 33
八、情境导入 34

第三节 导入技能的构成要素 35
一、引起注意 35
二、建立联系 36
三、形成期待 36
四、促进参与 36

第四节 导入技能训练要点 37
一、导入要密切联系教学内容 37
二、导入要紧密结合学生实际 37
三、导入要形式多样 37
四、导入要短小精悍 37

第五节 导入技能案例与评析 38
一、导入技能教案设计 38
二、导入技能案例展示 39
三、导入技能案例反思 39
四、导入技能案例评析 40
五、导入技能评价表 40

本章小结 41
思考题 41

第三章 讲解技能 42

第一节 讲解技能概述 43
一、讲解技能的含义 43
二、讲解技能的功能 44

第二节 讲解技能的类型 45
一、知识的类型与特点 45
二、讲解技能的类型 46

第三节 讲解技能的构成要素 51
一、讲解目标 51
二、讲解语言 52
三、讲解结构 52

四、知识联系 52
　　五、沟通思维 53
　　六、明确结论 54
第四节　讲解技能训练要点 54
　　一、讲解要准备充分 54
　　二、讲解语言要恰当 54
　　三、讲解要允许学生质疑 55
　　四、讲解要有启发性 55
　　五、讲解要把握时机 55
　　六、讲解要重视反馈、调控 55
　　七、讲解要与其他技能方式结合
　　　　使用 56
第五节　讲解技能案例与评析 56
　　一、讲解技能教案设计 56
　　二、讲解技能案例展示 62
　　三、讲解技能案例反思 62
　　四、讲解技能案例评析 62
　　五、讲解技能评价表 63
本章小结 64
思考题 64

第四章　提问技能 65

第一节　提问技能概述 66
　　一、提问技能的含义 66
　　二、提问技能的功能 66
第二节　提问技能的类型 68
　　一、根据教学目标分类 68
　　二、根据提问的技巧分类 73
第三节　提问技能的构成要素 76
　　一、核心问题 76
　　二、问题链 76
　　三、提问措辞 77
　　四、停顿节奏 77
　　五、合理分配 77
　　六、反馈探询 77
第四节　提问技能的训练要点 78
　　一、提问前注重问题设计 78
　　二、提问中体现提问艺术 81
　　三、提问后重视对学生回答的回应
　　　　与评价 82

第五节　提问技能的案例与评析 83
　　一、提问技能教案设计 83
　　二、提问技能案例展示 86
　　三、提问技能案例反思 86
　　四、提问技能案例评析 87
　　五、提问技能评价表 87
本章小结 88
思考题 89

第五章　结束技能 90

第一节　结束技能概述 91
　　一、结束技能的定义 91
　　二、结束技能的功能 92
第二节　结束技能的类型 93
　　一、封闭型结束 94
　　二、开放型结束 95
　　三、其他课堂结束类型 96
第三节　结束技能的构成要素 96
　　一、提供心理准备 96
　　二、概括要点，明确结论 97
　　三、回顾思路，强化方法 97
　　四、组织练习，巩固运用 97
　　五、拓展延伸，迁移运用 98
　　六、联系新的学习内容 98
第四节　结束技能的训练要点 99
　　一、及时总结巩固，保障良好教学
　　　　效果 99
　　二、采取多种方法，吸引学生关注
　　　　结束 99
　　三、联系教学目标，全局思考结束
　　　　环节 99
　　四、注意反馈信息，强化学生学习的
　　　　愉悦感 100
　　五、利用试讲，评价反思结束
　　　　环节 101
第五节　结束技能的案例与评析 102
　　一、结束技能教案设计 102
　　二、结束技能案例展示 110
　　三、结束技能案例反思 110

四、结束技能案例评析 112
　　五、结束技能评价表 113
本章小结 114
思考题 114

第六章　板书技能 115

第一节　板书技能概述 116
　　一、板书技能的含义 116
　　二、板书技能的功能 117
第二节　板书的类型 118
　　一、提纲式板书 118
　　二、结构式板书 118
　　三、图画式板书 122
　　四、主副式板书 122
　　五、综合式板书 123
第三节　板书技能的构成要素 124
　　一、板书的设计技能 124
　　二、板书的书写技能 125
　　三、板书的绘制技能 126
　　四、板书的呈现技能 127
第四节　板书技能的训练要点 128
　　一、增强职业认同感，调动板书
　　　　技能的训练积极性 128
　　二、明确板书要求，明确板书技能
　　　　练习的"指南针" 129
　　三、巧用微格教学，保障板书技能
　　　　训练的有效性 129
第五节　板书技能的案例与评析 129
　　一、板书技能教案设计 129
　　二、板书技能案例展示 138
　　三、板书技能案例反思 138
　　四、板书技能案例评析 138
　　五、板书技能评价表 139
本章小结 140
思考题 140

第七章　识字与写字教学策略
　　　　　与案例分析 141

第一节　识字与写字学段教学要求 142
　　第一学段(1—2年级) 142

　　第二学段(3—4年级) 142
　　第三学段(5—6年级) 142
第二节　识字与写字教学策略 143
　　一、拼音教学策略 143
　　二、识字教学策略 145
　　三、写字教学策略 148
第三节　识字与写字教学案例与分析 150
　　一、教学案例 150
　　二、案例分析 154
本章小结 155
思考题 155

第八章　阅读与鉴赏教学策略
　　　　　与案例分析 156

第一节　阅读与鉴赏学段教学要求 157
　　第一学段(1—2年级) 157
　　第二学段(3—4年级) 158
　　第三学段(5—6年级) 159
第二节　阅读与鉴赏教学策略 160
　　一、不同文体阅读与鉴赏教学
　　　　策略 160
　　二、单元整体阅读与鉴赏教学
　　　　策略 167
　　三、整本书阅读与鉴赏教学策略 170
第三节　阅读与鉴赏教学案例与分析 174
　　一、不同文体阅读与鉴赏教学案例
　　　　与分析 174
　　二、单元整体阅读与鉴赏教学案例
　　　　与分析 187
　　三、整本书阅读与鉴赏教学案例
　　　　与分析 190
本章小结 194
思考题 194

第九章　表达与交流教学策略
　　　　　与案例分析 195

第一节　表达与交流各学段的教学
　　　　　要求 196
　　第一学段(1—2年级) 196
　　第二学段(3—4年级) 196

　　　　第三学段(5—6年级) 197
　第二节　表达与交流教学策略 197
　　　　一、口头表达与交流教学策略 197
　　　　二、书面表达与交流教学策略 204
　第三节　表达与交流教学案例与分析 211
　　　　一、教学案例1 211
　　　　二、教学案例2 215
　本章小结 220
　思考题 220

第十章　梳理与探究教学策略与案例分析 221

　第一节　梳理与探究各学段的教学要求 222
　　　　第一学段(1—2年级) 222
　　　　第二学段(3—4年级) 222
　　　　第三学段(5—6年级) 222
　第二节　梳理与探究教学策略 223
　　　　一、鼓励学生观察和整理，掌握多种媒介呈现能力 223
　　　　二、引导学生自主学习，提高自我构建水平 223
　　　　三、结合学生兴趣和需要，开展丰富的探究活动 226
　　　　四、联系实际生活，培养学生的学习兴趣 226
　　　　五、采用多元评价，构建科学的测评体系 229
　第三节　梳理与探究教学案例与分析 229
　　　　一、梳理与探究教学案例 229
　　　　二、梳理与探究教学案例分析 233
　本章小结 234
　思考题 234

参考文献 235

第一章 小学语文教学技能概述

本章学习目标

> 明确学习小学语文教学的意义，调整学习动机。
> 了解小学语文微格教学及其发展的内容。
> 明确小学语文微格教学训练过程及模式。
> 了解小学语文常见的课堂教学技能。

重点与难点

教学重点： 掌握小学语文微格教学训练过程、途径与方法。

教学难点：
> 正确认识课堂教学技能训练与教师专业发展的关系。
> 了解各种技能的要素类型及它们在教学中所处的地位，并能够将其反映在设计中。

小学语文教学技能概述

导入案例

一位年轻教师的预设失准

一位年轻的教师讲授《九色鹿》一课，在教学过程中他提出这样一个问题："假如你看到调达在水中挣扎，你会去救他吗？"教师预先的设想答案是学生会回答"会"，这样，教师就会进一步追问"你为什么去救"？然后顺势而下，探讨在那样的危急关头，九色鹿不假思索、纵身跃入河中救人是本着怎样的一个出发点，从而感受九色鹿高贵的品质。然而，令这位教师没有想到的是，由于学生通过预习都知道了调达是一个卑鄙小人，因此当教师提出自己预设的这个问题时，全班同学竟异口同声地回答"不会！"这时，年轻教师缺乏足够的临场应变能力，一时竟慌了神，乱了阵脚，教学因此陷入了窘境。出现这样的教学问题，究其原因有以下三点。

一是教师在备课时只注重对文本的钻研，忽略了对学情的分析，诸如学生的认知水平怎样，已有的经验如何，以及学生对文本的初读感觉如何，怎样在这个基础上加以引导等。

二是教师在备课时忽略了师生在思维方式、认知水平上的差异。教师要知道，由于师生的年龄、知识水平、生活阅历、思维方式都存在较大的差距，学生与老师想不到一起是十分正常的。

三是教师在备课时思维单一，没有多种预设的心理准备，导致在教学过程中出现学生的回答超出自己的预想答案而束手无策的情况。当然，从学生的方面来分析，学生反应出乎教师意料的重要因素是，由于小学生受年龄特征和心理品质的影响，他们思考问题时往往基于感性认识而非理性思考，因此很多学生在回答老师的问题时带有明显的感情色彩。

由此可见，教师只有深入细致地了解学生的心理，才能避免出现这种意外状况；教师备课要多方设想，多种预设，如此才可以在出现意外时应对自如。

思考：

做一名教师，如何才能在教学过程中应对自如，灵活有效地处理各种状况？

(资料来源：挂云帆学习网，https://www.guayunfan.com.)

第一节　小学语文教师必备的教学能力

一、调整学习动机

教师这个职业是人类社会最古老的职业之一。教师是园丁，被誉为"人类灵魂的工程师"，是学生的成长向导。"师者，所以传道授业解惑也。"这是我们中学课文里学习的一句话。它告诉我们，教师能够传授道理、讲授知识、解决疑难问题。我们从小到大都要接受教师给我们传道、授业、解惑，从理论上来说，教师是一个崇高的职业。

教育是人们传承知识、文化和技能的过程。人之优劣，国之盛衰，全在于教育。在当今互联网信息爆炸的时代，学生可以从互联网上获取大量知识，尤其是人工智能高速发展期，ChatGPT、OpenAI等科学技术对人类的生存与发展有着巨大影响，教育领域正面临着巨大的机遇与挑战。然而，在课堂上，特别是在基础教育领域，个体教师的言传身教、传道、授业、解惑，依然具有非常重要的意义和作用。

教育是民族振兴的基石，是中华民族伟大复兴的基础性工程。百年大计，教育为本；教育大计，教师为本。发展教育，首先必须发展教师工作。在社会的发展中，教师是人类文化、思想、科学知识、技术的继承者和传播者。在教育教学过程中，教师起主导作用，是学生身心发展的教育者、引领者和组织者。教师工作的质量，直接关系我们国家年青一代的身心发展水平。很多人因受某位教师的影响，而选择教师这个塑造灵魂、塑造人格的高尚职业。

随着科技的迅猛发展，单纯传授知识越来越简单，人工智能可以取代很多简单重复的工作。但是，要培养真正的人才，尤其是顶天立地、有血有肉、有情感、正直善良勇敢的人才，任何时候都不可能被人工智能取代，这需要有丰富的人生阅历、富有教育教学资历的教师的言传身教。

当一名好教师，这是每一位教师的目标。对于一名教师或即将成为教师的师范生来说，提高自己的课堂教学技能是一个永恒的教育主题。无论是在校师范生、新入职的教师，还是有多年教学经验的教师，都希望课堂教学技能有进一步的提高。

如果你是一名想从事教师职业的在校大学生，或者是一名刚刚踏上讲台且工作不到三年的新教师，学习本课程，并按照课本所说的训练方法进行自我训练，那么你将会了解并初步掌握教师在课堂上应具备的教学技能。如果你是一名具有多年教学经验的教师，你也可以在本课程的学习过程中指导年轻教师，使他们更快地成为一名合格的教师。

二、教师工作的特点

随着社会的发展，不同的社会时期会出现不同的问题、不同的难点，这使教师的工作具有显著的创造性、长期性和社会性的特点。

教师工作的创造性，体现在教师面对的每一个学生都是一个特殊的个体，教师既要了解学生的共性，掌握学生学习认知的科学规律；又要掌握其不尽相同的个性，使每一个学生都得到充分的发展。水无常形，教无常法，教师必须具有良好的创新能力和创造性。教育过程是一个千变万化的过程，教育的内容和方法必须随着科学技术的发展和学生的身心特点不断改变。人生没有彩排，教师的育人过程时时刻刻都是现场直播，多变、灵动，有太多的因素是教育过程中教师难以预料的，因此教师要善于运用教育原理，利用教育智慧处理各种突发事件。

教师工作的长期性，是由人的成长周期决定的，生命的成长是一个漫长的过程，人的成长也是一个缓慢的过程。好教师要引导学生树立终身学习的观念，要点燃学生规划一生的激情，要促进学生成长，对学生的发展产生长期、连续的正面影响。好教师带给学生的绝不仅仅是好成绩，还有好品质、好习惯、好能力，更是一生取之不尽、用之不竭的成长动力。

教师工作具有社会性，因为生命的成长是一个受家庭、学校、社会多方面影响的过程。这三者不是相对孤立的教育"孤岛"，而是彼此联系、相互补充的环岛。教师不仅塑造学生的心灵，塑造人的生命，也在塑造未来社会的形象，创造未来社会的品质。正是在这个意义上，2014年9月习近平总书记在北京师范大学同学校师生代表进行交谈时说道："一个人遇到好老师是人生的幸运，一个学校拥有好老师是学校的光荣，一个民族源源不断涌现出一批又一批好老师则是民族的希望。"

三、小学语文教师必备专业素养

在教育数字化转型的信息社会，教师如果没有宽阔的视野、扎实的学识、快速收集信息的能力等必备的专业素养和优秀的学习能力，必然会举步维艰、寸步难行。信息化环境下的知识、资源非常容易获取，以往那种教育者垄断知识、受教育者必须被动接受知识的关系已经不复存在。在各种高科技手段的辅助下，学生掌握某些新知识、新技能的速度，甚至比教师还快。这种现象是教师必须面对，且需要深入反思的严峻问题和面临的时代挑战。因此，教师在拥有扎实广博学识的同时，更应该拥有收集关键信息、复活知识、灵活应用、批判思维、引导启发的专业能力。

学习的主体，始终都是学生自己。教师在对学生授之以渔的过程中，实现传授目标，传授课堂教学技能，同时成为学生前进的强有力的助推者。如果仅仅是掌握了知识，而不是将知识转化为智慧，不能掌握灵活有效的处理方法、教学技巧，很可能会出现教师越卖力、教得越吃力的状况，极端情况下甚至会造成师生之间的矛盾，使师生都受到伤害。

教师要懂得因材施教，把握恰当的教育时机，帮助学生建立终身学习的观念。一名优秀的学科教师必然要不断学习，学会站在大师的肩膀上进行专业阅读，站在团队的肩膀上进行专业交流，站在不同的角度进行专业反思，开阔眼界、开拓视野，敞开胸怀，乐于接受新事物、新变化，善于学习他人的成功经验，乐于分享自我的成长收获，在教学实践中不断总结提升，把一线经验完善、丰富为教育智慧，逐渐成为优秀的教育工作者。

多年来，人们对教师专业素养的讨论始终没有间断过。广泛认同的好教师必须具有良好的师德、优秀的教育教学能力、坚实的专业基础知识，以及健康的心理和强健的体魄。根据我国的教育国情，小学语文教师与其他学科教师相比，具有一定的特殊性，他们更可能担任班主任工作。永葆童真，爱生护生，声情并茂的表现力等都是小学语文教师不可或缺的专业素养。因此，持续拓展学识、全面提升能力，对于小学语文教师的专业发展非常重要。

1. 良好的师德师风

每一位教师都需要全面理解、准确把握、深刻认识自己承担的职责和使命，结合教书育人实践，时刻自重自省、自警自励，做以德立身、以德立学、以德施教、以德育德的楷模。要热爱祖国，拥护中国共产党的领导，认真学习和宣传马列主义、毛泽东思想等优秀思想，热爱教育事业。树立正确的人生观和价值观，发扬无私奉献精神，不做有损国格、人格的事。积极参加政治学习和宣传活动，做社会主义精神文明的建设者和传播者。严格遵守教育方针政策，遵循教育规律，尽职尽责，教书育人。正直诚实，作风正派，为人师表，遵纪守法等。

2. 强大的沟通能力

教师的人际交往能力是指教师与外界广泛沟通、联络的工作能力，包括组织课外活动、联系社会活动场地、安排各类参观、开展家访、做好班主任工作等。对学生、家长、同事、领导进行不同的人际交往。对学生关爱尊重多指引、耐心教导严要求，不以师生关系谋私利；对家长互通情况常家访，密切配合多尊重；对同事互相尊重不嫉妒，乐于助人多关心，取长补短多学习；对领导服从安排多体谅，顾全大局守纪律，互相理解多支持，秉公办事多团结。精准的表达理解能力，是好教师不可或缺的专业素养。

3. 良好的职业形象

教师的职业形象在人们的眼中通常是衣着整洁，朴实大方，仪表端庄，举止稳重。行为举止应当符合教师的职业特点，体现为人师表、奋发向上的职业精神。

4. 先进的教育理念和扎实的教育能力

教师要有先进的教育理念，要与时俱进，走在时代的前沿。能够及时了解外界变化及其对教育的影响，并及时作出反应，调整对课程的理解和对教学的把控。教师要有优秀的教育能力，要有端正的教学态度，严肃认真对待教学工作中的每项工作。要深入钻研，熟悉课标、教材。安排教学计划、进度时应符合学情，认真备课，善于激发学生的求知欲，组织好课堂教学，创造生动、活泼的课堂气氛，避免"填鸭式"灌输教学。讲课语言文明生动、清晰流畅，表达准确、简洁；板书整洁规范，内容简练精确。既严格要求学生，又尊重学生，对待学生一视同仁。热情、耐心地回答学生的提问，不讽刺挖苦学生。精心编排练习，认真批改作业，及时纠正错误。不占用学生的自习课或复习考试时间，以免增加学生的学习负担。按时做好教学质量检查工作，及时查缺补漏。按时上课下课，不迟到、不缺课、不拖堂等。

5. 良好的专业素养和熟练的教学技能

好教师必定是热爱学习、博览群书、视野开阔的终身学习者。扎实的专业基础知识，是好教师良好专业素养的坚实保障。

教师的教学技能包括课堂教学技能和课外教学能力。课堂教学技能是教师的看家本领，是教师课堂行为的实践技能，教师通过微格教学训练可以迅速掌握。课外教学能力包括教学设计能力、教学评价能力和教学研究能力等。

四、课堂教学技能

课堂教学技能，是指教师运用已有的教学理论知识，通过多次练习形成的稳固、复杂的教学行为系统。它可以从以下三个维度分析。

1. 技能水平维度

课堂教学技能包括初级教学技能和高级教学技能。具体而言，在教学理论基础上，按照一定的方法反复练习，或者由于模仿而形成的是初级教学技能；在教学理论基础上，多次反复练习而形成的、达到自动化水平的，是高级教学技能。

2. 内、外表现维度

课堂教学技能是教师必需的教育教学技巧。它对于取得良好的教学效果，实现教学创新具有积极的作用。它对外表现为成功地、创造性地完成既定教学任务，卓有成效地达到教学目的和获得有效的教学成果；对内表现为保障完成教学任务的知识、技巧、心理特征和个性特征的功能体系，是教师个性、创造性和教学要求的内在统一。

3. 表层、深层维度

从表面上看，课堂教学技能是教师在教学活动中有效促进学生学习的活动方式；从深层次剖析，课堂教学技能是教师职业个性品格和专业化修养外化的表征，是教学能力的重要标志。

教学技能从学科教学环节分析，主要包括教学设计、课堂教学、作业批改和课后辅导、教学评价、教学研究等。

五、课外教学能力

课外教学能力，是教师在课堂之外运用已有的教学理论知识，进行教学设计、教学研究、批改作业及课后辅导，以及教学评价等的能力。

(一)教学设计能力

(1) 能制订详细的课程授课计划和教学进度安排。
(2) 掌握撰写教学设计的基本程序、步骤和方法。

(3) 掌握教材知识结构和编排体系，把握教材的内容、重点和难点。

(4) 熟悉教学对象的总体思想状况和知识基础。

(5) 能够根据教学内容和教学对象制定适合学生实际的教学策略。

(6) 了解学生个体差异(智力水平、心理特征和个性倾向)。

(7) 掌握常用教学软件的使用方法、各类课件制作技巧和多种信息技术手段的运用。

(二)教学研究能力

1. 发现问题、提出问题

(1) 具有学术敏锐性，能够从教学过程中发现问题，并选择合适的研究课题。

(2) 制订科学的教学研究计划，并选择科学、合理的教育研究方法。

(3) 熟练应用文献分析、调查问卷、访谈观察、行动研究、教育实验等教育研究方法。

2. 分析问题、解决问题

(1) 掌握学科主要文献种类、检索方法，提高信息收集、选择、鉴别的技能。

(2) 善于对教学研究资料进行统计分析并转化成果、灵活应用。

(3) 明确教学任务和课程标准，熟悉教材内容与编排。

(4) 根据不同教学对象，制定科学、明确的学习目标与教学任务。

(5) 根据学生年龄特征和实际情况，灵活运用各种教学方法实施教学，并取得最佳教学效果。

3. 总结归纳、延伸展望

(1) 善于总结教学经验，擅长撰写教学研究日志。

(2) 掌握撰写课题总结和研究论文的方法。

(3) 根据研究相关问题，明确后续研究内容，不断拓展并深入研究。

(三)批改作业及课后辅导能力

(1) 能够根据教学内容选择作业形式，注意理论联系实际，启发学生积极思考。

(2) 能够合理控制作业的数量、质量和难易程度。

(3) 学生在完成作业的过程中，能够及时、恰当地给予辅导。

(4) 选择合理的作业批改方式，能总结学生作业中普遍存在的问题。

(四)教学评价能力

(1) 能用诊断性评价对评价对象的学习准备程度做出鉴定。

(2) 能用形成性评价了解学生学习上的进展情况。

(3) 能用总结性评价了解学生学习的质量、水平与效果。

(4) 能够根据考试目的和内容确定题型和题目的难度。

(5) 合理掌握评分标准，尽量减小评分主观误差。

(6) 能够撰写客观、科学的学业质量分析报告。

第二节　小学语文微格教学及其发展

在微格教学引入国内之前，教师的课堂教学技能更多是通过意会、言传、身教或较长时间的自我实践摸索得以提升。现在用微格教学训练可以帮助教师及时分析课堂教学行为，提升自己的教学技能。微格教学训练便于学习者掌握，也更符合教师成长的一般规律。

如果你想在课堂上游刃有余，寓教于乐，带着学生在未知神秘的世界徜徉，在广袤无际的宇宙遨游，那么我们就赶快开启学习旅程，从认识微格教学开始吧！

一、认识微格教学

(一)微格教学的定义

微格教学(Microteaching)是一种利用现代化教学技术来培训师范生和在职教师教学技能的系统方法。利用现代科学技术，在控制论和还原论的科学分析方法的基础上进行教学。

微格教学正式定名之前，"Microteaching"一词被翻译为"微型教学""微观教学"或"小型教学"。微格教学中的"格"，主要取义标准、规模、式样、范畴、推究、分析、矫正，即通过一点点的分解、推究课堂教学，纠正并形成标准的课堂教学行为。

(二)微格教学与微课的区别

需要注意的是，"微格教学"和"微课"是两个不同的概念。二者的共同点都是时间短，与真实课堂相比，时长大大缩短，一般控制在 5～18 分钟。从名称来看，二者表面相差无几，实则在授课方式和针对对象方面各有不同。

微课，通常是教师单方面仅就某个知识点进行重点精讲，意在让学习者自主掌握该内容，没有师生互动。

微格教学，则是一个缩小了的可控制的教学环境，它使准备成为或已经是教师的人有可能集中掌握某一特定的教学技能和教学内容。如微缩型课堂实景，麻雀虽小，五脏俱全，这其中有师生互动，有完整教学环节和角色扮演等活动。这个过程面向课后观摩录像的师范生或新教师，指导教师把教学过程完整示范给他们看，让他们观察、模仿、思考、实践、改进，以逐步提高自己的教学技能，其主要目的是提升教学能力、培训教师课堂教学技能。

(三)微格教室

微格教学训练有自己独特的环境。实际上，微格教学需要为学习者提供一个可反复练习的训练环境，使日常复杂的课堂教学得以精简，并使练习者获得大量的反馈意见，从而有机会不断修复、提升、改进自己的教学技能。这个环境通常称为"微格教室"，它是利用现代科学技术，在控制论和还原论的基础上建立起来的硬件设施，是一种专门为微格教学训练提供的练习教室。

微格教室的基本功能是通过对学生进行分组，使每个学生都有自己的练习小组，并根据小组成员的特点采取不同的教学方法，从而达到提高学生教学技能与综合素质的目的。

(四)微格教学的价值

过去教师教学能力的提高通常是自我磨炼提升和师傅带徒弟方式的提升。但是，这些途径的效率比较低，而微格教学是一种系统、高效、科学的训练方法。

要想有高效的学习效果，教师就要为学生提供"小步调"的学习任务，制定明确的目标和具体、可操作的指导。整体上需要优化教学的要素有学生、教师、教材和教法。课堂教学技能训练，常常采用微格教学训练方法，从教师和教法要素入手提高教学效率。

微格教学训练的具体内容以提高课堂教学技能为主，使用微格教学训练方法可以快速提高教师的课堂教学技能。微格教学对于教学技能的分类、教学技能培训过程、教学技能的定义、教学技能的评价、现代教学媒体的运用、微格教学设计及观察方法等，都有一系列教育教学理论做指导。学习者必须了解这些理论，包括微格教学的概念，训练过程，训练要点，教学技能的分类、单项教学技能的定义、功能、要素、类型、使用要点、评价标准等，如此才会形成自己对教学技能的认知结构，才能在指导教师的帮助下逐步掌握教学技能，逐渐提高教学效率和质量。

当然，微格教学不能解决教学中遇到的所有问题，也不能改变教师或师范生的个人素质和习惯，但大量、有效的微格教学训练，一定可以把一名稚嫩的师范生变成一位合格、成熟且越来越优秀的教师，甚至是教育专家。

二、微格教学的发展

1957年10月，苏联第一颗人造地球卫星发射成功，揭开了人类向太空进军的序幕，极大地激发了世界各国研制和发射卫星的热情。此时，西方国家开始思考自己落后的原因，美国经过大量的调查和分析，得出了这样的结论：科学技术的落后归根结底是教育的落后。因此，苏联卫星上天成为美国学校教育改革的催化剂。这场教育改革运动的范围涉及课程设置、教师培训、教学方法、教学管理等各领域。其中，以现代科学技术的应用来促进教育的发展，是这场教育改革的特色之一。作为教育改革的一部分，师范教育和教学方法的改革非常活跃。美国的教师教育工作者开始研究并开发新项目，意在改革课堂教学中教师教、学生听的教学方法，对师范生和教师进修进行科学的培训研究。

1963年，斯坦福大学的一名教授和他的同事在研究角色扮演时借鉴了为学习者提供示范的思想，从教学技能入手，首先运用摄像机记录教学行为，然后为学习者提供示范和反馈，这就是微格教学的雏形。随着研究和训练的不断深入，他们又参照教育改革中的教师评价标准，开发了教学技能评价的初步指标。

20世纪80年代中期，微格教学逐渐引入中国。微格教学作为培训教师教学技能的有效方法，很快就受到了广大教师的欢迎。

1991年，中华人民共和国教育部将能够开展微格教学列为高等师范学校和中等师范学校办学达标的重要条件，微格教学获得了国家的认可，这一规定极大地促进了我国教师教学技能培训的发展，从此，微格教学覆盖了全国的师范院校。到目前为止，几乎所有的师范院校都有微格训练教室。

三、小学语文微格教学

各学科都可以采用微格教学训练方式,以帮助新老教师迅速掌握并提升课堂教学技能。小学语文课堂教学技能,是指小学语文教师在语文课上对学生实施教育教学的各项技能,主要通过微格教学训练获得,以推进语文教学活动的开展。

随着新一轮课程教学改革的全面到来与不断深入,课堂教学技能也在持续更新并增添新技能。

常见的课堂教学技能有导入技能、讲解技能、提问技能、板书技能、结束技能、示范演示技能、应变技能、强化技能、教学语言技能、观察技能、沟通技能、组织调控技能、学习支架构建技能、学习指导技能、思维指导技能、评价(反馈引导)技能及各种技能的综合运用等。其中,导入技能、讲解技能、提问技能、结束技能和板书技能,是任何讲授都不可或缺的必备关键技能。

随着教学经验的不断积累,教师可以根据学情和教材内容,灵活、综合运用多项技能。需要强调的是,在运用评价技能对学生进行反馈引导时,要特别注意引导学生学会自评、互评,帮助学生正确认识他评,这涉及学生自我认知,有必要在这方面深入研究和探索。每一位教师都要形成自己的教学风格,达到艺术化教学的水平,就必须遵循教学技能的发展规律。在熟练掌握教学技能的基础上,不断探索,不断创新。

本部分以教学语言技能为例简要说明,导入技能、讲解技能、提问技能等在后续章节详细说明。

(一)教学语言技能的定义

教学语言技能,是指教师传递信息、提供学习之道的语言行为方式。它是一切教学活动的最基本行为,非独立存在。

(二)教学语言技能的功能

教学语言技能的功能有以下4点。
(1) 教学语言是教学信息和情感的载体。
(2) 富有教育性、启迪性、情感性。
(3) 能够启发学生乐于思考、深入探索。
(4) 具有示范性、规范性、科学性。

(三)教学语言技能的类型

教学语言技能有以下5种类型。
(1) 引入语言——目的性、针对性、关联性、直观启发趣味性、时间适度。
(2) 揭示语言——语言简明、生动形象、及时反馈调整。
(3) 启迪语言——反复问、连续问、追问、多角度问等。
(4) 阐释语言——纯正规范、准确严谨、清晰简练、生动形象、幽默诙谐。
(5) 评价语言——对学生的反馈信息进行判断、分析和评价。

(四)教学语言技能的构成要素

教学语言技能由以下 6 个要素构成。
(1) 语音——发音准确、吐字清晰。
(2) 语速——节奏恰当、语气停顿。
(3) 语调——语音高低、强弱起伏。
(4) 音量——控制气息、起伏变化。
(5) 节奏——语速快慢、语音强弱。
(6) 词汇——准确多样、科学生动。

(五)教学语言技能的训练要点

教学语言技能训练包括以下 6 个要点。
(1) 情感饱满,符合教学情境,能迅速进入角色,富有感染力。
(2) 语言生动活泼、形象具体、富于变化,充满童趣。
(3) 严密有条理,逻辑清晰,富有说服力。
(4) 内容正确,能够熟练掌握教材,语言客观清晰,不妄下断语。
(5) 教学语言规范,有示范性,文明礼貌用语,不滥用俗语粗话。
(6) 富有教育性,善于潜移默化地熏陶、教育、激励学生,保护学生的自尊心。

第三节 小学语文微格教学技能的训练过程

微格教学训练过程一般分为 7 个步骤,即学习理论、教学示范、编写设计、尝试教学、反馈评价、分析诊断、修改设计再实践。具体流程如图 1-1 所示。

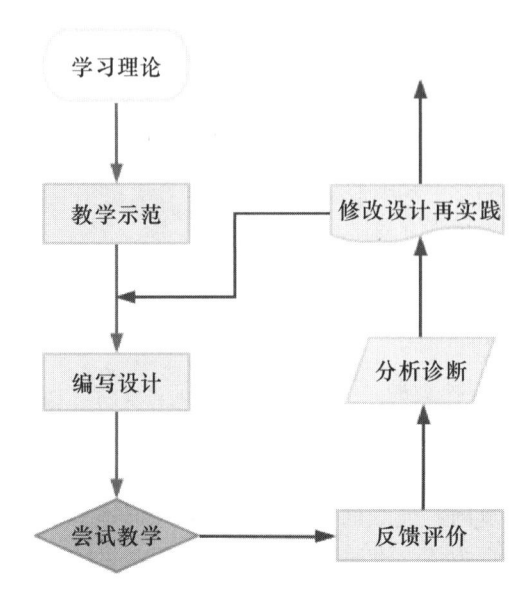

图 1-1 微格教学训练过程

进行完试讲并修改过教学设计后,要再试讲一次、两次或多次,这样才能逐渐达到训练的目的。下面,我们来了解一下每个步骤的具体内容及实施过程。

一、学习理论

学习理论,是指微格教学训练之前需要学习的具体内容,包括与教学技能相关的教育教学理论、学科课程标准、教学理论与方法、微格教学理论等内容。

(一)教育教学理论

随着时间的推移,教学的理论和实践不断产生新的成果,如当代学者的认知发展理论、掌握学习理论、多元智能理论、建构主义理论等为教师学习提供了监控学习、反思教学、研究性学习、合作学习等教学策略和经验。了解新的教育理论,有利于教师树立新的教育观念,适应社会的发展要求,跟上时代步伐,在教育沃土中不断开拓和耕耘,使教师能够健康发展和快速成长。所以,掌握现代教育理论是微格教学的重要内容。

(二)学科课程标准

学科课程标准,是指导教师进行教学的纲领性文件,是学科教学的主要依据。教师必须结合教材实际予以准确解读,这样才能真正理解课程,并明确学科教学的具体任务,从而制定科学、明确的学习目标,促进课堂教学效率和质量的提高。所以,理解和熟悉最新版义务教育学科课程标准是提升小学语文教学技能的基本保障。

(三)教学理论与方法

教学技能是实现教学方法的手段,如果教师不懂教学方法,运用教学技能就具有极大的盲目性。随着教师对新课程教学理念的深入理解,教学理论与方法不断丰富、创新,科学、合理地运用教学方法,对于全面提高教学效率和质量具有重要意义。

学习者必须学会根据学习目标,考虑课程性质及教材特点、学生年龄特征和实际水平,灵活地运用各种教学方法来完成教学任务,从而取得最佳教学效果。

(四)微格教学理论

微格教学是训练学习者掌握教学技能的科学、规范的方法,它有一套完整的体系。微格教学对于教学技能的分类、教学技能的培训过程、教学技能的定义与评价、现代教学媒体的运用、微格教学设计及观察方法等都有一系列的教育教学理论作为指导。学习者必须了解这些理论,包括微格教学的概念、训练过程、训练要点,教学技能的分类,单项教学技能的定义、功能、要素、类型、使用要点、评价标准等,对教学技能形成认知结构,才能在指导教师的帮助下掌握教学技能,提高教学效率和质量。

教学技能是一种教学行为,心理学中对技能的定义是,完成某项具体任务的动作或心智的活动方式。微格教学定义的教学技能是,对应完成某项教学任务的一类有效教学行为。这一类有效教学行为是指完成某项具体任务的动作或心智活动方式。对教学技能的描述,必须从构成要素方面对它进行细致的描述,并借助案例进行讲解。比如对导入技能的阐述,导入技能是教师在一个新的教学内容或教学活动开始时,先通过问题情境的教学方式引起学生的注意，激发学生的兴趣，使学生明确学习目标，形成学习动机的一种教学行为。导入技能是教师心智技能和动作技能的相互配合，共同作用的一种课堂教学技能。心智技能是教师通过分析教学内容、学习目标和学生情况，适应相应的问题情境。动作技能是在课堂中恰当地设计、应用导入活动，以引起学生学习新课程或新内容的兴趣。导入技能也是一项基本的教学技能，是教学过程中的重要技能，广泛应用在各种类型的课堂教学中，并常常与提问、观察、讲解等教学技能一起应用。

运用教学技能并不像使用家用电器那么简单，我们使用家用电器可以不必理解它的内部构造和原理，只需要按照使用手册的操作步骤去做，就能够发挥其功能。教学技能是有目的的教学行为，教师在运用教学技能的时候，不仅要知道应该怎么做，还必须知道为什么这么做。所以，只有在理解有关的教育学、心理学理论的基础上，才能够保证用得其所，切实实现其教学功能。如果学习者不认真学习微课教学理论，有的甚至连教学技能的要素都不了解就去上微格课，只会欲速不达，不会有好的训练效果。

二、教学示范

教学示范是学习者运用学过的微格教学理论去感知微格课对某个技能的使用情况。为了让学习者对所训练的技能准确地领会、理解，在训练前通常要结合理论学习，将教学技能的音像或文字材料作为示范。通过对教学技能的示范，可以给学习者提供一个鲜明的样板，便于学习者感知、理解和分析教学技能，也便于指导教师现场指导和讲解。

观看真实的角色扮演课、微格课或示范课，可以使学习者有身临其境的感受，但学习者一定要事先准备，根据各技能评价表拟出观察提纲，边看、边思考，并做听课笔记，看完示范课要进行讨论。

利用多种多样的平台获取资源，具体如下。

(1) 搜索网络资源，查找相关课堂教学实录、名师视频等音像、文字资料。

(2) 中国教育网络电视台、国家智慧网络云平台、教育类 App、微信公众平台等。

(3) 小组合作或个人摸索录视频、看教学短视频，深入观摩、讨论、研习。

(4) 其他(有待学习者不断创新、自主探索)。

指导教师要进行讲解，帮助学习者准确感知并领会教学技能，此外，看教学技能训练的文字材料也是必要的。提供的学习材料包括微格理论、微格教学设计、教学技能训练的经验介绍等。

既要有理论，又要有实践经验，便于学习者长时间地思考、理解和消化，同时还能增长见识，积累间接的教学经验。

学习提问技能的定向功能时，可以阅读相关的文字材料、理论。学会提问，是非常重要的学习能力，教学的各个环节都会用到提问。提问可以成为联系学生思维活动，开启学生智慧之门的钥匙。在教学过程中，教师发问，此时，提问就是一根引导线，能把教学活动有机地联系起来，使学生的兴趣和注意力集中到一个一个的专题或概念上，从而产生解决问题的自觉意向，去实践经验。

三、编写设计

通常来说，编写设计有一套程序可供参考，如图1-2所示。首先基于对学生特征的分析，确定教学目的，明确学习任务，其次选择教学策略和需要借助的教学媒体，再次安排教学进程并实施教学，最后教学评价后再回到有问题的环节进行修正、调整。

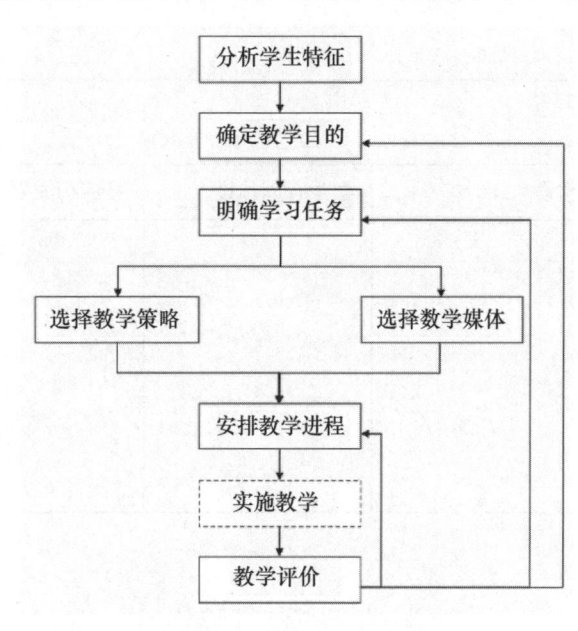

```
分析学生特征
    ↓
确定教学目的 ←──┐
    ↓          │
明确学习任务 ───┤
    ↓          │
选择教学策略  选择教学媒体
    ↓          │
安排教学进程 ───┤
    ↓          │
实施教学       │
    ↓          │
教学评价 ──────┘
```

图1-2　教学设计程序

编写微格训练教学设计，是教师把教学技能知识用于教学实践的第一个动态操作过程，编写教学设计，能体现学习者对教学技能的理解和运用水平。

这种教学设计是学习者进入角色扮演，也就是进行实践演练、试讲训练的具体依据，也是完成教学任务的保障。如果设计不符合要求，教师就不可能很好地进行微格教学的训练。每次训练只集中在对某一项教学技能的观察分析和评价上，以便使学习者容易掌握。

小学语文微格训练教学设计包含训练目标、时间安排、授课行为预设、学生行为预设、技能构成要素、设计意图等内容，如表1-1所示。从表中我们可以看出，它与一般的教学设计模板不太一样，特别多出了"训练技能"一栏。

教师制定教学训练目标时，必须围绕微格课所选的教学内容，要求针对性强，具体、明确、可评价。分析教学背景，可以帮助学生更好地进行训练设计。

1. 训练目标

从过去几年进行微格教学指导的教学实践中发现，学习者在制定训练目标时容易犯两个错误：一是目标定得大，盲目抄参考书，不顾课堂教学实际情况；二是具体明确的训练目标制定不出来，只能设定含糊、笼统的训练目标。

表 1-1　小学语文微格训练教学设计

小学语文微格训练教学设计表		
班级：	姓名：	学号：
年级：	课题：	训练技能：
训练目标：		
教学背景分析：		

时间安排	授课行为预设	学生行为预设	技能构成要素	设计意图

板书设计	
思考与感受：	

✎ 【案例 1-1】

《小蚂蚁》微格教学训练目标制定

两位师范生练习导入技能。他们制定的训练目标分别如下。

A 生制定的训练目标：(1)对本课产生学习兴趣；(2)了解蚂蚁的习性特点。

B 生制定的训练目标：(1)对本课产生学习兴趣；(2)知道本课的学习目标。

分析：

A 生制定的训练目标，其实是针对全篇课文的，从练习导入技能的设计来讲，制定的目标显然过大。

B 生制定的训练目标，显然是针对微格教学训练导入技能设计的(短短几分钟)。

结论：可以说，B 生制定的训练目标更加准确且符合实际。

(资料来源：沈阳大学小学教育专业学生作业.)

指导教师必须对训练目标的制定给予具体的指导，帮助学习者理解课程标准，深入地钻研教材，因为理解课程、钻研教材，是学习者制定准确训练目标的重要前提。引导学习者将教学总目标分解成微格课的具体训练目标。

需要注意的是，学习者非常容易把表 1-1 中的训练目标当成教案中的学习目标，这里特别写明了是训练目标，因此，一定要突出微格教学技能的训练目标。

2. 授课行为预设

教师的授课行为包括讲解、提问、演示、板书等教学活动，这是一个有顺序、有步骤的教学过程。微格课的时间短，教学内容少，必须把教学过程时每一步都写清楚，这样便于教师(学习者)查阅和使用，也有利于教师在上微格课时集中精力，练好技能。

需要指出的是，教师(学习者)的教学行为是一种预设，事先一定要经过周密的部署，它与学生行为(预想回答)一栏相呼应，从而使设计更具有可行性。

学习者如果缺乏经验，备课时对课堂教学没有预测性，提不出应变措施，就需要指导教师点拨、提醒，帮助其制定一些应对课堂变化的措施。

微格教学的微格课是模拟课堂来训练教学技能的，所以学习者必须明确自己训练的是何种技能，怎样练，这是微格课成功的关键。

虽然微格课教学规模小，但是却是复杂的，真实课堂教学要求学习者运用的教学技能有多种，所以学习者必须知道自己练习技能的要素和类型，在教学中所处的地位，并将它们明确地体现在设计中。这是微课教学训练的重点，也是难点。因此，过了这一关，实际上就等于初步掌握了课堂教学技能。

3. 学生行为预设

学生行为预设，是教师(学习者)在备课中预想的学生行为。学生在课堂教学中的行为有观察、回忆、解答、操作、写字、阅读等。备课中，教师要通过想象预测学生的课堂行为，这可以在课上更好地应对意料之外的学生行为。

撰写教学设计时，我们可能更多地关注教师的教学行为，而不太关注学生，没有把学生当成学习的主体，这与当前以教师为主导，学生为主体的思想理念相违背。微格教学训练中要特别加以关注，时刻做到心中有学生，这至关重要。

常见的问题是，备课时教师(学习者)往往一厢情愿，只顾自己怎样讲，只想把自己知道的东西一股脑儿灌输给学生，却忽视了课堂教学中对学生的组织管理，忽略了课堂中学生微妙的表情变化和各种情感反应，结果在教学中偏离训练目标，导致教学训练出现误差。

4. 时间安排

写时间安排时，要从 0 分 0 秒开始计时，而且课堂教学的每一步都以分秒计时。例如，0 分 5 秒、0 分 25 秒、1 分 15 秒、1 分 46 秒、5 分 08 秒等。

这样安排的目的是使学习者具有一定的时间观念，能够掌握课堂教学各个环节的进程，因此学习者应该努力掌握。实践证明，经过微格教学训练的学习者对上课时间掌握得都比较准确。

5. 技能构成要素

明确练习的是何种技能和练习的方法。要非常清楚地知道练习的技能要素和类型，其所处的位置，要格外鲜明地在设计中反映。

6. 教学意图

注明要使用的视听材料或各类相关课程资源，以便课前做好练习准备。教师的板书内容也可在此栏注明。这里的板书内容与教学设计模板后面的板书设计内容相同，但这里要注明板书的书写时机，后面的板书设计是黑板上书写板书的结构设计。

微格教学设计的各项不是一成不变的，实际操作过程中可以灵活设计、应用。它可以随着对微格教学理解程度的加深及随着研究性教学成分的增加，进而逐渐发生变化和逐步改进。

7. 思考与感受

教学设计修改后，首先教师要给学生创设一个思考环境，让学生通过思考明确重点，写出自己的感受和体验，进而引导学生通过思考制定最佳设计方案。

四、尝试教学

学习者运用自己设计好的教案找几个同学一起进行角色扮演(试讲)，或去微格教室录制，或自行选择、寻找适宜的地方，反复练习。

五、反馈评价

上完微格课后，很重要的一点就是进行反馈评价。

反馈以回放录像的方式进行，可以在微格教室录制，也可以直接用手机录制，实在没有条件的也可以用录音的方式进行录制。总之，要让学习者充分了解自己上课时的各种表现，并能促进自己修正、调整。

反馈的时间要及时，最好课后立即进行，最迟也不要超过三天，时间太长会失去新鲜感，而且容易忘记，不利于改进教学。

1. 回看录像

看录像，最能真实、准确地反映教师角色的表现。指导教师和学习者可以边看，边记录，边评价，重要情节可以回看，不确定的地方可以重放，学习者之间意见不一致的地方还可以用定格观看，方便开展讨论。一般来说，多次观看自己的教学录像会有意想不到的效果。

2. 填写评价表

微格课结束后，应填写微格课专用的教学技能评价表，后面章节会详细介绍。

3. 评价

评价可采用自评、互评和指导教师评。

评价是学习者进行教学反思必不可少的环节，学习者既能从评价中看到自己的长处和不足，也可以从别人的评价中提高对理论的理解程度，积累教学经验。不断反思对提高教学能力很重要。

评价主要考察训练是否达到了目标，根据评价表衡量是否符合训练技能的要素，教学还需要做出什么样的改进。指导教师评价要依据教学技能评价项目和学习者对教学技能的使用情况，指出学习者的优点、缺点。

评价一定要抓重点，不能眉毛胡子一把抓。同时也要注意评价用语，避免主观性贴标签，要注意多肯定、多鼓励，有问题委婉指出，更好地帮助自己和同学共同进步。

六、分析诊断

通过分析产生的原因，上课教师可以知道学习者的优势和不足，从而明确接下来要努力的方向。分析时要发挥集体智慧，由指导教师、同伴、上课教师一起对微格课进行讨论。

在分析上微格实践课时的优势和不足时，应该注意目标意识、方式多样这两点。

(一)目标意识

目标意识，是指学习者制定所要达到的教学技能训练目标，明确的训练目标是保障技能训练质量的前提。目标意识要求学习者做到以下几点。

(1) 备课时，要掌握教学技能训练过程，理解训练目标，增强角色扮演的目的性。

(2) 在技能训练中，要发挥主观能动性，紧扣技能训练的目标，克服随意性。

(3) 在微格课结束后，要参照教学技能评价表，检查教学技能训练目标的落实情况，对不足之处参照目标予以纠正、改进。

例如，学习者训练提问技能，在设计中，如果不写提问技能的要素或类型，就看不出学习者是否要用提问技能进行微格教学技能的训练。也就是说，学习者还没有建立教学技能概念，这种情况下，一般先不要急于进行角色扮演。如果急于进行角色扮演，很有可能会产生不好的效果。

刚开始参加技能训练的学习者，如果没有明确的教学技能训练目标，特别容易把微格课当成教学片段课，那样便失去了教学技能的训练意义。

微格课后的反馈评价为改进教学、提高技能训练水平提供直接依据。只有通过对课堂教学的分析讨论，才能使学习者清楚怎样才能把教学技能有效地运用于课堂教学实际，这是各项教学技能训练的进一步升华。

(二)方式多样

为了提高研讨效果，可以用多种方法进行微格课教学训练。

1. 讨论法

学习者说课、讲评，其他学习者和指导教师配合并进行分析、评议。

2. 对比法

带着学习者上课出现的问题，再次观看示范录像，将两课进行对比、分析，这样学习者对示范课的理解才会更深刻。

3. 反馈法

微格课上完后，学习者首先进行自我反思与评价，并提出改进教学的建议和意见，除此之外，还要用录像记录评价实况，然后再通过回放录像，评议学习者的评价质量。一起研讨时，可采用头脑风暴的方式展开，每位评价者每次至少提出一个优点和一条建议。

由于采用现代化技术手段对课堂教学进行真实记录，不是凭感觉记忆评价教学，评价材料客观统一，学习者和指导教师的意见容易达成一致。这么做，人为成分减少了，科学性变强了，评价公正、客观了，学习者就容易心服口服。由于反馈评价迅速、真实、可靠，质量高，学习者矫正自己的教学行为目标明确，因此有利于学习者看到自己的优势，并能及时改正自己的不足，扬长避短，这样会更快地成长为一名好教师。

七、修改设计再实践

学习者参加研讨，进行教学反思，写出自己的思考与感受，然后重新写新设计或修改原设计，也可以参考别人的优秀设计进行修改，从而改进自己的教学技能。

学习者修改设计后，还要第二次上微格课，只有再上一次微格课，才能找到教学感觉，使自己的教学技能稳步提高。

人们的某一动作如果没有做好，都会希望再尝试一次，直到学会为止。同样地，提高教学技能也是这个道理，只是因为教学的特殊性，常规课堂教学具有不可重复性，教师往往对自己的教学留下很多遗憾。他们要想改进教学，必须等下一个学年，而且还是在不换教材、不换班级的情况下，但是原来的学生已经升到高年级了，此时的学生已经不是当时的学生了，因此课堂真实训练是不可能重复进行的。实践证明，微格教学模式具有可重复性，这是微格教学在教师培训方面的优势，也是微格教学对教师培训的特色之一。

微格课后利用录像进行反馈评价，指导教师与学习者共同分析讨论，并提出改进意见。修改教学设计后，再上一次微格课进行第二次讲解。这种手把手的教学有着一般教学讲座不可替代的优势。教师传递给学生的信息是立体的、鲜明的、生动的，而且发挥了学生的主动探索精神，这种教学方法是先进的。由于有前后对比和指导，大家积极配合，第二次讲课的效果一般都会优于第一次，这对提高学习者的教学能力和积累教学经验非常有好处。

第四节　小学语文教学技能训练模式

小学语文教学技能训练模式最常采用的就是微格教学模式，因为微格教学模式不同于真实的课堂教学，它具有可重复性，也就是说，一旦某个环节出现问题或错误，还可以反复回到该环节调整、修正。

微格训练模式，是在一定教学思想或教学理论指导下形成的较为稳定的教学活动结构框架和活动程序。作为结构框架，突出了模式从宏观上把握教学活动整体及各要素内部之间的关系和功能；作为活动程序，则突出了模式的有序性和可操作性。

微格教学训练模式一般有三种：教师指导模式、自主训练模式和合作学习模式。

一、教师指导模式

与学生自主训练模式不同的是，教师指导模式重点是在指导教师的全面引领、指导下进行训练、学习。教师指导模式主要有七环节回环训练式、讲解示范指导式、模仿迁移讨论式、评改教案反思式、技能分解训练式、综合协调运用式、课题研讨实验式和评价反馈矫正式等八种。

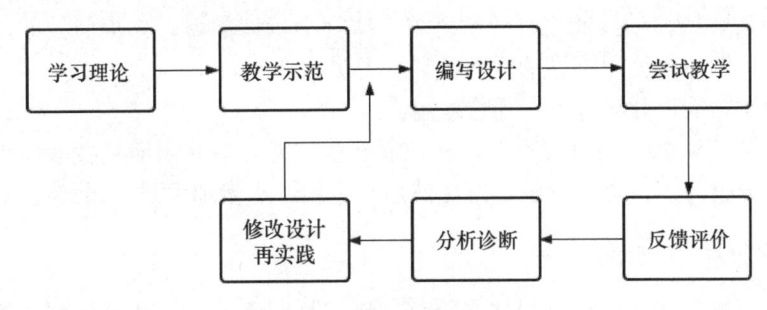

(一)七环节回环训练式

七环节回环训练式，如图1-2所示。这是微格教学技能训练的基本流程模式。它的特点是全面按照技能训练流程进行训练，按照七个环节循环进行技能训练，也称为磨课，可以达到全面掌握教学技能、学会教学的最终目的。

学习理论 → 教学示范 → 编写设计 → 尝试教学 → 反馈评价 → 分析诊断 → 修改设计再实践 →（回到教学示范）

图1-2 七环节回环训练式

(二)讲解示范指导式

由指导教师传授微格教学理论，重在指导学习者形成认知结构。

模式：详细讲解—示范分析—指导练习—评价鼓励。

讲解并不是要求指导教师进行"灌输式"教学，因为学习者的知识结构不能只靠听，只有要讲解与示范结合起来才能有好效果。教师要注重改进教法，多用启发式教学，同时也要重视讲解后学习者的运用效果。

(三)模仿迁移讨论式

不要单纯进行理论传授讲解，而是把理论与实际教学范例结合起来运用，通过示范演示，为学习者提供模仿、迁移样板，观察研讨，从而建立新的认知模式。

模式：自学理论—示范演示—讨论分析—建立新认知模式。

学习者先自学微格教学理论，指导教师带领学习者观看示范教学，然后根据微格教学理论与学习者一起深入讨论、全面分析、交流听课的收获和体会，以此形成教学技能的新的认知模式。这里的关键是，学习者首先要了解微格教学理论，听课时要注重要点，否则达不到微格教学的训练效果。

(四)评改教案反思式

在进行微格教学训练之前，指导教师要与学习者一起根据教学内容和教学理论，评价修改学习者撰写的微格教案设计，并在教案设计实行前进行反馈。结合评价修改设计，指导教师可进行答疑解惑，为学习者提供课堂教学经验信息，并帮助学习者反思回味、推敲琢磨。这是提高学习者技能水平，特别是使用技能策略、水平的有效方式。

模式：写教案设计—评价设计—修改设计。

这种模式是课前的模拟教学，相对省时、省力，但需要发挥一定的想象力，用心琢磨。纸上得来终觉浅，这种模式的缺点是纸上设计的内容与实际课堂教学有差距，学习者在课堂教学中的临场发挥会存在各种不确定性因素。因此，教案设计要尽可能写得详细，师生的每一句话都尽己所能地预设出来，这样可以大大提升真实演练时突发事件的应对能力。效果要靠学习者自己在实践中检验出来。另外，指导教师的经验水平也会影响最终的教学效果。

(五)技能分解训练式

对具体的某一项教学技能进行分解练习，实行小步调学习。如提问技能，可以先练习区分提问类型，然后再使用不同的提问类型练习提问技巧。

模式：教学技能—分解练习—评价运用。

这种技能分解训练式练习实际上是从一般教学技能开始，由简单技能向综合技能过渡的练习。先拆分技能，再进行分解训练，然后一小步一小步地前进，最终可以熟练运用。

(六)综合协调运用式

承接技能分解训练式，这种模式与分解训练式是顺承关系，从整体到分解再到综合。其是将已掌握的各种技能构成要素综合协调起来进行训练，是让教学技能训练达到熟练运用的重要方式。

模式：技能 a—技能 b—技能 c—综合练习—熟练运用。

这种模式是微格教学训练全过程的技能训练模式。比如，学习者先练习导入技能，再练习提问技能，再练习讲解技能，使每个步骤的练习过程掌握的技能越来越多，并能融为一体，灵活运用，在导入中提问，并在提问中融入讲解，从而使教学能力越来越强，并达到综合运用教学技能的目的。明白了这个特点，也就理解了微格教学技能训练的实质。

(七)课题研讨实验式

在学习教学技能的过程中，学习者根据遇到的问题提出研究课题，小组合作，集体讨论备课，然后进行课堂教学实验，利用微格教学开展教学研究。

模式：提出课题—小组讨论—教学实验—研讨总结。

比如，就"怎样进行探究学习"这个问题，学习者可以在教师的指导下集体备课，然后由其中一位或两位学习者在微格课上进行教学试讲，课后大家根据上课情况共同进行讨论研究，比较分析，找出成功和不足，提出改进建议和意见。这种模式的优点是方便、灵活，便于课前反馈研究教学，而且没有接触微格教学训练的学习者也可以利用这种形式开展研究。

与一般教学研究不同的是，这种模式不是采用大课的形式进行研究，而是采用微格教学训练的形式进行研究，可以为将来成为研究型教师打好基础。

(八)评价反馈矫正式

指导教师与学习者共同观看微格教学实况录像，评价并提出改进建议和意见，由学习者根据评价和反馈意见，矫正不良，纠正不当，改进上课效果。

模式：反馈评价—分析研究—二次上课—总结评价。

这种模式的重点是试讲后的反馈、评价和矫正，前提是学习者必须理解微格教学理论，运用教学技能理论有依据地去评课。否则，评课时就会泛泛而谈，无法根据各种技能的评价项目集中精力地、有针对性地评点课堂教学技能情况，也就起不到良好的促进效果。

二、自主训练模式

自主训练模式，是由学生自主、自发组织学习，进行训练。自主训练模式有三种：问题解决自训式、课前模拟探索式和课后评改矫正式。

(一)问题解决自训式

通过课堂教学评价，学习者知道自身存在的主要问题，自定训练目标，开展有针对性的训练。比如，某个学习者知道自己上课时教学语言毛病多，于是依据教学语言技能的各项要求进行练习，然后根据教学录像来反馈、评价、矫正，直到教学语言的毛病改掉为止。

(二)课前模拟探索式

上课之前教师如果心中没有目标，则要在课前自己组织、设计小课堂进行模拟教学，探索理想的教学方式，为上好大课积累教学经验。例如，学习者选择一部分教学内容(教学重点或难点)准备一节微格课设计，选择几名学生或同伴上微格课，进行模拟教学。根据上课的实际效果再修改、完善教学设计，积累教学经验，为上好大课做准备。这种模式对新教师完善教学和老教师研究教学都较适用。

(三)课后评改矫正式

在课堂教学时，用录音机或摄像机(手机)进行实况记录，课后进行反馈、评价，然后改进教学。这种模式也有优点和缺点。

优点：教师自己练习，没有心理压力，自由度比较大，有利于发挥主动性。

缺点：因为没有别人的帮助，得不到其他人的建议和意见。

三、合作学习模式

合作学习模式，是以小组合作方式进行学习、训练的模式，包括以下三种。

1. 肯定鼓励激励式

对于初次学习讲课的学习者来说，指导教师应给予更多鼓励，做得好的地方，实施正强化，及时肯定、表扬；同学之间互相学习，寻找对方值得学习的闪光点，相互激励。在评价学习者时，既要指出优点，又要指出不足。评价内容不宜过多，可以先指出一个优点和一个缺点，然后进一步发展为指出两个优点和两个缺点。这种评价方法，在肯定鼓励的同时，还能开诚布公地指出需要改进的地方，有利于学习者的提升和进步，实践效果较好。

模式：激发自信—鼓励评价—试讲成功—表扬奖励。

如果教学被指出各种瑕疵和不足，势必会打击初学者的积极性和自信心。过多的批评会让人不愿意探索、前进。任何人只要听到负面、否定、批评的话，就会受到一定的影响。任何学习者都值得关爱，需要引导者和同学们的关心、爱护和激励。这也是微格训练中需要遵循的学习心理和实施人本主义教学的体现。

2. 角色互换体验式

角色互换体验式，是指学习者轮换扮演指导教师或教师考官角色，换位思考、体验、设身处地去反思处于不同位置时的想法、感受，互教互学，从而达到真正掌握技能、完善教学之目的。

模式：研讨教学材料—轮流互换角色—反馈评价反思—总结分析交流。

慑于指导教师的权威性，学习者往往会言听计从、循规蹈矩，这样反而会抑制、限制他们创造能力的发挥，也容易形成教学研究上的惰性，而这种角色互换模式可以很好地解决这两种问题，也是改革灌输传授式教学的好方法。

3. 小组比赛竞技式

学习者经过一个阶段的训练，就可以走上讲台进行个人试讲或小组讲课比赛。比赛可以模拟教师面试场景，有考官，有记录，有打分，有点评，有时间限制，赛后反馈评分，公布结果。学习者之间可以互相观摩学习、提升，有则改之、无则加勉，观摩、评价、分析他人的课堂教学，对照自己，取长补短，十分必要。这对培养他们在竞赛模式下共同合作进步的良好心态也有帮助。

另外，比赛获胜的学习者还可以对自己学习技能的情况进行总结，跟同学分享，这样一来，既有实践经验和成就感的积累，又有理论认识和专业性的提高。因此，在实践和理论两个方面都能获益。

模式：选择课题—精心准备—试讲比赛—反馈评价—评议结果。

这种模式通常气氛紧张活跃、生动活泼，非常考验学习者的各项能力，既要学会求助配合，又要潜心磨课展示，要求学习者对教学技能有全面的了解和一定的练习经验，适合在教学技能训练后期使用。不仅能够将教学技能运用于教学实践，而且能够进一步开展教学研究，探索创造性的教学工作，真正实现微格教学"训练育人"的目的。

本章小结

本章通过引入"一位年轻教师的预设失准"事例，阐释了小学语文教师的教学能力结构、微格教学的由来与发展，详细阐述了小学语文课堂教学技能的含义，并对微格教学训练流程进行了详细的解读，明确了微格教学训练的七个步骤。最后介绍了微格教学的三种训练模式。

思考题

1. 什么是微格教学？它与微课的本质区别是什么？
2. 谈谈你对小学语文教师必备专业素养的理解。
3. 请说出八种最常见的课堂教学技能。
4. 小学语文教学技能训练过程分几个阶段？请画出微格教学训练流程图。
5. 小学语文教学技能训练模式有几种？请说说各模式的优点和缺点。

第二章 导入技能

本章学习目标

- 了解导入技能的含义及功能。
- 理解导入技能的类型、构成要素。
- 明确导入技能的类型并能分辨。
- 了解导入技能的训练要点。

重点与难点

教学重点：理解导入技能的类型、构成要素。
教学难点：掌握导入技能类型的选择。

导入技能

导入案例

第一印象

广告业务员科维向一个家具厂推销他们的广告业务。为了节省出差的费用，他录制了一些录像带，把自己的服务与优势进行淋漓尽致的表演，然后把录像带寄给未来的客户。因为是录像，所以他可以多次录制，取自己最优秀的录像。这样，看录像的人就会对业务员留下非常深刻的好印象。

但是，如果客户不看录像，你也没有办法。科维碰到的客户就是这种情况。因为科维与客户进行过电话联系，客户也知道科维的地址，即使科维在寄给客户的录像带上什么也没标注，客户也大概能猜出是什么，也就没看科维精心制作的录像。

两年后的一天，科维接到一位陌生的年轻人的电话，问他是否还在做广告业务。他说是，然后对方说："我有兴趣接受你们的服务。"科维很惊奇。原来，年轻人的父亲就是那位根本不看录像的人，但那位父亲刚刚退休了。儿子接手管理公司，他在整理父亲的东西时，发现了这盘什么也没有标注的录像带，出于好奇，他把录像带放进了录像机。他对科维的印象非常好。就这样，科维获得了他平生最容易的一单业务。

(资料来源：https://www.yuwenmi.com。)

这个故事给我们的启示：

在人际交往中，人们首先关心的是如何才能给别人留下良好的第一印象，使自己与别人的人际关系一开始就有一个良好的开端。工作中也不例外，面试时，求职者希望能给面试官留下一个好印象以获得工作机会。对于一名小学语文教师而言，导入环节就是课堂教学给学生的第一印象，精彩的导入会收到先声夺人、引人入胜的教学效果，能给学生留下一个好印象，从而为整个教学的顺利进行开了个好头。

思考：

作为一名小学语文教师，精彩的导入应具备哪些条件呢？又该如何设计呢？导入时又应注意哪些问题呢？

第一节 导入技能概述

俗话说，"万事开头难"。上课也是如此，一堂课如何开始，这考验着每个教师的教学智慧。良好的开始是成功的一半，导入作为一堂课的开头，它是课堂教学重要的一环，是一节课必不可少的组成部分。于漪老师曾说："课的开始好比提琴家上弦、歌唱家定调，第一个音定准了，就为演奏或歌唱奠定了基础。上课也是如此，第一锤就应敲在学生的心灵上，像磁石一样把学生牢牢吸引住。"这一比喻形象地说出了导入对整节课教学的重要作用。

导入是一门艺术，好的导入犹如精彩亮相，也好比响亮的"爆竹"，能够收到先声夺人、引人入胜的效果，即"未成曲调先有情"。如果在一堂课的一开始就紧紧地吸引住学生的注意力，使学生全神贯注、兴趣盎然，激发出强烈的求知欲望，那么，课堂教学中关键的"第一锤"就敲在了学生的心上，点燃了学生思维的火花，为整堂语文课的成功奠定了坚实的基础。因此，一堂语文课要有一个良好的开始，教师就必须具备良好的导入技能。

一、导入技能的含义

所谓导入技能，就是在上课开始时，教师有计划、有目的地采用适当的方法与手段进行学生学的教学行为方式。其中，"导"是前提，是过程，在教学伊始，教师应向学生明确学习目标及任务，引导学生进入学习情境，为学生学习新知识铺路架桥，为后续教学活动的展开做好铺垫；"入"是结果，是目的，导入环节的设计就是要吸引学生的注意力，激发学生的学习兴趣，引发学习动机，调动学生学习的自觉性，让学生积极主动地投入到探索新知识的过程之中。因此，"导"的情况直接影响"入"的效果，这就要求教师锤炼导入技能，充分发挥课堂导入的作用，为课堂教学开一个好头。

二、导入技能的功能

课堂导入时，通常会通过各种教学媒体或手段，创设学习情境，营造学习氛围，激发学生的学习兴趣，吸引学生的注意力，明确学习目标与任务，建立新旧知识之间的联系，并启发学生思维，使其产生认知，从而积极主动投入学习活动。

(一)创设情境，营造氛围

学习总是发生在一定的情境之中，通过课堂导入创设学习情境，将学生带到文本描述的、具体的情境之中，能够使教师、学生、教学内容之间产生情感共鸣，使学生拥有良好的学习情绪，营造一种融洽的学习氛围。教师导入时所设计的每一幅优美的画面、每一首动听的音乐等都能调动学生的视觉、听觉等多种感官，引发学生的想象与联想，激发学生的兴趣，引起学生的共鸣，使他们快速进入学习新知的状态。另外，教师所设置的问题情境能够启发学生的思维，鼓励学生主动思考，让学生拥有获得新知识、认识新世界、不断探索真理的热情与欲望。

(二)吸引学生的注意力

注意力是人对一定对象的指向和集中，俄国教育家乌申斯基把它比作通向心灵的"唯一的门户"。在课堂教学的起始，学生的注意力常常还停留在课间活动上，好的导入能够给予学生较强的、新颖的刺激，迅速吸引学生的注意力，让学生意识到"上课时间到了"，对新知识产生较强的学习欲望，迅速调整到最佳的学习状态，为完成新的学习任务做好心理准备。如果导入环节设计不到位，学生的注意力就会分散，学生对教师给予的各种刺激"视而不见""听而不闻"，这会影响后续教学活动的顺利进行。

(三)激发学生的学习兴趣

"兴趣是最好的老师"，这是人们对兴趣的普遍认识，它也强调了兴趣对小学生学习的重要性。兴趣是力求认识某种事物或爱好某种活动的心理倾向，这种倾向是和愉快的体验相联系的。在心理学上，心理学家认为，促进人的学习更为持久的动机之一是认知兴趣，换句话说，也就是求知欲的动机。美国心理学家奥苏伯尔(AuSubel)的理论中把兴趣称为认知驱动力，即动机是来自个体的内部。由此可见，兴趣是推动学生学习的内在动力之一，学生对于学习活动有了兴趣，随之而来的就是学习动机。因此，在课堂教学的初始阶段，教师应采用别具匠心的导入，以引起学生的好奇，激发学生的学习兴趣，使其对知识产生学习的渴望，从而全身心地融入课堂，使学生乐学知学。

(四)明确学习目标与任务

教学目标是教学活动主体在具体教学活动中所要达到的预期结果、标准。教学活动要以教学目标为导向。教学目标是教师制定的，教师把教学目标转化为学生学习目标的有效手段就是导入。当学生知道了学习任务与要求时，就能明确学习的方向、成果和标准，激发学习的动机，自觉地指向学习目标。因此，在新课起始阶段，教师应利用导入，让学生明晰学习目标和任务，使学生清楚地了解本节课要学什么、应达到什么目的、怎样去学，主动排除其他干扰因素，集中注意力，投入到新知识的学习中，形成学习期待，从而有意识地控制自己的学习行为，调整自己的学习节奏，以达成学习目标。

(五)建立新旧知识之间的联系

课堂导入是新旧知识的"桥梁"和"纽带"，具有承上启下的作用，尤其是通过复习导入，可以在新旧知识之间建立实质联系，用旧知带动新知，为深入学习新知识搭建平台，有利于学生学习新知识，掌握新技能，提高学生的学习效率。这样的导入往往需要教师找到新旧知识的联系点，由过去学过的知识带入新知识的学习，即"温故而知新"。

第二节　导入技能的类型

导入的形式要灵活多样，富有新鲜感，不可一成不变。常用的导入技能有直接导入、复习导入、质疑导入、激趣导入、释题导入、悬念导入、直观导入、情境导入。

一、直接导入

直接导入是教师直接点题，将教学内容及目标直截了当地告知学生的一种导入方式，俗称"开门见山导入法"，它单刀直入，不拐弯抹角，言简意赅，能够为了让学生明确本课的学习任务而做好准备。

【案例 2-1】

《为中华之崛起而读书》导入片段

师：同学们，你们有理想吗？
生 1：有，我想成为科学家。
生 2：我想成为救死扶伤的医生。
……
(教师先在黑板上写好课题)
师：同学们，有一个人和你们一样，他也有自己的理想、志向。请同学们看黑板，这句话就是他曾经立下的志向。现在同学们齐读这句话。
(生齐读)
师：同学们知道这个人是谁吗？
生：是我们敬爱的周恩来总理。
师：没错，这是我们敬爱的周恩来总理十二岁时立下的伟大志向。那么，为什么一个几乎和我们同龄的孩子就能够立下如此远大的志向呢？今天就让我们一起走进这篇课文。

(案例提供者：沈阳大学小学教育专业研究生 成紫君.)

在常态课中，我们见到的最简单的导入就是：同学们，今天我们继续学习第×课。

因此，直接导入是最简单、最节省时间的一种导入方式。但它也有局限性，如果运用不好，容易平铺直叙，流于平淡，难以让学生在短时间集中注意力，还可能出现"导而不入"的情况，进而影响学习效果。

二、复习导入

复习导入也称"温故知新导入法"，即通过复习旧知识，找到新旧知识的联结点，自然而然地引出新知识的一种导入方式。它由已知导向未知，过渡流畅自然，适用于前后联系较强的教学内容。

【案例2-2】

《雾在哪里》导入片段

师：同学们，上节课雾孩子送给了我们一首儿歌，你们还记得吗？一起来读一读吧！"雾孩子，真淘气，东躲西藏玩游戏。大海岸边连城市，房屋街道和桥梁，甚至动物和行人，四周变暗看不见，雾把一切都藏起，最后消失藏自己。"

(生读儿歌)

师：同学们，通过上节课的学习，你能说一说雾孩子给你留下了怎样的印象吗？

生1：它很淘气。

生2：它很贪玩、很调皮。

生3：它喜欢藏东西。

师：是啊，雾是个淘气、爱做恶作剧的孩子，今天这节课就让我们继续学习《雾在哪里》这篇课文，看看雾都把什么藏了起来？

(案例提供者：沈阳市实验小学2年级6班 张老师.)

复习导入方式能够使学生从已知领域自然地进入未知领域，从而使学生从旧知中起步迈向新知。这里所讲的"旧知"不仅指上一节课的内容，还包括学过的同类课文的内容、情节等。回顾旧知应简明扼要，时间不宜过长，否则会使学生感到枯燥乏味，难以吸引学生的注意力。

三、质疑导入

"疑"是点燃学生思维探索的火种，质疑导入就是针对教学目的、教学课题、教学内容等设置疑问，将学生的思考直接导向所学内容的一种导入方式。质疑导入在教学伊始可以吸引学生，激发其学习热情，使其带着疑问积极开动脑筋。需要注意的是，要把质疑的主动权下放给学生，启发学生思考，训练学生的思维。

(一)巧妙设疑

基于课题巧妙地设置疑问，易于吸引学生的注意力，激发学生的好奇心和求知欲，让学生带着渴望求解的心理去参与课堂、学习新知。

【案例2-3】

《我应该感到自豪才对！》导入片段

师：大家一起来读课题。(生念)

师：好，能快点吗？(生再念)

师：谁感到自豪，读的时候注意哪个字要重读？

生：我应该感到自豪才对！(生把"我"读重了)

师：我应该感到怎样才对？

生：我应该感到自豪才对！(生把"自豪"读重了)

师：我感到自豪对不对呀？

生：我应该感到自豪才对！(生把"对"读重了)
师：把"自豪"换个词，意思不变，怎么改？
生：骄傲！
师：自豪的反义词谁知道？
生：自卑。
师：你怎么知道的？
生：刚才上课前老师说过的。
师：真好，学语文要会听。
师：把自卑换进去怎么读？
生：我应该感到不自卑才对！
生：我不应该感到自卑才对！
生：我应该不感到自卑才对！
生：我应该感到自卑不对！
师：你们这样说都是对的。一个句子，在不同的语言环境中，读法、说法就不一样。我们的语言多么丰富多彩！看来，我们得好好学学这篇课文。

(资料来源：著名语文特级教师薛法根《我应该感到自豪才对！》课堂实录.)

第一课时教学初往往要从解题入手，抓住课题的重点词语进行分析，既符合学生的好奇心理，又提示了课文的重点。教师这样不仅激发了学生的学习兴趣，还让学生的思维在碰撞中产生智慧的火花。

(二)重点质疑

重点质疑，即抓住本节课要解决的主要问题质疑导入。课题出示后，教师可以引导学生动脑思考，主动发现问题，如"读了课题，你有什么疑问？"，学生自己提出来的问题往往更能激发学生的探索欲望，也能让学生明确本节课的核心问题及学习任务，在接下来的学习中就会更加有的放矢。

【案例2-4】
《草船借箭》导入片段

师：同学们，前些天，有一个问题始终困扰着王老师，王老师为此想来想去。为了解决这个问题，我把《草船借箭》这篇课文整整读了20多遍，你们想知道是什么问题吗？(学生大声回答：想！)

师：我暂时不告诉你们，请你们先仔仔细细地读读课文。猜猜困惑王老师的是一个什么问题？

(学生兴趣盎然地读课文，思索)

师：好，请同学们大胆地猜，是哪个问题困扰着王老师？
生：3天怎么能造好10万支箭？
生：为什么诸葛亮向鲁肃借船这件事儿不能让周瑜知道？
生：诸葛亮的计策又妙在哪里呢？

生：曹操为什么不射"火箭"？

生：鲁肃是周瑜的人，他为什么不向周瑜报告诸葛亮借船的事？

……

(资料来源：王宗海，肖晓燕. 小学语文教学技能[M]. 上海：华东师范大学出版社，2011.)

四、激趣导入

美国教育心理学家布鲁纳(Bruner)说，学习的最好刺激乃是对所学材料的兴趣。激趣导入，即用儿童喜闻乐见、趣味盎然的方式，导入所学内容，以切中学生的兴奋点，激发学生的学习驱动力，激发学生学习的兴趣。

(一)游戏导入

游戏导入，即通过游戏活跃课堂气氛，体验所学内容。爱好游戏是儿童的天性，学生自然愿意主动参与富有趣味性的游戏，能够帮助他们在上课开始调整状态，迅速融入课堂，将目光集中在教师身上。低年级学生活泼好动，注意力不易集中，因此，从低年级学生的心理特点出发，游戏导入的方式常常用于识字与写字教学中。

【案例2-5】

《比尾巴》导入片段

师：同学们，我们来玩一个"摸一摸"的游戏，好不好？

生：好！

师：摸摸你的眼睛，一二三；摸摸你的鼻子，一二三；摸摸你的耳朵，一二三；摸摸你的小脸，一二三；摸摸你的肚皮，一二三；摸摸你的尾巴……

(生笑了)

师：你们有尾巴吗？小朋友们当然都没尾巴，那你知道谁有尾巴吗？

生：猴子、兔子……

师：是啊，小动物有尾巴。今天，小动物们都聚在了一起，要进行一场特别的比赛呢！比什么呢？

生：比尾巴！

(板书课题)

师："尾"字是我们今天要学的一个生字宝宝，你有什么好办法记住它呢？

生：尾巴上有毛，所以"尾"里面有一个毛。

师：齐读课题——比尾巴！

(案例提供者：沈阳大学小学教育专业研究生 孙迪.)

游戏导入的方式符合低年级学生的学习特点，易被学生接受，能够增加学生的参与感，激发学生学习的热情和积极性，使其体验到语文学习的乐趣，从而喜欢上语文，达到"玩中学"的目的。

(二)故事导入

故事导入，是利用学生爱听故事的特点，讲述一个和课文内容相关的生活实例或者故事(如传说、寓言、典故、逸事等)以调动学生的学习兴趣，让学生不知不觉地进入学习状态。所选取的故事应紧扣教学内容，详略得当，宜短不宜长。另外，教师在讲故事时，语言要生动、富有感染力，这样才容易吸引学生的注意力，导入才有效果。

【案例 2-6】

《小珊迪》导入片段

师：这是一个真实的故事。一个在德国留学的外国学生，在获得博士学位之后决定留德发展。他找到一家公司，没有被录取，找到第二家，人家也拒绝了他……他找了25家大公司，都没找到工作。于是他去了一家小公司。他想，凭我这样的学位和才能，在小公司里工作肯定是不成问题的。但是那家小公司也拒绝了他……同学们想一想，他为什么会被拒绝？

生：因为德国人排外，他们不喜欢用外国人。

生：可能那些公司的老板认为他没有实际的工作经验。

生：也许那个留学生高分低能。

师：你们的想法都有道理，那个留学生就愤怒地问那个老板："我一个博士难道在你这个小公司干还不够格吗？你们凭什么这样对待我？"那个老板说："对不起，先生，我们从网上资料查到你在德国乘公共汽车时曾逃过三次票，一个为了蝇头小利却不讲诚信的人，怎么可以让人信任呢？"听了这个故事，你们有什么问题？

生1：为什么老板对这样的小事斤斤计较呢？

生2：那个老板为什么不给他一个改正的机会呢？

师：那么，就让我们去看看小珊迪，去问问小珊迪，从他那里找找答案。

(资料来源：语文特级教师王崧舟《小珊迪》教学实录.)

王老师从反面选择故事，利用一个中国留学生对诚信的淡漠与小珊迪恪守诚信形成鲜明的对照，使学生迅速进入课文寻找故事的答案，激发学生对教学活动的兴趣和热情。

(三)谜语导入

谜语导入，是指由教师给出谜面、学生猜谜底，通过谜底揭示课题或课文主要内容的一种导入方式。猜谜语是学生喜闻乐见的活动，通过猜谜语调动他们的学习积极性，营造欢乐、愉快、轻松的学习氛围。

【案例 2-7】

《小青蛙》导入片段

师：同学们，老师出一则谜语，你们看能不能猜出来谜底是什么。"绿衣小英雄，田里捉害虫，冬天它休息，夏天勤劳动。"

(老师边说边画，学生一看，很快猜出了谜底)

生：青蛙！

师：今天我们认识的新朋友就是小青蛙。(板书课题，展示小青蛙的图片)

师：同学们，想和小青蛙交朋友吗？那就先和它打个招呼吧！

(学生齐读课题)

师：青蛙穿着绿衣裳，你知道它的名字中哪个字表示绿色的意思吗？

生："青"字。

师：同学们真聪明，你们看，小青蛙还为咱们带来一首儿歌呢！

(案例提供者：沈阳大学小学教育专业研究生 孙迪.)

谜语导入激发了学生的学习兴趣。不论谜底是猜对还是猜错，学生都热情高涨，这大大地活跃了课堂气氛。谜语导入开拓了学生的思维，调动了学生找到正确答案的好奇心，求知欲自然也就被激发了。

五、释题导入

释题导入，是围绕对课题的理解，分析课题结构，了解课文的时代背景，介绍作者或者课文主人公的事迹，补充涉及课文内容相关知识的一种导入方式。通过释题导入能够使学生了解相关知识，对于学生理解课文有所帮助。教师也可以让学生提前查阅相关资料，参与导入环节，但要把握好分寸，注意材料的针对性和叙述的简洁性。

【案例2-8】

《狐假虎威》导入片段

师：大家已经预习了课文《狐假虎威》，那么谁能讲一讲这个故事？(引起学生注意)

生：有一只狐狸……

师：讲得不错。大家想一想，如果一只狐狸和一只老虎在一起，谁怕谁？谁吃谁？

生：当然狐狸怕老虎，老虎要吃掉狐狸。

师：我们今天学习的故事却是，老虎不但没有吃掉狐狸，而且还十分听从狐狸的话。你们说奇怪不奇怪？(建立联系)

生：是呀！这是怎么回事呢？

师：细审词句明题意，看到题目，谁能说说你的想法？

生1："假"当"借"讲，这篇课文是讲狐狸和老虎的故事。

生2：我补充，"威"是威风，这篇课文是讲狐狸借老虎的威风。我不明白狐狸怎样借老虎的威风。

师：大家踊跃发言，基本上理解了课文题目的意思了。这篇课文的题目已经告诉我们是讲狐狸借老虎威风的故事。那么，狐狸是怎样借老虎的威风呢？想知道这是为什么吗？大家仔细阅读课文找一找答案吧！(形成期待)

(资料来源：皮连生. 小学语文教学设计与实施[M]. 上海：华东师范大学出版社，2018.)

释题导入不仅能为文本的阅读提供知识框架和理解支架，而且对学生理解课文的内容也有很大的帮助。

六、悬念导入

悬念导入，指教学中创设带有悬念的情境，给学生制造一种神秘感以激起学生的好奇心和求知欲的一种导入方式。悬念总是出乎人们的意料，或展示矛盾，或使人困惑，常能造成学生心理上的焦虑、渴望和兴奋，想尽快一探究竟。格式塔心理学认为，人们通过感官知觉得到的是一个个"完形"，当人们在观看一个不规则、不完满的形状时，就会产生一种内在的紧张力，这种紧张力迫使大脑皮层紧张地活动，以填补缺陷，能给人一种不完满感。因此，在导语中巧设悬念能引起学生大脑皮层紧张的活动，激起学生求知的渴望。

【案例2-9】

《新型玻璃》导入片段

师：同学们，在一个夜深人静、月黑风高的夜晚，一个黑衣人潜入博物馆的珍贵字画陈列室，拿出刀划向玻璃。可他的玻璃刀一碰到玻璃，警报声就划破夜空急促地响了起来，很快小偷被及时赶到的警察逮了个正着。同学们，你们一定会奇怪地问：这是什么玻璃呀？为什么小偷的刀一接触到玻璃就会响起警报呢？

(同学们面面相觑，悬念已成)

师：其实这就是一种新型的玻璃。

(教师板书课题)

师：请同学们自由朗读课文，看看课文介绍了几种新型玻璃，都是哪几种？

(资料来源：全国著名特级教师于永正《新型玻璃》教学实录.)

创设悬念要恰当、适度，应结合教学内容及学生的心理承受能力设置，只有巧妙而适度地创设悬念，才能使学生积极动脑、动手、动口，去思、去探、去说，从而进入良好的学习状态。

七、直观导入

直观导入，即以课文插图、音乐、录音和视频等为媒介的导入。直观导入需呈现与教学内容相关的信息，引导学生通过倾听、观察、操作和体验等感知对象，形成鲜明表象，吸引学生快速进入学习状态。

【案例2-10】

《乌鸦喝水》导入片段

师：同学们，我给大家带来一位新伙伴，它是谁？(展示乌鸦挂图)

生：乌鸦。

师：你们别看它样子很丑，可它喜欢动脑筋，它做了一件什么事呢？我这里有些道具，半瓶水和一些小石子，那么谁来做小乌鸦，给大家演示一下乌鸦怎样才能喝到水？

(学生演示，教师提醒注意观察瓶子里水面的变化情况)

师：今天我们就一起来认识一位聪明的小乌鸦。(板书课题)

师：齐读课题。

(生齐读课题)

(资料来源：王宗海，肖晓燕. 小学语文教学技能[M]. 上海：华东师范大学出版社，2011.)

八、情境导入

教材中有些课文远离学生的生活，再加上学生阅历和认识能力有限，因此难以使学生产生情感上的共鸣。情境导入在准确把握课文基调的基础上，通过丰富的教学手段为学生创设新奇、生动、有趣的学习情境，使学生展开丰富的想象，产生身临其境的效果，从而唤起学生情感上的共鸣，使学生情不自禁地进入学习状态。

【案例2-11】

《桂林山水》导入片段

师：如果有人来到我们的家乡南通，问我们南通有哪些风景优美的地方，你准备怎么介绍呢？(对祖国的热爱应从家乡的一山一水、一草一木开始)美丽的家乡仅是我们祖国秀丽河山的冰山一角。祖国的大地上有许多名山大川。(板书：名山大川)你们去过哪些名山大川？没去过听说过的也行。(从家乡的山水想到祖国的名山大川，逐一拓展)

生：泰山、黄山……

师：你们听说过桂林吗？(指地图)桂林在广西壮族自治区。你们有人去过吗？

生：听说过，但没去过。

师：桂林山水比你们刚才所说的这些名山大川更有一番独特的美，所以人们都说"桂林山水甲天下"。"甲"是什么意思？(板书：甲)

生：是第一。

师：没错，甲是第一的意思，是超过其他的。桂林山水天下第一。(描述、带入情境)

(1) 桂林山水这么美，你们想去游览一番吗？那么，现在就让我们做一次假想旅行。我们坐上飞机，很快就到了桂林，呈现在我们眼前的山光水色，就像一幅美丽的图画，你们看——

(2) 出示图画。

(3) 现在老师给你们做导游，介绍一下桂林山水。

(资料来源：吴春来. 语文教学技能九讲[M]. 上海：华东师范大学出版社，2020.)

教师从学生生活的城市——南通入手，调动了学生已有的知识和经验，为介绍桂林山水做了铺垫。接着教师创设了情境——我来当导游，带着同学们走进了桂林山水的优美画卷，学生沉浸在这样的情境中，身心得到了美好的享受。通过情境导入，陶冶了学生的情操，净化了学生的心灵，提高了学生的审美情趣，产生了"随风潜入夜，润物细无声"的效果。

第三节　导入技能的构成要素

导入技能的构成要素是完整课堂导入过程必须具备的主要成分，不管是什么样的导入都应该包括引起注意、建立联系、形成期待、促进参与四个要素。

一、引起注意

心理学家一般将注意分为两类：一类是无意注意，又称不随意注意，它没有预定的目的，不需要意志努力地注意；另一类是有意注意，又称随意注意，它有预定的目的，需要意志努力地注意。只有在学生做好了准备，注意力集中在教学活动时，教师才能开始教学，因此，教师要通过多种方式将学生的无意注意引向有意注意，使他们的注意力保持在学习行为上，抑制与学习无关的行为，从而集中注意力。

学生注意力集中表现为：凝视教师，认真倾听，专注思考，紧张兴奋。首先，教师要对学生的课前状态有所了解，进而选择导入方式。当学生存在不利于语文教学的行为或情绪时，教师先要稳住学生的情绪，选择恰当的导入方式，如采用引人入胜的导入方式来展开语文教学，将学生的注意力从课间活动吸引到新课学习中。

其次，教师可以加强对学生的刺激，引起学生的好奇。例如，利用多媒体课件、播放视频、音频等。教师也可以通过声音、动作和站位变化力求吸引学生，让学生在短时间内进入学习状态。另外，教师还可以联系学生的生活实际，展现生活化的情境，为学生提供广阔的想象空间，发展学生想象力的同时培养学生的思维能力。

【案例2-12】

《曹冲称象》导入片段

师：同学们，看这是哪里？(课件播放菜市场买卖的热闹场面)
生：菜市场。
师：菜市场用什么来称菜的重量呢？
生：用秤。
师：你们都见过哪些秤？
生：电子秤、体重秤。

(课件展示秤的图片)

师：大家见过有人称大象吗？

(生摇了摇头)

师：是啊，大象又高又大，怎么称出它的重量呢？在古代，既没有电子秤，也没有体积很大的秤，当时，有一个名叫曹冲的孩子，他很聪明，想出了一个好办法，成功地称出了大象的重量，同学们想不想知道他用了什么办法呢？
生：想！
师：今天咱们来学习《曹冲称象》。

(资料来源：王凤桐. 小学语文微格教学教程(修订版)[M]. 北京：首都师范大学出版社，2017.)

教师在导入的过程中，与学生的生活实际相联系，调动了学生已有的知识和经验，通过幻灯片的演示配合提问，不仅激发了学生的学习兴趣和求知欲，而且使学生很快地进入教学情境之中。

二、建立联系

求知欲是学习动机最现实的活跃成分。奥苏伯尔有意义的学习理论认为，认知因素(原有知识)直接参与新旧知识的相互作用过程。当学生察觉到自己已有的知识不足以解决新问题或是理解课文内容时，求知欲才会产生并且有所增加。因此，教师的合理导入显得尤为重要，应能激发学生的认知需求，为学生建立新旧知识之间的联系。当学生对知识的学习更加深入时，学生的思维就会更加活跃，并期望获得学习后的满足感和成就感。

一方面，教师可以通过导入为学生建立教学内容与学生原有认知结构之间的实质联系。例如，当学生学习一篇新课文时，教师可以利用学生在上一篇课文所学的课文的写法、文章的结构等已有知识，给学生提出新目标，让学生进行深入的学习。

另一方面，教师也可以巧妙设疑，创设问题情境，通过提问、点拨引出学生原有知识结构中的内容，与教学内容"对峙"，让学生意识到新旧知识的差异，引起学生的好奇或疑惑，从而使学生对新知识产生渴望。

三、形成期待

期待，是指一个人对他所从事的行为目标实现可能性大小的估计。上课伊始，学生集中注意力，意识到了知识差距，产生了认知需要，但这还不足以开启学生的学习活动，还需要让学生明确学习目标及任务，对学习产生期待。心理学研究表明，人是有所期待的，个体总是会根据已有的经验，制订计划，设定目标，然后去行动。因此，在课堂导入环节，教师应让学生明确学习目标，有了目标，就会有努力的方向，学生才会产生强有力的动机，从而有目的、有意识地进行学习。此外，教师还要指出方法或程序，比如，这节课要"做什么""怎么做"，让学生对学习活动做到心中有数。

四、促进参与

学习者的态度、情感对学习有着重要的作用，是教学过程中不可忽视的。正如美国当代著名的心理学家布鲁姆(Bloom)所说，学习者是沿着认知因素和情感因素两个梯子交替向上爬墙，说不上哪个在前，哪个在后。小学生兴趣容易转移，有意注意逐步得到发展，但无意注意占主导，且注意力不易持久。因此，在导入过程中，教师应运用鼓励、重复、强调等各种手段加以强化，使学生得到集体和教师承认的体验，获得成功的愉悦，从而激发学生进一步参与教学的欲望，这有利于学生保持高涨的情绪，培养学生的学习兴趣，让学生的学习劲头十足。

第四节 导入技能训练要点

教师在设计和实施各种类型的导入技能时，要注意以下四个要点，这样才能导之有方、导之有效。

一、导入要密切联系教学内容

导入是课堂教学的有机组成部分，导入设计要密切联系教学内容，根据既定的教学目标来精心设计导语，只有这样，才能发挥导入的作用，吸引学生的注意力，激发其动机，活跃其思维。不能一味地追求创新性和趣味性，而忽视了导语与教学内容之间的相关性。有的教师随心所欲，为了导入而导入，只做表面文章，认为走个过场就可以了，没有明确导入的目的、本质、内涵，最后导致导入背离主旨，影响后面的教学。因此，导入时要充分了解导入的目的，密切联系教学内容，以更好地完成教学服务。

二、导入要紧密结合学生实际

学生是生动活泼、富有个性的独立个体，因此课堂导入应结合学生的实际，充分考虑学生的生理、心理特点及知识储备的情况，兼顾学生的个性和共性。只有这样，才能了解学生的学习需求，调动学生学习的内驱力，让学生更加积极、主动地学习，真正地成为学习的主人。

三、导入要形式多样

如果每一堂课的导入都是一个模式，那么导入就会缺少新鲜感，久而久之，学生就会产生厌倦心理，导入也就难以发挥引人入胜的教学作用。因此，教师应采用形式多样、生动新颖的导入方式。课堂导入往往不是以单一形式出现的，而是多种导入方式综合运用的，这种灵活组合更能发挥导入的功能，更容易调动学生的多种感官，引发情感共鸣，激发学习动机。

四、导入要短小精悍

简洁，是智慧的灵魂。导入仅是一个引子，而不是内容铺开的讲授。有的教师费了九牛二虎之力，绕了一大圈才完成一两句话就可以完成的任务，结果导致导入"喧宾夺主"，占用了太多教学时间，分散了学生的注意力，不利于教学任务的完成。因此，教师应注意严格把握导入的时间，力求短小精悍，做到恰到好处，适可而止。一般来说，导入时间以2~5分钟为宜，切忌导入冗长烦琐、漫无边际、喧宾夺主。总而言之，教师一定要根据实际情况，选择最合适的导入方式，导入的语言力求简洁明了，富有效率。

第五节　导入技能案例与评析

一、导入技能教案设计

本节所选导入技能教案设计，如表 2-1 所示。

表 2-1　导入技能教案设计

科目：语文	课题：五年级上册第 14 课《圆明园的毁灭》	训练技能：导入技能

训练目标：
(1)整体感知课文，了解课文的主要内容。
(2)结合文中词语，了解圆明园的毁灭是不可估量的损失。
(3)激发爱国热情。

教具准备：
多媒体课件(PPT)

时间安排	授课行为预设	学生行为预设	技能构成要素	设计意图
0:00	上课！同学们好！今天，老师给大家讲一个小故事。	精神集中。	引起注意，激发好奇心。	引起学生兴趣。
	从前，有一座非常美丽的园林，工人花了 150 年的时间才把它建成！它像一座宝库一样收藏了当时世界上珍贵的历史文物，是当时世界上最美丽、最壮观的园林，就是老师屏幕上的这幅图片。	专心听故事。	注意讲故事时的语调、语速、情感，以激发认知需要。	激起学生的兴趣。
0:08	有没有哪位同学知道这个园林叫什么呢？	学生回答："圆明园。"		
	没错！这就是我们国家的圆明园。(边说边写"圆明园"三个字)可是，有一天它竟然变成了这个样子……(放图片)		建立联系，引入课文。	激起兴趣，思考为什么变成了这样？
0:45				
1:22	大家仔细观察这两幅图片，说说有什么不一样？	学生回答："我发现后面的屋子都没有了。"		通过同学们的观察与思考，将课文引出来。
	真棒！同学们观察得可真仔细！那看到这里，同学们心里有没有什么疑问？	学生回答："我发现石柱上出现了裂痕。"		

续表

| 2:10 | 看来同学们心中的疑问可不少啊！老师的心中也有一个问题：圆明园为什么被毁灭了呢？那老师就和同学们一起走进今天这篇课文《圆明园的毁灭》，来寻找我们心中问题的答案。

请同学们齐读课题(写板书) | 学生回答："为什么圆明园变成了这样？"
学生回答："圆明园被破坏以后里面的珍宝都去了哪里呢？"

齐读课题 | 培养兴趣，促进参与。

及时反馈。
形成学习期待。 | 通过老师表达心中的疑问，形成问题结构中的核心问题。 |

(教案设计者：沈阳大学 2020 级小学教育专业学生 张昕.)

二、导入技能案例展示

教育部统编小学语文教材五年级上册第 14 课《圆明园的毁灭》导入技能训练案例展示，扫右侧二维码观看。

圆明园的毁灭

(视频提供者：沈阳大学 2020 级小学教育专业学生 张昕.)

三、导入技能案例反思

《圆明园的毁灭》导入设计的反思与感受

这节课的导入设计，我首先采用故事导入的方式，充分调动学生的积极性，激发学生的兴趣，让学生完全进入课堂状态，认真聆听小故事。然后再通过直观导入，利用多媒体呈现圆明园辉煌时与被破坏后的两张对比图片，引导学生提出心中的疑问"为什么圆明园变成这个样子了呢？为什么它被毁灭了呢？"将学生充分带到课堂当中，激发学生进一步阅读课文以寻找答案的欲望。

导入技能是非常重要的，它取决于教师能否上好一堂课。但是我的导入方式还存在着不足：因为这篇课文是五年级上册的，对于五年级的学生来说，讲小故事未必会很吸引他们的注意力，而比较适用于一年级、二年级的学生，所以如果要想让五年级的学生对我的这个小故事感兴趣，就必须要把故事讲得非常生动、富有感情，声音得高低起伏、停顿转折，但我在这方面做得还有欠缺。

因此，要想训练好自己的导入技能就得反反复复琢磨，并且不厌其烦地练习，只有这样，我们才能发挥导入技能的教学作用。

(案例提供者：沈阳大学 2020 级小学教育专业学生 张昕.)

四、导入技能案例评析

上述导入技能教案设计包括了导入技能的四个构成要素：引起注意、建立联系、形成期待及促进参与。教师首先通过声情并茂地讲述故事以激发学生的兴趣、引起学生的注意，将学生的注意力集中到将要学习的新知识上；其次呈现圆明园辉煌时和被毁灭后的两幅图片，以便与课文建立联系，巧妙地引出课文；再次由学生提出自己的疑问"圆明园为什么会变成这样？"使学生对课文产生期待，激起了学生学习的欲望；最后教师提出"圆明园为什么会毁灭？"的问题，引导学生与教师共同走进课文，探索答案，积极地参与课堂，由此顺利地完成导入。

整个导入过程，时间把握得当，不仅调动了学生的注意力，激发了学生的兴趣，还密切联系了教学内容。导入环节的进行不是为了导入而导入，也不是单纯地导入课题，更重要的是做到与教学内容的密切联系，让问题带动学生走进文本，这样才能充分地激起学生的探究欲望，引起学生的学习期待，促成学生参与课堂，以便后续教学环节的顺利进行。

教学反思和感受部分写出了自己的思考设计过程，也考虑到教学对象的特点，将情感带入故事，为后面课文的学习奠定了情感基调。与此同时，体现了学生认真的学习态度，能够反复打磨自己的教学，十分下功夫。

总之，一个完整的导入要善始善终，前期引起学生注意、激发学生兴趣，后期应适时地对学生加以引导，将学生的求知欲指向具体的学习目标，重视对后续学习活动的指引，让学生有明确的学习目标、学习任务，从而引起学生的期待，让学生积极、主动地参与课堂。

五、导入技能评价表

导入技能的评价主要从导入技能的四个构成要素入手，配合时间掌控及态度与情感。各要素分别占不同权重。基于学习心理学，动机是学习过程中不可或缺的要素，其重要性不言而喻。因此，如果教师的导入能引起学生的注意，并且激发学生的兴趣，那么将会触动学生的兴奋点，唤起学生的学习欲望，使其产生学习动机。学生的学习动机被激发之后，教师就应引导学生进入学习内容，所以导入也要与教学内容相联系，承上启下，即主题衔接，而不能只走形式。因此，引起注意、激发兴趣、主题衔接这三个评价项目占较大的比重。导入技能评价，如表2-2所示。

表2-2 导入技能评价

日期_____ 任课教师_____

请对以下各项目进行评价，在恰当等级上打"√"。

评价项目	优	良	尚可	需努力	权重
1.引起注意					0.2
2.激发兴趣					0.25
3.主题衔接					0.2
4.学习目的					0.15

续表

评价项目	优	良	尚可	需努力	权重
5.时间掌握					0.1
6.态度情感					0.1
意义或建议					

在训练导入技能的过程中，试讲是必不可少的环节。试讲结束后，可以依据表 2-2 的导入技能评价表，采取师评、他评、自评相结合的方式进行评价。评价的过程也是相互学习、取长补短、共同进步的过程。因此，应重视评价环节，发挥其价值。

本章小结

本章通过引入第一印象的案例，生动阐释了导入技能的内涵，明确了导入技能的功能、构成要素及训练要点，并结合文本案例和视频详细地介绍了导入技能的类型，其主要包括直接导入、复习导入、质疑导入、激趣导入、释题导入、悬念导入、直观导入、情境导入，应注意辨别它们的异同。导入技能的评价主要从导入技能的四个构成要素入手，配合时间掌握和态度情感，可依据导入技能评价表来进行。

思考题

1. 导入环节的设计需要注意哪几个技能要素？你是怎么理解这些技能要素的？
2. 导入技能的类型有哪些？你知道如何选取合适的导入类型吗？
3. 导入在设计与实施时，应注意哪些事项？
4. 请你设计一个导入案例，时间 1～5 分钟，请注意导入的趣味性、目的性、关联性和有效性。

第三章 讲解技能

本章学习目标

> 了解讲解技能的含义。
> 明确讲解技能的功能。
> 讲解技能的类型和构成要素。
> 能对讲解技能进行评价。

重点与难点

教学重点： 了解并掌握讲解技能的构成要素及训练要点。
教学难点： 能够根据不同的内容选择合适的讲解技能类型。

讲解技能

导入案例

《说勤奋》教学的启示

小学语文苏教版四年级上册《说勤奋》这篇课文中，作者描写司马光的一句话："每当老师讲完课，哥哥、弟弟读了一会儿书就去玩了，他却躲在屋里一遍又一遍地高声朗读，一直读到滚瓜烂熟为止。"这句话突出了司马光小时候的勤奋刻苦，可有学生却指出司马光自私，他不叫哥哥、弟弟一块儿在屋里读书，是为了自己出风头。显然，学生对人物感悟出现了偏差，教师随即引导："哦，你为什么会觉得司马光自私？"学生回答说："下课其他人出去玩，他也应该出去玩，不然就太不合群了"，随后经过学生激烈的讨论和教师的适度讲解，学生懂得课已经结束，此时是孩子们自由活动的时间，学生到外边玩耍是顺理成章的，其他人无权干涉。司马光很勤奋，在应该玩耍的时候，却仍然留在屋里读书，他丝毫没有炫耀的意思，而是为了尽快把书读好。如此引导，学生不仅了解了司马光的内心，而且能够进一步理解到他的勤奋。

[资料来源：常国龙. 浅谈语文教学中"讲解"的艺术[J]. 语文世界(教师之窗)，2016，40-41.]

启示：

教师适时、适度地讲解，能够帮助学生辨别是非曲直，澄清模糊认识，同时引导学生沿着正确的方向思考。并且我们所提倡的讲解，不是简单地"告诉"，也不是就事论事地奉送，陷入教师包讲的"泥沼"，而是在教师必要的讲解中为学生解答重点、难点，启发学生思考，最大限度地发掘学生的潜能，使得学生富有成效地学习课程内容，达成教学目标。

> **思考：**
> 　　讲解技能体现的是一个教师教学的基本素养，如果教师只会照本宣科地教学，让学生处于被动学的角色，这不利于学生的发展。好的教师能够通过讲解技能的运用加深学生对学习内容的理解，拓展学生思路，引导学生深度感悟。而且这项技能教师运用得好与坏直接影响学生的主动性，甚至影响个体的发展。
> 　　课堂教学中成功的讲解要讲在当讲之处，那么，教师应如何把握讲解的时机才能取得更佳的教学效果？什么样的讲解才算是"好"的讲解？

第一节　讲解技能概述

　　教学技能，是指教师运用已有的教学理论知识，通过练习形成稳固的、复杂的教学行为系统。其中讲解技能作为教学中最基本、最常见的教学技能，对教师的"传道、授业、解惑"有很大的帮助。

　　从两千多年前孔子的"私学"和柏拉图的"学园"至今，讲解成为最基本的教学方式。在如今的语文课堂上，当学生遇到不容易记忆的知识内容或不能解决的疑难问题时，如果教师合理地使用讲解技能，就能收到事半功倍的效果。正如叶圣陶所说："所谓讲，应当理解为给学生以指点和引导。"[①]教师掌握一定的讲解技能，能够通过语言传递知识和信息，提高与学生感情交流和信息交流的能力，但也不可和盘脱出，应该与其他教学技能有机配合，扬长避短，使讲解效果更加理想。教师讲解的过程中，要以学生为中心，让学生进行更深层次的思考，加深学生对知识的理解。

一、讲解技能的含义

　　讲解是最基本、最有效的教学技能，是课堂教学中应用最普遍的教学方式。讲解技能是教师利用语言向学生传授知识和方法、启发思维、表达思想感情，使学生把握事物内在联系和规律的教学方式。讲解有着信息密度大、效率高的特点，适合教师系统地传授科学文化知识、学科的认知方法，并且在传授的过程中影响着学生的思想情感。

　　讲解是在师生以及生生之间人际交往过程中，教师运用一些富有启发性的语言、生动的表情以及手势传递知识内容，并对知识内容加以说明，从而引导学生对学习内容的认识和想象的教学方式。教师利用逻辑推理等方法进行讲解，对发展学生的思维能力有所帮助，并在交往过程中传递着师生的情感，促进师生之间感情的联系。

　　讲解技能的运用，使学生参与到课堂之中，师生双方思维进行碰撞。教师要知道，教材中需要学生学习的每一项知识都是一个完整的认知过程。因此，教师不仅要考虑其教学内容，更要注意学生的认知过程。教师要根据不同的内容，按照不同的讲解程序，有步骤、有计划地引导学生进行思维活动，为学生建立一套完整的编码系统，以实现讲解的目的。

[①] 叶圣陶. 叶圣陶语文教育论集[M]. 北京：教育科学出版社，2015.

二、讲解技能的功能

(一)激发学生的兴趣

一般来说，教师的言行能形成强有力的教育力量，对学生产生影响。教师自然流露出对语文学科的热爱，并以饱满的热情介绍该学科领域中卓有成就人士的奋斗精神、科学态度、科学方法，介绍该领域对人类文明的巨大贡献。这样的讲解能无形中激发学生对所学知识产生浓厚的兴趣，实现乐学。教师在讲解中也应从教材出发，针对教学重点、难点启发学生积极思考，并配合演示、实物、操作等进行直观讲解，以引起学生的注意，激发其求知欲。

(二)发展学生的想象力

想象力的基础是观察力，学生在观察事物的过程中对一些所见所闻有强烈的好奇心。因此，教师在教学过程中就可以运用丰富且具有启发性的语言以激发学生的思想，唤起他们的想象，运用语言开阔他们的视野，打开想象的大门，引导他们进入无限的想象空间。

【案例3-1】

《蟋蟀的住宅》教学片段实录

师：老师找到了一个关于蟋蟀的小资料，一起读一读并思考这篇小资料主要写了哪些内容？

生：蟋蟀用了半生的时间都在修建住宅。

师：蟋蟀用自己一半的生命在修建住宅，所以才被人称为"伟大的工程"。

生：蟋蟀一连工作两个钟头，不止两个钟头，它休息以后就又继续工作了。

师：对，这里可以看出，蟋蟀用漫长的时间去整修自己的住宅。

师：那谁看了两个钟头？

生：作者法布尔。

师：这是作者法布尔对蟋蟀的描写。

师：老师今天给你们带来了一个其他的昆虫视频，我们一起来看，感受一下它们的生活方式。(通过视频，丰富学生的所见所闻，进而培养学生主动观察和想象的能力)。

(资料来源：沈阳市实验小学，秦老师.2022-11-14.)

(三)发展学生的迁移能力

讲解一般是在前人已发现的事实、现象的基础上，经过一定的逻辑推理，把学生的认识提升到理性高度，形成概念，掌握规律，认识原理。

小学生的年龄较小，他们经常对一些完全没有见过的、听过的知识产生强烈的好奇心，但小学生本身又无法独立探求一些晦涩难懂的知识，这时候就十分需要教师的讲解，教师应该通过必要的讲解，最大限度地发掘学生的潜能，激发他们的智慧，让学生从讲解中找到方向，获取方法，清晰思路，起到"举一反三、触类旁通"的作用。所以，教师应指导学生利用已有的知识在相似的情境下进行迁移，并且在理解知识的过程中掌握学习的方法，由此不断提高认识事物的能力。例如，在《乡村四月》的教学过程中，随着教学一步一步地深入，总结出"知诗人，解诗题；抓字眼，明诗意；想意境，悟诗情"的方法，之后学生学习其他古诗时，就会把学习的步骤、方法迁移到学习其他古诗中，达到良好的学习效果。

(四)发展学生的思维能力

小学生思维的发展主要是以具体形象思维为主，看得见、摸得着的东西更容易引起学生的注意，所以教师运用生动、形象、直观的语言，丰富学生的头脑表象，学生以此获得感性知识。教师不仅向学生传授知识和技能，还应使学生明白分析问题、解决问题的思维过程和科学方法，懂得事物、事理的来龙去脉，了解思维的一般规律。这对学生掌握知识技能、促进迁移，形成并提高认识能力、理解能力和思维能力都有着重要作用。例如，在群文阅读中，教师引导学生对事物的共性进行概括、归纳、综合，由此锻炼学生的思维能力，进一步促进学生思维水平的提高。

(五)发展学生的感受力

教学过程是双边活动，不仅有教师的教，还有学生的学，两者缺一不可，教和学使教学过程顺利进行，而教师的教和学生的学主要围绕教材来进行，两者之间的对话主要是文本交流。

教师应该通过对文本的讲解，使学生理解文章，并且在讲解中传递思想情感、文化修养。教师向学生传递思想情感和文化修养的过程也是实现小学语文教学目标的过程，在语文教学中教师进行生动、活泼、形象、充满情感的讲解，使学生通过语言理解文章的知、情、意、行，有效地对学生的情感和思想进行熏陶，发展学生的感受力，实现多方面的综合效应。

第二节　讲解技能的类型

一、知识的类型与特点

众所周知，深层次的学习总是围绕"是什么""为什么""怎么做"三个角度来思考问题的。从布鲁姆教育目标分类理论的两个维度(知识维度和认知历程维度)来看，前者是用于协助教师区分"教什么"，后者旨在促进学生保留和迁移所学的知识。这一理论基础使教师更明白应该"教什么"，也就是需要教师把握好知识的类型及学生学习不同知识类型的认知规律。

布鲁姆教育目标分类法从知识的类型和特点角度将知识分为以下几种。

1. 事实性知识

事实性知识，是掌握某一学科或解决问题时必须知道的基本知识，是一门学科的基础知识，是单独出现的、存在于过去和现在，不具有预测价值并且只能通过观察而获得的知识类型。其特点为事实性知识较为孤立，并且抽象概括水平较低，是学生学习应掌握的基础性的知识。例如，小学语文课程标准的学段要求中提到，学生应认识常用汉字、能读准声母、韵母、声调和整体认读音节、认识课文中出现的常用标点符号，这些要求就是基础性的事实性知识。

2. 概念性知识

概念性知识，是指一个整体结构中基本要素之间的关系，表明某一个学科领域的知识是如何加以组织的、如何发生内在联系的、如何体现出系统一致的方式等，包括类别与分类的知识、原理与概括的知识、理论、模式与结构的知识。概念性知识是一种较为抽象概括的、有组织的知识类型。概念性知识如同有联系的网络，是那种关系丰富的知识，可用图式进行表征，具有结构性、系统性等特点。例如，语文学科中的概念性知识，表现为语言和文章、语言知识和文化知识、文学作品类型的知识、句子成分的知识。

3. 程序性知识

程序性知识通常是一系列或有次序的步骤，强调的重点是如何做，主要包括具体学科的技能与算法的知识、具体学科的技术和方法等，语文学科中总结段落大意的方法就属于程序性知识。

4. 元认知知识

元认知知识，是关于一般的认知知识和自我认知的知识。也就是人们对什么因素影响人的认知活动的过程与结果，这些因素是如何起作用的，它们之间又是怎样相互作用的等问题的认知。元认知知识包括认知主体的知识、认知任务的知识及认知策略的知识三个部分。

二、讲解技能的类型

教师很好地运用讲解技能的必要条件就是掌握知识类型，并且掌握学生学习不同知识类型的认知规律。与此同时，教师应以知识内容的类型和特点为依据选择合适的讲解类型，进行有针对性的教学。

(一)叙述式讲解

叙述式讲解是教师用简洁的语言，有条理地向学生叙述科学事实、事件过程或程序步骤的讲解方式。在小学语文的教学中，叙述式讲解主要讲解故事梗概、生活经验、人物关系、背景知识等，课文中的时间顺序、事物之间的联系，教师也需要说明，并进行归纳。讲解要求教师条理清晰，用客观的叙述态度去讲解，从而有效地帮助学生学习课程内容。

【案例 3-2】

《琥珀》课堂实录片段

师：同学们，今天我们来学习一篇新的文章——《琥珀》(板书课题)。

师：请同学们来观察一下这两个字，它们都是什么偏旁呀？

生：王字旁。

师：同学们回答得非常正确，对，都是"王字旁"，老师告诉你们"王字旁"偏旁的字其实大多表示珍贵的宝石。

师：那琥珀是什么呢？

生：琥珀就是一种珍贵的宝石。

师：认识琥珀——琥珀是一种透明的生物化石，树脂滴落掩埋在地下千万年，在压力和热力的作用下石化形成，有的内部包有蜜蜂等小昆虫，奇丽异常。并且琥珀大多数由松科植物的树脂石化形成，故又被称为"松脂化石"。

师：琥珀的形状多种多样，表面及内部常保留着当初树脂流动时产生的纹路，内部经常可见气泡及古老昆虫、动物或植物碎屑。

(资料来源：人人文库 renrendoc.com，2022.)

(二)描述式讲解

描述式讲解是在叙述式讲解的基础上增加了许多修饰的成分，是教师运用生动、形象的语言对人或事物的形象、结构、变化过程进行介绍或描绘，将知识深奥转化为通俗，将抽象转化为形象，易于学生理解课文。教师通过富有感染力的语言引导学生认真分析课文所描写的具体形象和生动画面，激发学生的学习兴趣，促进知识的理解。在小学语文的教学中，塑造情境、刻画人物、描绘场景、揣摩细节、表达情感时都可以运用描述式讲解。

【案例3-3】

《中国石拱桥》课堂实录片段

师：同学们来看看这句话"大拱由28道拱圈拼成，就像这么多同样形状的弓合拢在一起，做成一个弧形的桥洞"。思考一下，"大拱由28道拱圈拼成"是怎么回事？

生1：我认为是在大拱的两边各有14个拱圈。

生2：我认为是在大拱底下一个挨一个的拱是由28道拱圈拼成的。

师：要想理解这句话，一定要结合下文考虑。同学们要注意这句"就像这么多同样形状的弓合拢在一起"，那到底什么叫"拱"呢？

师：假如我的一个手指就代表一个拱圈，代表一个一米宽的拱圈，只用一个一米宽的拱圈架一座桥，这么窄的桥，只能走一个人，如果是一辆车就过不去了。所以把两个拱圈合并在一起，就比原来宽了一倍，这样就能过车了。可是还得过大型车辆呢，还得将车错开呢，这样就一道拱圈、一道拱圈地往上合并，一直增加到28道拱圈。换句话说，也就是28道小窄桥，合并成一个大宽桥。因此，课文写有一道拱圈坏了，不会影响桥的承重。因为这28道拱圈，彼此之间是相互独立的，合起来又是一个整体。一道拱圈坏了，不会影响其他拱圈。

生：原来是这样。

师：所以这就是赵州桥坚固的原因。

(资料来源：张孔义. 语文课堂教学技能与微格训练[M]. 杭州：浙江大学出版社，2011.)

(三)解释式讲解

解释式讲解是对字、词、句或事物意义以及学生认识所存在问题的讲解和说明，是在师生互动的讨论、质疑过程中对教学内容的解释与说明。解释式讲解一般适用于具体的、事实性的知识教学,像课文背景、作家作品介绍、段落划分、主旨概括、古文翻译和古文讲解以及复习等这些都可以使用解释式讲解,而且往往这些都是学生理解和运用的要点、难点,所以教师应揭示它们的内涵、意蕴、语境以及其他相关因素。如果忽视这些,教学效果将大打折扣,因此解释式讲解是一种常用、简单且又不可缺少的讲解方式。

【案例 3-4】

《王戎不取道旁李》课堂实录片段

师:今天我们来学习一篇小古文,我们一起来齐读课题。
生:王戎不取道旁李。
师:大家在读课题的时候要一个字一个字地读。(教师在王戎下面画横线,引导学生读名字,并关注生字"戎")。
师:伸出手指跟老师一起来书空"戎"字。
师:接下来,我们一起来看一看"取"字,那"取"是什么意思呢?
生:"取"就是"摘"。
师:对"取"的意思就是"摘"。
师:那这个又是什么意思呢?(在"道旁李"下画横线)。
生:道路旁边有李子。
师:"道旁李"指的是道路两旁的李子,好,同学们再来复述一下。
师:再次齐读课题,我们一起来说说课题的含义。
生:王戎不摘道路旁的李子。

(资料来源:著名语文特级教师薛法根《王戎不取道旁李》课堂实录.)

(四)问题解答式讲解

问题解答式讲解,是教学中进行能力训练、方法探究、问题解决、答案求证的讲解方式。其中的"问题"是根据课文提出来的。在问题解答式讲解中,首先,教师应在即将开始的课堂上给学生一些提问式的问题去思考,以训练学生开展合作探究的能力。其次,要给学生足够的思考与合作交流的时间,带领学生探究本堂课需要解决的问题,在这个过程中,教师通过讲解告诉学生解决问题的科学方法。最后,教师要以问题为导向,引导学生进一步理解文章的内容,更好地发展学生的思维能力。

【案例 3-5】

《飞夺泸定桥》课堂实录片段

师:"取得长征中的又一次决定性的胜利"这句话是什么意思?
生:"决定性"说明这是在长征中最重要的,能不能夺到泸定桥决定了长征的胜败。
师:意思对了。但你这话是不是有毛病?是决定胜了,还是决定败了?
师:如果泸定桥夺不下来,就还要费一番周折,就有失败的危险。如果泸定桥夺下来了,红军胜利了,就决定长征能够继续前进,这就叫决定性的。

[资料来源:王凤桐. 小学语文微格教学教程(修订版)[M]. 北京:首都师范大学出版社,2017.]

(五)启发式讲解

孔子说:"不愤不启,不悱不发。"朱熹作注说:"愤者,心求通而未得之意;悱者,口欲言而未能之貌。"只有让学生处于"愤""悱"之时,讲解才能获得最佳效果。启发式讲解是教师通过联系新旧知识或经验,给学生一定的提示,提出富有启发性的问题,引导学生对已有知识经验或生活经验回忆的一种讲解方式。教师可通过各种教学手段创设情境,也可以通过学生的讨论来启发学生。大多数时候,小学生受能力所限,理解往往浮于表面,难以沉潜,这就需要教师通过点拨、讲解,精"敲"细"磨",引导学生主动观察、思考,理解课程内容。

【案例 3-6】

《荷花》课堂实录片段

师:你觉得这句话中的哪个字写得特别美?

生:我觉得"冒"字写得美。

师:美在哪儿呢?

生:到底美在哪儿,我也说不清楚。

师:说不清楚是正常的,你能觉得"冒"字写得美已经很好了。请大家想一想,"冒"字可以换成别的什么字?(学生分别换成了"长""钻""伸""露""探"等字)

师:而作者没有用这些字,而是用"冒"字,肯定有他的用意。自己用心读前后几句话,体会一下,你觉得怎样的长才叫"冒"出来。

生:分别说出使劲地、不停地、生机勃勃地、喜气洋洋地。

师:分别把这些词填到原句中,再来读一读、想一想。

生:(学生多种方式读)

师:多么可爱的荷花啊!大家看,一个"冒"字,不但把白荷花写活了,而且使得白荷花变得更加美了,可见,作者的观察非常地细致、用词微妙、刻画入神……

(资料来源:王宗海,肖晓燕. 小学语文教学技能[M]. 上海:华东师范大学出版社,2011.)

(六)行为式讲解

行为式讲解,就是以训练学生的操作技能、外部动作为中心的讲解。三年级之前的小学生的思维还处于具体形象阶段,由此,教师可以根据学生的心理或生理发展特点,让学生多做一些具体的、可感受到的活动,有针对性地对学生进行教学。教师让学生跟着自己的口型念的过程就是动作技能的形成过程,教师对学生进行示范,提示要点,学生会充分利用感官进行学习。

【案例 3-7】

《ɑ o e》课堂实录片段

师:同学们,你们看看小女孩在干什么呢?

生:唱歌。

师:那我们在小女孩身上找一找我们的拼音宝宝在哪里?

师：老师听见有的同学说小姐姐的头部和小辫子就是第一个拼音宝宝a。嗯，同学们观察得非常仔细。你们看她的头部和弯弯的小辫子就是a的形状。

师：小姐姐唱出的歌也是ａａａ，这个音应该怎么读呢？注意看老师的嘴型，张大嘴巴ａａａ，嘴巴一定要张圆，看着老师的嘴巴形状，跟着老师读ａａａ，多读几遍。

生：ａａａ。

师：对，就像我们看到的这样，小姐姐唱歌ａａａ。

师：同桌互读一下。

[资料来源：粉笔网(fenbi.com)2018.]

(七)说明式讲解

说明式讲解，是教师用言简意赅的语言说清事物、讲清道理的一种讲解方式。说明性的课文经常用到说明式讲解，它可以帮助学生了解事物特征、明白道理，并且通过说明式讲解可以帮助学习说明事物和事理的方法。

【案例3-8】

《赵州桥》课堂实录片段

师：赵州桥是全部用石头砌成的，下面没有桥墩，只有一个拱形的大桥洞，横跨在三十七米多宽的河面上，它的跨度是37米。

师：37是个数字，作者为了准确地来说明赵州桥的跨度采用了"列数字"的说明方法。

师：好，这些已经说明得很清楚了，这个数字往上一标，同学们是不是就知道这个跨度有多少？

生：是的。

师：这篇文章中还有没有列数字的说明方法？只这一个地方有吗？好，你来说。

生：桥长50多米，宽9米。

师：为了准确地来说明桥的长、宽，这个地方采用了什么说明方法？

生：列数字。

师：对，列数字。

师：为了使说明文的语言准确，可以使用数字。我相信同学们在以后写说明文的时候——比如你要介绍一下你家里使用的煤气炉子——你就可以用数字，这个煤气炉子长是多少，宽是多少，高是多少，(教师边说边比画)，这数字就出来了，所以用数字表示是表达准确非常重要的因素。

(资料来源：搜狐 https://www.sohu.com，2022.)

(八)归纳式讲解

归纳式讲解，是由感性认识到理性认识、从特殊到一般的认识过程，也就是从形象思维到抽象思维的过程。归纳式的讲解适用于概念性知识、程序性知识的讲解。

在归纳式讲解中，教师可以利用形象的语言对学习对象进行描述、比喻等，以唤起学生对已有生活经验的回忆，引导学生通过想象产生较为具体的认识，如从特殊到一般的认识。教师要注意，运用归纳式讲解所举出的实例必须是学生熟悉的，所涉及的知识也必须是学生牢固掌握的。

【案例 3-9】

《草原》课堂实录片段

师：这次，我看到了草原。那里的天比别处的天更可爱，空气是那么地清新，天空是那么地晴朗，使我总想高歌一曲，以此表示我满心的愉快。在天底下，一碧千里，然而并不茫茫。四面都有小丘，平地是绿的，小丘也是绿的，羊群一会儿上了小丘，一会儿又下来，走到哪里都像给无边的绿毯绣上了白色的大花。这是作者运用了对比联想，将"天空"和别处的"天"相比，将"一碧千里"和"小丘"对比。

(资料来源：王艳荣. 小学语文作文教学技能操作与实践[M]. 北京：新华出版社，2015.)

(九)演绎式讲解

演绎式讲解，是从一般到特殊再到一般的认识过程。演绎式讲解不是以提供感性材料开始的，而是从提出概念、定义或原理等开始，然后再举例进行论证。

教师在运用演绎性讲解时，语言要准确、简洁，同时尽可能引导学生使用逻辑语言回答问题。

第三节 讲解技能的构成要素

构成要素，是组成某物必需的部分，因此，讲解技能必须包含六个构成要素，即讲解目标、讲解语言、讲解结构、知识联系、沟通思维、明确结论。

一、讲解目标

达到一定的教学目标是讲解的基本要求，也是讲解技能的指导性要素。

(一)根据教学活动的目标，确定需要讲解的内容

(1) 教师讲解那些学生不容易记忆的知识内容，更易于学生记忆。

(2) 当学生对新知识的背景知识缺乏了解时，此时教师进行讲解，学生能更好地记住并理解新知识。

(3) 教师进行讲解学生讨论不能解决的疑难问题，帮助学生解决认知障碍。

(4) 教师对于容易混淆的基本概念、原理、定律进行讲解，帮助学生对概念形成清晰的认识。

(5) 教师应在学生对所学知识的衔接缺乏认识或难以理解时进行讲解，以帮助学生掌握知识之间的逻辑关系。

(6) 学生只了解知识的表面，理解停留在浅层时，教师应通过必要的讲解和提问，一步一步地启发学生，引起学生深层次的思考。

(7) 在形成系统而全面的知识体系时，教师应进行讲解，指导学生形成系统、全面的知识体系。

(二)根据教学重点和难点，确定讲解目标

(1) 对于教学重点的讲解，其目标与教学目标是一致的，即通过讲解某个知识点，学生达到理解、应用或分析等不同的认知程度。

(2) 对于教学难点的讲解，教师要根据学生的实际水平来确定要实现的目标。

二、讲解语言

教师的讲解是通过语言表达实现的，因此讲解应做到吐字清晰、内容表达准确、音量适中，词汇、语法的讲解要准确，语调要适中，肢体语言要得体。教师在设计讲解语言时，应注意不同的语言形式应该在何时使用。例如，何时用描述性语言，何时用叙述性语言，何时使用强调，何时使用沉默，等等。教师应对讲解语言进行设计，以便更有效地表达讲解的内容和情感，引起学生重视，使学生更好地思考教师的讲解。

三、讲解结构

讲解结构是教师在分析学生情况和教学内容的基础上，对讲解过程框架的安排。这一技能要素是整个讲解技能运用成功的基本保障。教师要明确讲解的结构设计，包括两个步骤：第一，分析需要讲解的知识内容类型；第二，根据讲解目标及内容类型确定讲解方法。在设计的过程中，注意讲解结构要组织合理、条理清楚、层次分明。

四、知识联系

在讲解中，教师要把知识前后之间、学科之间及与学生的生活之间存在的联系讲解出来。这种联系有时并不在教材中明确地予以表现，因此学生不能很好地领悟到，这时就需要教师去引导、创造。建立知识联系这一技能要素就是教师在讲解中应明确这些联系，让学生很好地构建知识网络，牢固地掌握知识。

知识联系的设计包括以下三种。

(1) 联系生活实际。教师要把与学生生活、社会实践方面的联系明确地讲述出来，为学生将来能够学以致用奠定基础。

(2) 学科之间知识联系。知识之间、学科之间的联系是普遍且无处不在的，这些都需要教师通过讲解将它们明确地表达出来，以培养学生全面、可持续发展的理念。

(3) 学科内的知识联系。学科内知识之间的联系是基本的、大量的，是学生掌握一门学科的基础。教师需要深入了解本学科的课程标准，挖掘学科知识之间的联系，并在讲解的过程中引导学生掌握这些联系。

【案例 3-10】

《飞夺泸定桥》教学片段实录

师：同学们，我们一起来看看"飞溅""倾泻""冲"这几个描述水势的词语。

师：这些词用得好吗？

生：好，感觉水非常有劲儿。

师：那如果把这些词换一换，换成"红褐色的河水从上游山峡中流出来，流到岩石上，溅起了浪花。"这水还有劲吗？

生：没有。

师：所以原文中的词用得很精妙。

师：就像王安石写的"春风又绿江南岸"，那个"绿"字换了10次才定下来用"绿"字。我们以后写文章也要这样，仔细揣摩，一个字一个字地推敲。

[资料来源：王凤桐. 小学语文微格教学教程(修订版)[M]. 北京：首都师范大学出版社，2017.]

这段话，教师首先指出用得好的几个词，然后用反面例证换成别的词。接着，教师又告诉学生怎样做到用词准确，那就是需要一个字一个字地进行推敲，根据知识联系进行对比，更好地让学生理解。

五、沟通思维

沟通思维，是教师和学生一起进行的思维过程。教师的思维离不开学生，同时，学生思维的发展也离不开教师。讲解中教师主导，学生通过教师的讲解主动参与到课堂中去，由此发挥学生的主体地位，引导学生认真思考。在教师的讲解中，从表面上看是教师讲学生听，但教师清晰的思路、有逻辑的推理和分析、不断提出的问题都能引导学生的思维一步一步前进，有利于促进学生思维的发展。

【案例 3-11】

《狼牙山五壮士》教学片段实录

师：同学们，弹尽粮绝之际又发生了什么。接着往下看。此时敌人在后面紧追不舍，战士们的处境异常艰难，可是他们却屹立在狼牙山顶峰，而且脸上还露出了胜利的喜悦，这是为什么呢？

生：是因为战士们为连队的转移赢得了时间，所以他们露出了胜利的喜悦。

师：对，同学们想一想，其实在他们想把敌人引上绝路时，已经把自己的生死置之度外了。对，五位壮士心中只有群众，面对危险毫不退缩，正如文章所写马宝玉第一个纵身跳下深谷，战士们也昂首挺胸相继往下跳。

师：这个"纵身"表现出了马宝玉什么精神？

生：视死如归、无所畏惧、不怕牺牲的精神。

师：同学们，仔细听老师朗读这一自然段，再次感受他们视死如归的精神。

(资料来源：沈阳大学小学教育研究生，成紫君. 2022.)

六、明确结论

在一个问题或者一个概念讲解结束时，将问题的论点、要点简明地交代给学生，使学生掌握问题的实质。教师要做的就是，使已被感知的科学事实和形成的概念在记忆中巩固，并通过对知识的整理，使学生对知识领会得更加透彻。教师在对知识进行总结概括时，学生会进一步对知识体系有清晰的认识，体会其情感，并升华文章主题。

第四节　讲解技能训练要点

教师教学应充分利用讲解的教学方式，与此同时，也要知道讲解有其局限性。因此，教师运用讲解技能的过程中，要扬长避短。所以，教师在运用讲解技能过程中应注意以下几点要求。

一、讲解要准备充分

教师在上课之前，必须充分了解教材、教材结构及各单元之间的联系，还要明确教学目标、教学重点、教学难点及学情。课堂教学中成功的讲解都是讲在当讲之处。

【案例3-12】

《白杨》课堂实录片段

师：教师深知读懂爸爸的内心是文章的难点，也是文章的主旨所在。于是引导学生：爸爸只是向孩子们介绍白杨树吗？

生：不是的，他也在表达自己的心愿。

师：教师进而引导学生进一步深入理解：爸爸要表达的是什么？爸爸的心愿是什么？

[资料来源：王凤桐. 小学语文微格教学教程(修订版)[M]. 北京：首都师范大学出版社，2017.]

在教的过程中，教师要把握住教学的重点、难点，设计教学，让学生抓住文章的中心思想。

二、讲解语言要恰当

语言表达是建立在长期知识积累的基础之上的，语言表达在很大程度上能表现教师思维的流畅性。讲解语言表达不过关，词汇贫乏，句群组织不合理，讲解的语言不够生动、形象等，这些问题都会影响讲解效果，使学生产生听觉疲劳，所以教师不应照本宣科让课堂变成"满堂灌"，这样不利于调动学生学习的积极性和主动性。

因此，教师的讲解语言要连贯、准确、没有病句、表达流畅，讲解句子要完整，控制语速，掌握好节奏，要给学生留出思考、消化信息的时间。讲解还要和表情、手势相结合，以便引起学生的注意，更好地实现教学目标。

三、讲解要允许学生质疑

讲解并不只是教师一味地讲，需要学生的参与，讲解的过程中要允许学生发表不同的意见，所谓"一千个读者，有一千个哈姆雷特"，学生是不同的独立个体，每个人都有自己的思想，教师要做的就是，学生有正确的想法时给予鼓励、赞赏，学生的想法暂时是错误的时候，要积极地予以纠正，让学生改过来，并且对学生的错误之处进行点拨。

四、讲解要有启发性

在讲解的过程中，教师要注意激发学生的兴趣，调动学生学习的主动性，引导学生对学习内容有所思考。教师想要达到讲解的目的，就要考虑学生的接受能力。小学生注意力不易集中，也难以持久，但他们拥有强烈的好奇心和求知欲，喜欢直观、具体的教学方式。因此，教师应边讲课、边提问，引导学生将新旧知识联系起来，避免简单地灌输和复述知识，教师要知道，讲解不是目的，目的是帮助学生读懂书，启发学生思考，联系新旧知识，提高他们的思维能力。

五、讲解要把握时机

在讲解的过程中，教师要根据学生的情况进行适当的调整以把握教学的时机。当学生思路受阻时，利用讲解来疏通；思路狭窄时，利用讲解来拓展；思路凌乱时，利用讲解来梳理；思路浅显时，利用讲解来掘进；思路偏向时，利用讲解来明晰。

讲解要紧扣主题，向学生提示重要信息，以引起学生的注意。教师也应掌握教材内容，注意什么当讲，什么不当讲，避免讲解的随意性、重复性、机械性。教师需要讲解的情况在前文已有阐述，以下是教师不需要讲解的情况。

(1) 教材中已经阐明，学生自己可以看懂，或通过小组讨论能够解决时，教师无须讲解。

(2) 课后补充的事实材料，学生完全可以通过自学学会。

(3) 学生可以通过已有知识经验学习新知识。

六、讲解要重视反馈、调控

很多教师在讲解时总是一厢情愿，不但讲解前不设疑，讲解中不探询，也不观察学生的反应，师生之间缺乏课堂交流。讲解结束后，教师也不反馈调节，导致教学效果不佳。

因此，教师在讲解的过程中应设置恰当的问题，通过提问和探究，促进师生之间的交流。讲解结束后，教师要善于观察学生的表情、行为和操作，留意学生的非正式发言，以弄清学生对知识的理解情况。对于学生听不懂、弄不明白的内容，教师要重新组织语言或改变讲解方式，进行自我反思、总结经验、解决问题、强化技能，以实现教学目标。

七、讲解要与其他技能方式结合使用

小学生年龄较小，他们大多对那些看得见、摸不着的东西感兴趣。因此，教师仅仅只使用讲解这种方式是不够的。教师不仅要知道怎么教，还要懂得如何教，用什么方法教，教的过程中不应局限于一种教学方式，应多种方式灵活运用。教师的讲解应在学生的积极参与下，达到"润物细无声"的目的，使教师的"讲"与学生的"学"融为一体。例如，阅读是学生的个性化行为，要让学生充分地读，重视学生的独特体验与感受，避免教师进行烦琐的分析，教师不必把学生自己能吃的"食物"嚼烂了再一口一口地"喂"给学生。对于教师讲解的内容，学生往往也可凭借语境来自己读懂。因此，教师应在讲解的基础上，结合其他技能方式，引导学生自主阅读，这是最恰当的讲解艺术。

第五节 讲解技能案例与评析

一、讲解技能教案设计

本节所选讲解技能教案设计，如表 3-1 所示。

表 3-1 讲解技能教案设计

科目：语文	课题：五年级下册第一单元第一课的《古诗三首》中的第三首——《村晚》	训练技能：讲解技能
训练目标： (1)区分多音字"陂"，正确理解三种不同字音所代表的含义，会写"满""漪"字，正确认识字形结构。 (2)能够正确、流利、有感情地朗读这首诗，并背诵。 (3)体会传统文化中"水"的意象，感受作者要表达的感情。		
教学背景分析： (1)五年级学生的感知觉处于少年阶段，但相对来说，五年级学生的视觉和听觉的感受性已发展到一定水平，感知事物的目的性比童年时要明确，感知事物的精确性也有所改善，因此，在古诗诵读的过程中，根据古诗配乐，让学生诵读，感受古诗的意境及情感。 (2)针对基础知识水平不同的学生，在课前导入环节设置了不同难度的古诗词，前两句诗是曾经学过并背诵过的古诗，第三句诗是拓展诗句。 (3)这个班级的学生对背诵不感兴趣，我运用了"踏浪式阅读法"激发学生的背诵兴趣，提高背诵效率。 (4)本单元的单元要素是体会课文表达的感情，并能够把重点部分写具体，针对两个要素，着重分析了诗句当中的重点字和重点词，再让学生结合生活实际展开丰富的想象扩写诗句，从而体会作者表达的感情。		

续表

时间安排	授课行为预设	学生行为预设	技能构成要素	设计意图
0:00 0:05 3:00	一、创设情境，导入新课 1. 同学们，上课！我们先玩一个游戏，好吗？九宫格的游戏。 (出示：九宫格PPT) 教师提问，有没有同学能够迅速地从这九个字当中找出一句古诗词？现在仔细倾听比赛规则，请同学们在这九宫格当中迅速地找出一句古诗词，举手抢答，看谁找得又准确又快。 2. 教师提问，难度升级了，有没有哪个同学能从十二个字中迅速地找出一句古诗词呢？(出示：第二张古诗PPT) 　再次提问，出示第三张古诗PPT。 3. 观察三句诗，它们有什么共同特点呢？停顿一段时间，让学生观察思考并作答。(都有共同的意象：水) 4. 翻译诗句，概括描写水的什么特点，给你们什么样的感受。(出示：白鹅在水中游、桃花潭水、曲水的图片)	 学生回答："白毛浮绿水。" 学生回答："桃花潭水深千尺。" 学生回答："山重水复疑无路。" 学生回答："水。" 学生回答："解释诗句含意及水的特点。"	引起注意 激起好奇 新旧知识 建立联系 激发认知需要 培养兴趣 促进参与 组织指引、形成学习期待	以游戏的形式巩固旧知识，为学习新知识奠定基础，激发学生学习兴趣，锻炼学生的思维，提高敏捷性和准确性。 加大挑战难度，调动学生闯关的热情，培养学生对古诗词的热爱。

	5. 小结：谈话引出，"水"居然有这么多种形态，今天我们学习的古诗《村晚》中也有一句关于水的意象的诗句，有谁找出来了？没错，就是"草满池塘水满陂"。那么，这首诗的作者是如何描写"水"的，这"水"又表达了怎样的感情呢？那么，我们接下来看看作者雷震笔下的水是什么样的吧！请大家齐读课题：《村晚》(板书：村晚)	学生自由回答、表达观点 学生回答："草满池塘水满陂。"	引导联想 组织指引、形成学习期待	以"水"的意象作为切入点，以旧知识带动新知识，培养学生对古诗词的热爱，感受中华传统文化的魅力。
5:00	二、初读古诗，扫清障碍 1. 检查预习情况 教师在课前已经给大家发放了预习单，接下来，教师要检查一下大家的预习情况。 ①教师提问一位学生，学生朗读完毕，教师评价总结。 ②教师跟随音乐范读。 ③全班跟随音乐齐读。 2. 教师提问，在你们预习的过程中遇到了哪些困难，是否通过自己的思考和探究解决了？ 学生回答，学生回答完毕，教师总结，并表扬学生独立思考及解决问题的能力。 3. 教师讲解"陂"的三种读音，并对每种读音组词，加深理解。并补充，需要注意"满"和"漪"两个字的书写。	学生回答："在预习本首古诗中，发现'陂'这个字是多音字，通过查字典了解到它有三种读音，在《村晚》中读 bēi。"	指导朗读 鼓励强化 思维训练	提前发放预习单让学生提前了解本节课学习的知识，培养学生独立学习、独立思考的好习惯，提高课堂教学效率。 培养学生善于思考，乐于探究，独立解决问题的能力。

10:00	三、再读古诗，学会背诵 1. 教师教授学生"踏浪式阅读法"，带领学生找到速记诗词的节奏，有助于背诵。教师先进行示范"草满池塘水满陂，水满陂"。 2. 全班使用这种方法齐读两遍，教师引导学生举手发言展示，哪位同学能够展示一下？ ①学生展示完毕，教师纠正错误并评价总结。 ②再提问一位同学，避免上一位同学的错误。谁能够更好地展示一下，挑战一下自我？ ③全班再次齐读。 3. 教师在PPT上展示镂空的诗句，提问学生，我看谁是小小记忆王？学生挑战完毕，教师评价总结。 4. 全班有感情地背诵。	学生认真学习教师范读，并模仿。 指导朗读 学生展示节奏朗读 台阶提问 学生挑战背诵	指导学习 传授背诵方法，提高背诵能力。 先读熟，再根据提示背诵，最后全文背诵，层层递进，由浅入深，学生易于接受。
15:00	四、深入研究，挖掘内涵 1. 分析"草满池塘水满陂"这句诗的含意，并根据两个"满"字，想象画面。 ①这句诗提到了课前我们所讲的哪个意象？ ②用原文回答，这里的水是什么样的？ ③解释"水满陂"的含义。 ④哪里的水溢出了池岸？为什么？ ⑤请同学们观察图片，开动脑筋并结合生活实际想一想，此时你的眼前浮现了什么样的景象？	学生举手回答 学生回答："水。" 学生回答："水满陂。" 学生回答："水溢出了池岸。" 学生回答："池塘里，因为在青草长满了池塘，池塘里的水高涨起来，几乎溢出了池岸。"	停顿 指导学习 强化 建立联系 启发引导 引导想象

				续表
28:00	⑥学生回答完毕，教师评价总结，想象力丰富，运用了"五觉"手法中的嗅觉，进行想象，仿佛闻到了青草的清甜。 ⑦教师提问：那在你心目中，你认为这是一种什么样的水？什么样的草？(板书：水草丰满) 2. 分析"山衔落日浸寒漪"。 ①"山衔落日"是什么意思？看图理解诗句的意思。(板书：山衔落日) ②"浸寒漪"是什么意思？ ③这里哪两个动词你觉得用得好？为什么？ ④根据图片或联系实际生活，展开丰富想象，你看到了什么样的画面？ ⑤学生回答完毕，教师总结，青草、碧水、青山、落日，色彩绚丽，真是一幅美景。(板书：景色优美 色彩和谐)	学生回答："此时正值春末，前几天下了几场大雨，池水都快溢出岸边，大片的绿茵茵青草长满池塘，一阵微风拂过，仿佛闻到了青草的清甜。" 学生回答："丰满的水草。" 学生回答："远远的青山，衔着彤红的落日。" 学生回答："倒映在水中的影子，闪动着粼粼的波光。" 学生回答："'浸''漪'，生动、形象地写出了落日挂在山头，彤红的余晖倒映在水中的美丽景色。"	确认 确认 演示 理解 分析 组织交流 综合表达 理解 确认 演示 确认	用师生对话的方式理解文中的重点词句。 运用视觉刺激，引起学生的注意，图文结合，培养学生的想象力和语言表达能力。
31:00	3. 分析"牧童归去横牛背，短笛无腔信口吹"。 ①在这样的美景中，一个小牧童在做什么呢？读读诗句，看看图，说说你看到了一幅怎样的画面？ ②同桌交流讨论，"横牛背""信口吹"是什么样的孩子？又吹的是什么曲调呢？展开想象，说一说。(板书：牧童、横牛背、信口吹) ③教师总结："牧童骑黄牛，歌声震林樾""笛弄晚风三四声"这真是无忧无虑，其乐融融呀。(板书：无忧无虑，其乐融融)	学生回答："放牛回家的孩子横坐在牛背上，拿着笛子吹着不成曲调的曲子。" 同桌讨论交流。	理解 演示 反馈 概括要点 明确结论	

続表

	4.教师叙述古诗的内容，并引导学生跟随老师和音乐朗读古诗。 在缓缓回家的路上，他还拿着一支短笛随口吹着，也没有固定的曲调，这就是他快乐的童年生活。同学们，带着这种无忧无虑的心情，跟随老师一起朗诵这首诗吧。	学生跟随老师朗诵古诗。	演示 组织讨论	归纳总结，明确要点。 通过朗读巩固认知，体会情感。
38:00	五、归纳总结 这节课即将接近尾声，教师提问学生，你们从这首诗中感受到了什么？ 学生回答完毕，教师总结，这首诗写景集中在池塘上，写人集中在牧童上，人物景色，色彩和谐，有了这样的生活，牧童的生活自然是悠哉游哉、其乐融融。表达了作者对乡村生活的向往。	学生回答："我感受到了牧童生活的悠闲自在、无忧无虑，也感受到了作者对乡村生活的喜爱与赞美。"	反馈 概括要点 明确结论 综合 语境强化 提供心理准备 回忆 概括综合	通过总结问题，及时回顾所学内容，让学生进行语言表达练习实践，对本节课知识进行概括、归纳。
	六、课后拓展 结合生活实际，展开丰富的想象，选择其中的一句诗，进行扩写，下节课和老师、同学一起交流、分享。	拓展练习，小练笔	升华情感 深化拓展 组织练习	联系生活实际，展开丰富想象进行写作，培养学生的观察能力和写作能力。

板书设计：

1.村晚

景：水草丰满 山衔落日
　　景色优美 色彩和谐
人：牧童 横牛背 信口吹
　　无忧无虑 其乐融融

(教案设计者：沈阳大学2020级小学教育专业学生 王馨瑶.)

二、讲解技能案例展示

教育部统编小学语文教材五年级下册第一单元第 1 课的《古诗三首》中的第三首——《村晚》讲解技能训练案例展示,扫右侧二维码观看。

村晚

(视频提供者:沈阳大学 2020 级小学教育专业学生 王馨瑶.)

三、讲解技能案例反思

《村晚》教案设计的反思和感受

《村晚》是教育部统编小学语文教材五年级下册第一单元第一课的《古诗三首》中的第三首,我用九宫格游戏的形式让同学们在其中迅速找出一句学过的古诗词,对一般的古诗词课的导入形式进行了创新。学生通过游戏进行闯关挑战,不仅复习了旧知识,还激发了学生的挑战欲,学生回答正确后还会增强学生的自信心,激发学生的学习热情,使他们能够以更饱满的情绪状态学习接下来课堂新知的学习。此教案设计不同于以往古诗词,直接了解写作背景、古诗翻译,此篇设计我以"水"文化为出发点和落脚点,拓展学生对古诗词的理解以丰富学生中华传统文化古诗词的知识,并感受其传统文化的魅力与灵魂。

在诗词朗读教学环节中,我教授学生一种阅读方法——踏浪式阅读法,用这种带有节奏的形式来朗读古诗,能够让学生在朗读中感受学诗词的快乐,体会中华汉字的音韵美和节奏美。我让学生反复练习朗读,加深对古诗词内容的理解,更有利于提高背诵效率。

在诗词内容的分析教学中,我主要运用四个步骤来进行教学:第一步,让学生了解每句诗中关键词的含义;第二步,以词串句,理解这句诗的含意;第三步,展示对应诗句的图片,图文结合,联系生活实际,对诗句展开丰富的想象,进行扩写,体会古诗表达的思想感情,以此培养学生的想象能力、创新思维和语言表达能力;第四步,总结学生的感受,明确要点,抓住诗歌主要内容,建立逻辑体系,进而突破重点、难点。

最后的课后拓展环节,为了达成本单元的学习目标,把一件事的重点部分写具体,我布置了扩写古诗的作业,由此锻炼学生在写作和口语表达中使语句变得丰富,词语量变得丰富,而且也能提升归纳总结的能力,培养学生仔细观察生活的能力。

总之,针对这节课,我会及时发现问题并改正。课后不断地努力学习学科专业知识,不断地进行反思和感悟,立志成为一名优秀的小学教师。

(案例提供者:沈阳大学 2020 级小学教育专业学生 王馨瑶.)

四、讲解技能案例评析

前文讲解技能教案设计的案例,完整地包括讲解技能的六项构成要素,即讲解目标、讲解语言、讲解结构、知识联系、沟通思维、明确结论。同时设计课后拓展,以巩固运用知识,发展学生的想象力。

板书设计简洁明了、思路清晰、层次恰当,能够呈现文章的整体结构和重点内容。

在视频展示中,学生能够运用多种教学技能灵活自如地应对课堂,开展课堂教学。在本课古诗教学中，学生运用了不同以往的方式，以中华"水"文化为切入点，配合"踏浪式阅读法"，带领学生体会诗词，感受诗词的美。并且在教学过程中，以学生为主体，通过一步步的启思，让学生积极参与到学习中来，感受诗词的美妙。

教学反思与感受部分情真意切，导入技能、提问技能、讲解技能和结束技能贯穿整个课文教学，并写出了自己的思考设计过程。最后，不忘警醒和勉励自己，要通过努力学习和脚踏实地，将理论与实践相结合，不断发现问题，解决问题，在实践和反思中不断成长。

总之，本课教学设计使用游戏情境的方式激发学生进一步去探求新知的欲望，并且在教学中有意识地让学生在诵读过程中感悟古诗的内容，体会古诗的思想感情，并利用扩写着重发展学生的想象力，以及对知识的迁移能力。与此同时，联系生活实际，发展学生的想象力，真正地促进了学生对古诗词的理解。

五、讲解技能评价表

讲解技能的评价主要从讲解技能的六个构成要素入手，即讲解目标、讲解结构、讲解语言、知识联系、沟通思维、明确结论。

1. 讲解目标

讲解内容是否为教学的重点、难点；讲解目标是否明确，且与教学目标一致。

2. 讲解结构

讲解框架搭建是否合理，环环相扣；讲解方式是否与知识类型相适应，过程是否完整；讲解的思路是否线索清晰。

3. 讲解语言

讲解语言是否条理清楚、语速快慢是否适合学生；语言是否经常与神态语、多媒体、板书等相结合。

4. 知识联系

讲解是否能联系学生已知的知识，能否与其他学科知识相联系、与学生生活相联系。

5. 沟通思维

讲解过程在学生思维关键处是否有引导、有强化；讲解过程中是否通过一定的方式让学生参与讲解活动。

6. 明确结论

讲解是否将结论简明地告知学生。

每个构成要素的评价有良好、尚可和需努力三个等级，各个构成要素分别占不同权重。讲解技能评价，如表3-2所示。

在进行自评和他评的时候，评委可以对照上述评价项目及评价标准，判断试讲者讲解技能各个要素表现在哪个等级范围，在恰当的等级处打"√"，填写在讲解技能评价表中即可，评价表中的意义或建议一栏可以提出试讲者的优势和不足。

表 3-2　讲解技能评价

			日期_____　任课教师_____	

请对以下各项目进行评价，在恰当的等级处打"√"。

评价项目	良好(10—8 分)	尚可(7—5 分)	需努力(4—1 分)	权重
1.讲解目标				0.15
2.讲解结构				0.20
3.讲解语言				0.15
4.知识联系				0.15
5.沟通思维				0.20
6.明确结论				0.15
意义或建议				

本章小结

本章通过引入"说勤奋"的案例，生动阐释了讲解技能在教学中起着重要的作用。讲解是最基本的教学技能，讲解技能包含六个构成要素，即讲解目标、讲解结构、讲解语言、知识联系、沟通思维、明确结论。

根据布鲁姆教育目标分类理论，知识分为事实性知识、概念性知识、程序性知识、元认知知识。讲解技能包括九个类型，即叙述式讲解、描述式讲解、解释式讲解、问题解答式讲解、启发式讲解、行为式讲解、说明式讲解、归纳式讲解、演绎式讲解。

教师要以知识的类型和特点为依据选择合适的讲解类型，对知识内容有针对性地进行讲解，达到事半功倍的效果。结合文本案例和视频，实践中不断探索，把握讲解的最佳时机，从而取得最优的教学效果。

思考题

1. 什么是讲解技能？它有何优点、缺点？如何避免讲解的不足？
2. 讲解技能的设计需要注意哪几个技能要素？
3. 运用讲解技能时教师应该注意什么问题？
4. 讲解技能的训练要点有哪些？请举例说明。
5. 怎样提高讲解的有效性？请举例说明。
6. 请设计一个讲解教学片段。
7. 观看本章配套的教学案例录像，讨论讲解技能使用的优势和不足，并提出改进意见和建议。

第四章 提问技能

本章学习目标

- 了解提问技能的含义及功能。
- 掌握提问技能的构成要素。
- 了解提问技能的类型并能分辨。
- 掌握提问技能的训练要点。
- 能对提问技能进行评价。

重点与难点

教学重点：了解提问技能的类型并掌握提问技能的构成要素。
教学难点：掌握提问技能的训练要点。

提问技能

导入案例

《黄鹤楼送别》教学实录片段

师：读完这首诗，其中的意思同学们懂了吗？谁说第一句？
生：老朋友辞别了西边的黄鹤楼。
师：第二句是怎么理解的？
生：三月，烟雾迷蒙、繁花似锦……
师：徐老师还有问题要问：为什么用"下扬州"而不用"到扬州"？
生：船顺江而下，速度很快。
师：用"到"显得船很慢，因此还是用"下"好，我明白了。
师：我还有个问题不太明白：第三句为什么用"孤帆"？从"孤帆"看出李白怎样的心情？
生：看出李白和孟浩然感情非常深。
师：书上是"依依惜别的深情"。你们把老师都给教会了。一个"孤"字充分表达了李白对孟浩然的依依惜别之情。
师：我又有不明白的了，李白为什么对孟浩然感情这么深？

(资料来源：王宗海，肖晓燕. 小学语文教学技能[M]. 上海：华东师范大学出版社，2011.)

启示：

在这一教学片段中，教师先通过提问引导学生分享第一句和第二句的理解，再将问题转为自己的疑惑，逐步引导学生对用"下扬州"和"孤帆"进行思考，问题难度适中，符合学生的实际发展水平，能够有效地激发学生的好奇心和求知欲，从而提高学生语文学习的积极性。教师围绕"孤帆"进行提问，引导学生感受李白对孟浩然的依依惜别之情，不仅增进了学生对语言文字的理解，还丰富了学生对人文内涵的理解。由此可见，教师在教学过程中要学会运用且要善于运用提问技能，精心设计紧扣教学目标、能引发学生的认知不平衡、激发学生的好奇心和求知欲的问题，并训练自己在课堂上进行生成性提问的能力。教师还需注意的是，提问应在学生的最近发展区进行，要力求语言文字训练和人文内涵理解的统一。

思考：

作为一名小学语文教师，如何在课堂中巧妙地运用提问技能以激发学生的好奇心和求知欲、启发学生思考？有效的课堂提问需要具备什么条件？又该如何设计与实施？

第一节　提问技能概述

提问是教学中教师与学生互动常用的一种相互交流的方式，它在教学中不仅应用广泛，而且是目前教学研究的一个重要课题。

在学习的过程中，问题有着非常重要的作用。只有有了问题，才能激发我们的好奇心和探索欲望，才能进行科学探索。在小学语文的课堂教学中，课堂提问始终发挥着重要作用，教师在教授每一节课的过程中，都会对学生进行提问，同时学生也会向教师提出问题，提问对促进学生的学习具有重要的作用。因此，每个教师都应重视课堂提问。

叶圣陶先生认为好的提问"必令学生运其才智，勤其练习，领悟之源广开，纯熟之功弥深"。这说明好的课堂提问在增进师生交流、激发学生学习兴趣、启迪学生的思维、发展学生的智力以及有效达成教学目标等方面起着重要的作用。因此，教师应该格外重视课堂中提问技能的运用。

一、提问技能的含义

提问技能是教师利用提问，通过师生相互作用、检查学习、促进思维、巩固知识、运用知识、促进学生学习，实现教学目标的教学行为方式。

课堂提问主要是在课堂教学的过程中，通过教师在课程前根据课程内容和学生身心发展阶段的特点精心设计的或对课堂进行中生成的问题进行师生、生生的互动，以实现教学目标的一种教学过程或活动。课堂提问围绕教学目标，以问题的生成为起点，以教师的发问和学生的回答为媒介，以教师的评价为终点。

二、提问技能的功能

(一)提高课堂教学效率，促进教师专业发展

教师在语文教学的过程中，一味地向学生采取"满堂灌"的方式，会使语文课堂变得

枯燥、乏味，课堂教学效率往往较低。而教师在课堂中的适度提问不仅给予学生思考的机会，而且为学生提供了转换思维的空间，从而有效地提高语文课堂的教学效率。

为了提高课堂的教学效率，教师在课堂上不仅要向学生提问，更重要的是，要进行有效的课堂提问。这需要教师提前预设问题，还要预想到学生可能会作出的回答，如此才能进行相应的教学。因此，教师不能仓促而随意地提问，而要根据教学目标、新课程标准、教学资源及学生学情进行设计，并在合适的时机运用教育机制进行追问，这对教师解读新课程标准、钻研教材和了解学生情况的能力提出了更高的要求，有助于推动教师专业素养的提升。

(二)引起兴趣，培养学生的学习动机

学生对语文的学习兴趣会影响学生学习语文的积极性和效率，对语文有兴趣的学生往往有较强的学习动机，能在语文学习过程中主动学习、积极探索。教师的提问若与学生生活相关，也能引导学生将所学知识与生活实际相联系，增加语文学习的趣味，让学生感受到语文学习的意义。

在导入新课环节，教师通过精心设计的提问，引起学生刨根问底的兴趣，激发学生的求知欲和探索的积极性。教师在教学过程中提出具有启发性的问题，能够引导学生积极思考，产生强烈的求知欲，深入探索事物的本质。在最后的教学环节中，教师通过引导性提问引导学生对本节课所学内容进行总结和梳理，并设置悬念，引起学生对下节课所学内容的兴趣，提高学生课下继续主动探索知识的积极性。

(三)启发思考，促进学生思维发展

语文课堂中的提问不是为了获得一个标准答案，而是通过提问来让学生在发现问题、分析问题和解决问题的过程中促进思维的发展，培养学生解决问题的思维品质。有效的课堂提问能够激发学生的好奇心和求知欲，引导学生主动对学习内容进行更有深度的阅读、思考和探究，提高学生的学习兴趣和积极性，从而提高学习效率。

语文学习具有较强的开放性，在语文教学过程中，教师应该通过提问引导学生进行讨论并回答问题，引发学生思考。教师可以通过小组合作的方式，让学生共同探索答案，给学生提供头脑风暴的机会，通过与他人的交流，学生会受到不同的启发，这有助于培养学生的发散性思维和创造性思维，提高思维的开放性和求异性。

(四)反馈矫正，提高课堂教学效率

传统的语文教学往往只局限于教师单方面的授课，且只注重知识的一味灌输，课程结束后，教师无法了解学生的学习情况和对知识的接受情况。通过课堂中的提问，教师能够了解学生对教学内容的接受情况、发现学生遇到的困难，及时对学生进行指导和调整教学进程。在语文课堂中，教学内容具有一定的灵活性，没有绝对且完全一致的标准答案，学生的思维较为活跃，也导致学生思绪容易偏离教学内容。课堂中的提问有利于教师接受学生对所学内容的反馈，更好地掌控课堂教学。当教师在提问的过程中发现学生对所学内容存在疑问时，可以及时采取相应的措施帮助学生理解，及时纠错，并根据学生的反馈及时对教学过程进行调整，从而提高教学效率。

第二节 提问技能的类型

在语文学习中，学生需要掌握各种知识。学生需要采取分析、综合、理解、记忆等不同的学习方式，且每位学生的思维方式也存在差异，有着不同的形式和水平。因此，教师在教学过程中的提问也应该是灵活多样的，提问技能的具体分类如下。

一、根据教学目标分类

2001年，美国教育家洛林·W. 安德森(Lorin.W. Anderson)等人对布鲁姆教学目标分类法进行了重新修订，从知识、理解、应用、分析、综合和评价修改为记忆、理解、应用、分析、评价和创造。

根据这一分类，小学语文教学中的课堂提问也相应地分为六种类型：记忆型提问、理解型提问、应用型提问、分析型提问、评价型提问、创新型提问。

(一)记忆型提问

在日常的语文教学中，大多数问题都是根据小学语文基础知识直接提出的，通常都有固定答案，这是最低水平的提问。这些基础知识要求学生回忆或再现所学知识，学生在回忆或再现的过程中能够激发自己最低层次的认知加工水平，且知识的记忆对有意义的学习和问题的解决也是非常重要的。

在记忆型提问中，教师通常采用的提问动词有：说出、写出、辨认、选择、识别、匹配、分辨、识记等。

【案例4-1】

《王戎不取道旁李》教学实录片段

师：王戎和小伙伴们在游玩时看见了什么？对应课文中的哪一句呢？
生：看到道边李树多子折枝。
师：什么样子是"多子折枝"，我们来看这张图片。(出示教材中的课文配图)
生：李子树上结了很多李子，把树枝都压弯了。
师：看到满树的李子，孩子们都是怎么做的？
生：诸小儿竞走取之。
师：结合注释，我们知道了"竞走"是争着跑的意思，那么，哪个字是跑的意思？
生："走"字。
师：没错，"走"是跑的意思，我们之前学过的一篇古文中就有"走"字，同学们还记得吗？
生：是《守株待兔》，"兔走触株"。
师：所以，我们在学习古文时也可以用联系旧知识的方法。那么，哪位同学能完整地说出这句话的意思呢？

生：许多孩子争着去摘李子。

(案例提供者：沈阳市实验学校　张老师.)

通过教师的提问，让学生回忆古文中"走"字的意思，不仅巩固了学生的旧知识，又为学生学习新知识做了铺垫，有助于学生理解古文的意思。

(二)理解型提问

理解型提问通常需要学生进行一定的思考和理解，通过理解型提问教师能够了解学生对学习内容的理解和掌握程度。理解型提问要求学生对所学内容进行解说、评述、分类整理、辨析、推论、比较、说明等，将知识重新组合，对学习材料进行内化处理。因此，理解型提问能够增进学生对所学内容的感知和理解。

在理解型提问中，教师经常采用的提问动词有：读(图、表)、回答、解决(问题)、举出(例子)、得出(结论)、叙述、阐述、比较、解释、转换、预测、推理、总结、分类等。

【案例4-2】

《桂林山水》教学实录片段

师：我们先欣赏桂林的水，坐在漓江的小船上，看山看水。让我们看看这幅画上的江，再来读读课文第二小节。边读边思考：漓江的水有什么特点？

(提醒学生拿笔做记号)

生：三个特点——静、清、绿。

师：(板书"静、清、绿")能否在三个词之间加上关联词？

生：又静又清又绿/既静又清且绿/不但静而且清还很绿。

师：如果李老师就这样说，你们能感受到漓江水美吗？

生：不能，因为这是概括。

师：那怎么说，才能使人感受到漓江的美呢？我们可以把"静"字重叠，请同学们来说一说。

(生交流)

师：我们不禁感叹漓江的美，同学们会来试试感叹"漓江的水真静啊！"(提醒突出"真"字)漓江的水有多静？来看看书上是怎样补充说明的。

(学生一起朗读第二段，老师读感叹句，学生读补充句)

(资料来源：小学语文特级教师李吉林《桂林山水》教学实录.)

教师的理解型提问，让学生在朗读课文中找到了漓江水的特点，并进一步引导学生，启发学生思考，增进了学生对课文的理解，实现了"读中理解，读中领悟"。

(三)应用型提问

应用型提问能够引导学生在具体情境中运用课堂所学的各种知识技能、方法策略等来解决问题。这种类型的提问通常具有灵活性，能引导学生举一反三，解决具体情境中的简单问题，让学生感受学习相关知识的意义，激发学生的学习动机。

在语文教学过程中，教师可以创设具体的应用问题情境，激发学生的好奇心和求知欲，让学生在情境中运用理论知识,以提高学生的应用能力。应用型提问与理解型提问的区别是当应用型提问只给问题情境或学习任务,由学生自己选择所需要的知识概念、规则或原理来解决问题;理解型提问要求学生应用所给的知识概念、规则或原理来解决问题。

在应用型提问中,教师经常使用的提问动词有:发生、应用、运用、解决、执行、实行、施行等。例如,谁能运用"寂静"说一句话?盲姑娘听贝多芬弹曲子,注意力高度集中,用一个词怎么说?

【案例4-3】

《四季之美》教学实录片段

师:同学们,你们看,《四季之美》一文中,作者在每段开头告诉我们印象最深的景致,然后在下面具体写出它的动态,营造了美的氛围,最后写自己的独特感受,表达自己的情感。我们也试着用这样的表达方法进行写作。同学们,你最喜欢哪个季节?哪个景致给你印象最深?请你说一说。

生1:我印象最深的是春天的小草。五颜六色的鲜花固然美,但刚从土里长出来的小草嫩嫩的、绿绿的、柔柔的,也给春天增添了无限生机和活力!

生2:我印象最深的是夏天的荷花。满池的荷叶挨挨挤挤地,一朵朵荷花从荷叶之间冒出来,绽开美丽的笑脸。微风拂过,荷叶、荷花便随风起舞。

师:是啊,我们有的同学所选的角度就是和其他同学不一样,很独特。因此,我们也仿照课文,用几句话写一写你印象最深的某个景致。

(资料来源:微信公众号"吉春亚本真书院"《四季之美》教学设计.)

《四季之美》是一篇写景的散文,它描写了春、夏、秋、冬某一特定时间的景致,视角独特且描写细致。因此,教师在教学时,让学生在把握课文内容的基础上初步了解静态描写和动态描写,并根据描写想象画面,从而感受四季独有之美,并由写话过渡到习作,让学生有话可写、笔下生花,进一步体会了静态描写和动态描写之妙,巩固新知。

(四)分析型提问

分析型提问是在对所学内容有了大致的了解后进行分解,对部分内容进行探究的提问。教师在提问过程中要注意各部分之间的关系以及整体与部分之间的关系。学生在回答分析型提问时,只依赖教材内容是难以进行的,必须对教学内容进行组织,通过较高级别的思维活动进行解释和鉴别。

在分析型提问中,教师经常使用的提问动词有:对比与比较、分析、陈述、找出类型、得出(结论)、论证、证明等。例如,"试验证明,蝙蝠夜间飞行探路的工具不是眼睛,而是嘴和耳朵。"请分析这个句子如果只有前半部分,去掉"而是嘴和耳朵"行不行?为什么?

【案例4-4】

《小蝌蚪找妈妈》教学实录片段

师:小蝌蚪从鲤鱼阿姨那儿得到了什么信息?
生:小蝌蚪的妈妈是四条腿、宽嘴巴。
师:乌龟不就是四条腿、宽嘴巴,遇到乌龟时,小蝌蚪的心情会怎样?

生：很开心。

生：心想我终于找到妈妈了。

师：课文中有一个词可以表示小蝌蚪当时的心情，同学们找到了吗？

生：追上去。

师：同学们真是有一双会读书的眼睛。小蝌蚪看到妈妈了，开心地追了过去。小蝌蚪追上去后，叫着"妈妈，妈妈！"那么，乌龟是它们的妈妈吗？

生：不是。

师：那小蝌蚪为什么会将乌龟错认为是自己的妈妈呢？

生：因为鲤鱼阿姨没有把小蝌蚪妈妈的样子说完整，所以认错了。

师：哪位小朋友可以将小蝌蚪妈妈的样子说完整？

生：你们的妈妈四条腿，宽嘴巴，头顶上有两只大眼睛，披着绿衣裳。

师：这样是不是就介绍完整啦？这样，小蝌蚪游啊游，看，它找到自己的妈妈了吗？

生：找到了。

(案例提供者：沈阳大学小学教育专业研究生 孙迪.)

《小蝌蚪找妈妈》中小蝌蚪所获取的关于妈妈长什么样的信息是逐渐完善的，由部分样貌特征到全部样貌特征，该案例正是抓住了课文的这一特点，通过提问"那小蝌蚪为什么会将乌龟错认为自己的妈妈呢？"让学生知道鲤鱼阿姨并没有把小蝌蚪妈妈的样貌信息说完整，所以小蝌蚪才找错了。这样一来，既加深了学生对课文内容的理解，也培养了学生的思维能力。

(五)评价型提问

评价型提问要求学生运用准则或标准对观念、作品、方法、资料等的价值进行判断，或者进行比较、选择，这对学生的思维提出了更高的要求。因此，评价型提问能锻炼学生的自我判断能力、批判能力和培养辩证思维等高级思维能力。在教学过程中，教师可以给学生提供小组讨论的机会，并引导学生进行评价，帮助学生分析评价依据是否充分，以培养学生的辩证思维和批判能力。

在评价型提问中，教师经常使用的提问动词有：批判、判断、评价、分级、评估、证明、辩护、看待等。例如，你怎样评价作者在这部作品里所取得的成功？

【案例4-5】

《将相和》教学实录片段

师：这个时候，请结合课文内容说说你对文中几位人物的看法。

生：蔺相如是一个勇敢机智的人。

师：好，把这个词在文中圈出来。勇敢，那就是有胆识！机智，那就是有智慧！

生：蔺相如是一个能说会道的人。

生：为国着想。

师：顾全大局。别人跟他过不去，他一味地——

生：谦让。

师：这叫有胸怀！有勇有谋！有胸怀！那么，廉颇这个人物，你们怎么看？

生：知错就改。

师：嗯，知错就改，了不起！

生：廉颇很厉害！战无不胜，攻无不克。秦王知道廉颇在边境做好了准备，不敢拿赵王怎么办。

师：赵王、秦王，我相信大家读完《将相和》之后都有自己的看法。《将相和》的故事距今已经有两千多年了。选自——

生：《史记》。要了解我国历史上这些伟大的人物，还是要走进《史记》。有兴趣的同学可以阅读一下《史记》或者《白话史记》。这节课就上到这里。下课！

(资料来源：全国十大青年名师 陈德兵《将相和》教学实录.)

陈老师首先引导学生发表对课文中几位人物的看法，这有助于发展学生的思维和培养学生的批判精神。然后教师再配合学生，使人物点评水到渠成，时间有限，点到即可。短短一节课的时间，说不定已经在孩子心目中播下了《史记》的种子。

(六)创新型提问

创新型提问要求学生在认知结构中找到事物的内在联系，并在此基础上对所学内容进行重新组合，发挥其创造性思维，以获得具有创新性的答案。创新型提问能够引发学生思考，激发学生的想象力和创造力，培养学生的创造性思维。这种提问具有开放性，没有唯一的标准答案，并且通常无法事先预测正确答案是什么，要求学生发挥想象，运用创造性思维得出独特的答案。

创新型的提问中，教师经常使用的提问动词有：预见、创作、总结、产生、计划、设计、构建、开发、生产、提议、发明等。例如，文章的结尾怎样？你会遇见一个什么场景？

【案例4-6】

《黄山奇石》教学实录片段

师：黄山石是怎么个"奇"法呢？刚才我们看了"猴子观海"，接下来，大家再看一幅图。(出示"仙桃石")这块石头像什么？

生：像一个大仙桃。

师：你的看法和书上的一样，除了像大仙桃还像什么？

生1：我看它像个大南瓜。

生2：像个大冬瓜。

师：看书上是怎样写的。齐读第2段。

(生齐读第2段)

师：课文里说它是仙桃石。不过，你对课文写的内容满意吗？你想不想再加上一句或几句话？

生：这个大桃子桃尖朝上(师指图插话："你看得很仔细，很会想象。")，可惜不是红色的。

师：说得很好！告诉你，它本来是个红色的仙桃，很新鲜，由于年代久远，变成化石了，红色就褪掉了。(笑声)

生：你们知道这个仙桃是从哪儿来的吗？它是从蟠桃园里掉下来的，是孙悟空打掉的。

(笑声)

师：你想象得太有意思了。刚才谁把它看成大冬瓜的？能不能说一说为什么像大冬瓜？

生：在一座山顶上，有一只大冬瓜，它头朝下，把儿朝上。(师插话："他说的'把儿'指的是瓜蒂。仙桃的尖儿，在他眼里成了冬瓜的瓜蒂了。瓜叶哪儿去了？")它被风吹跑了。

(掌声)

师：你别说，听他这么一说，这块石头还真像个大冬瓜呢！同学们，黄山上有两块石头很有趣，而且一块比一块有趣。谁来读一读第3段、第4段？看看是怎么有趣的。

(资料来源：全国著名特级教师于永正《黄山奇石》教学实录.)

教师借助插图让学生仿佛置身黄山，近距离欣赏黄山奇石。有了直观的插图，学生的头脑中一下子有了画面。再与教师的提问相结合，为学生插上了想象的翅膀，让学生能够充分发挥想象力、创造力。

二、根据提问的技巧分类

教师的提问不仅要关注提问涉及的学习内容，还要关注提问的方式和技巧，正确运用提问技巧不仅能吸引学生的注意力，激发学生的求知欲，而且能加深学生对学习内容的理解，从而提升其思维水平。

(一)诱导提问

诱导提问是能够诱发学生对学习产生兴趣、激发其求知欲的提问。小学阶段的学生具有较强的好奇心，教师如果通过提问创设问题情境，或在学习的关键处设疑以促成学生的认知失调，就会激发学生的学习兴趣，点燃学生的学习热情，唤起学生的求知欲和探索欲，从而激发学生的学习内驱力，培养其创造性思维。

【案例4-7】

《落花生》教学实录片段

师：我们见到的都是既讲体面，又讲行为的人。那么，"我"是怎么说的？

生：(齐)我说："那么，人要做有用的人，不要做只讲体面，而对别人没有好处的人。"

师：我们应该做什么样的人？

生：既讲外表，又要有真才实学的人。

师："既……又……"用得好。

生：既讲体面，又要对别人有好处的人。

生：不但要讲外表，而且要有贡献的人。

师：再读"我"的话。

(生再读)

师：(引读)"花生做的食品都吃完了，父亲的话却深深地记在我的心上。"(稍停)读错了吗？

生：应该是"印在我的心上"。

师：用"记在我的心上"不好吗？为什么？
生："记"，有时候也会忘记；"印"，就是深深地印在心里。
生：印，一般是永久的，用"记"的话有可能会将这些东西忘掉的。
师：(赞赏地)"永久的"，说得真好！把最后一段读一读。读出印得很深的感觉。
(生齐读)
师：再读，想一想，怎样体现"深"的？
(师范读，生再读，师评点。)
师：语速要慢点，注意停顿，这样才能有味。你从哪儿看出父亲的话陪伴"我"走过一生的呢？
生：我是从"这是我对你们的希望"看出来的。
生：我是从"深深地印在我的心上"看出来的。
生：许地山将"落华生"作为自己的笔名，这说明父亲的话深深地印在他的心上了。
师：(板书"华")把名字都改了，说明印得很深。

(资料来源：著名语文特级教师孙双金《落花生》教学实录.)

(二)疏导提问

疏导提问，是指当学生遇到较难理解的问题、创造性思维处于潜伏阶段、难以靠自身努力获得所需知识时，教师通过提问引导学生找到解决问题的方法和途径。教师可以在学生最近发展区内给学生提供线索，引导学生从横向、纵向或正反等角度进行思考和梳理，促进学生思维的发展。

(三)台阶提问

台阶提问，是指教师顺着教材教学内容的逻辑，顺着文章的思路逐步深入地对学生进行提问，每一个问题就像一级台阶，逐步引发学生思考。因此，它也被称为登记提问。台阶提问作为一种循序渐进式的提问，它能够逐渐加深学生对学习内容的理解，也有助于培养学生借助前后联系思考问题的习惯，为学生深入探讨指明了方向，使学生对某个问题更好地理解和掌握。

(四)对比提问

对比提问，是引导学生将所学内容进行整理、对照比较，以寻找所学内容的相同点、不同点及其之间联系的提问。对比提问能引导学生梳理所学内容，帮助学生在头脑中构建和完善知识体系，发现和掌握事物的本质特征，提高学生思辨思维，拓展学生的知识广度和深度。

【案例4-8】

《母鸡》教学实录片段

师：《猫》和《母鸡》都是老舍先生的作品。同学们，说说这两篇课文在表达上有哪些异同？
生1：都有过渡句，结构清晰。《猫》写了猫的性格古怪和淘气可爱，由两部分构成，并以"小猫满月的时候更可爱"为过渡句,将两部分内容紧密地联系在一起;《母鸡》由母鸡孵鸡雏以前和孵出鸡雏以后两部分组成,以过渡段使文章清晰明了。

生2:采用的都是总—分构段。采用总—分构段来表现小动物特点。如写猫,先写"猫的性格实在有些古怪",再具体写它的表现。写母鸡时,先写"我一向很讨厌母鸡",再写它令人生厌的三个方面。

生3:都善于用口语,通过点滴小事生动、具体地描写动物形象,通俗易懂。

生4:《猫》直接表达了作者的喜爱之情。《母鸡》由"讨厌"到"不敢讨厌",采用了欲扬先抑的写作手法。

师:同学们回答得真全面!虽然两篇文章的情感表达不尽相同,但都是从细微之处落笔,抓住具体的生活场景来刻画小动物的。正如老舍先生所说——(出示:没有生活气息的作品,是没有根的花。)课后请同学们运用本节课学到的表达方法,写一写自己喜欢的动物,试着写出特点。

(资料来源:成都市新区外国语实验学校李璐《母鸡》教学设计.)

通过对比阅读,让学生体会到作家是如何表达对动物的感情的,单元语文要素得以真正落地,使学生知道表达情感有多种形式和方法,异曲同工,需细细揣摩。

(五)迂回提问

迂回提问,是教师提问时不再一开始就抛出核心问题,而是先提一些辅助问题进行铺垫,再逐步提出核心问题;或是提出核心问题后不对此进行作答,而是再次提问题来帮助和引导学生获得问题答案。教师可通过迂回提问减少学生对较难问题的抵触情绪,引导学生逐步寻找较难问题的答案。

【案例4-9】

《桂花雨》教学实录片段

师:可是,这些带给作者香、乐、甜的桂花,到作者离别故乡到杭州的时候,这样的感觉,这样的情感就完全不一样了。你们发现了吗?

(出示:"这里的桂花再香,也比不上家乡院子里的桂花。")

师:为什么香飘十里的满陇桂花,比不上家乡院子里的桂花?

(板书:杭州 香飘十里)

生:因为作者思念家乡。

师:出示琦君的经历。琦君童年时生活在浙江温州,12岁时举家搬到了杭州,38岁时去了台湾,60岁时辗转去了美国,而《桂花雨》这篇文章,是她去美国前夕写的。60岁的琦君,无法回到自己的故乡,于是,她借助母亲的口,道出了自己对故乡、对故乡童年生活的千般思绪、万般情结。听一听琦君是怎么说的?

(出示阅读链接,朗读)

师:故乡的生活场景就像一张张老照片,印在琦君童年的记忆中,挥之不去,散之不掉,于是——

生:于是,我又想起了在故乡童年时代的"摇花乐",还有那摇落的阵阵桂花雨。

师：故乡的桂花带给作者的只有快乐、香甜吗？
生：还有愁。
师：再看题目"桂花雨"，桂花带给作者的是快乐，那么雨呢？我们一起看看古诗中的雨。

(出示古诗)

师总结："桂花雨"的"雨"，表面写的是童年在家乡的快乐时光，但想到与家乡渐行渐远，这"雨"里，也就酿出了思乡之愁。

(资料来源：微信公众号 武汉市光谷第八小学.)

教师带领学生了解琦君奶奶的经历、创作背景，让学生走进作者，走进文本，与文本来了一场对话，让学生逐步探索问题的答案，对课文情感的把握也因此更加到位。

第三节　提问技能的构成要素

提问技能的构成要素是完整的课堂提问过程所必须具备的主要内容，不管是什么形式的提问，都包含这些要素，如此才能成为有效的课堂提问。提问技能的构成要素包括核心问题、问题链、提问措辞、停顿节奏、合理分配、反馈探询。

一、核心问题

核心问题即关键问题，提问核心问题是增强学生课程知识掌握能力的有效方法。教师的提问过于宽泛容易导致学生思考问题时处于茫然状态，因此，往往需要核心问题来引导学生进行学习。核心问题在一堂课中往往具有引导诸多问题的作用，让学生能够结合问题统筹规划，明确思考问题，从而寻找到问题的完整答案。若问题范围过大，可以在提出核心问题后，再提出一些细小问题，或者将一个宽泛的问题分解为几个范围较小的问题，逐步引导学生进行思考。但无论怎么提问，围绕核心问题的课堂原则不能改变。

二、问题链

教师在语文教学过程中，要根据不同的教学内容和学生的实际认知发展水平由浅入深地提出一系列问题，形成连续的教学讨论框架，进而让学生了解到不同的教学阶段中需要解决的问题和各阶段问题之间的关系，从而促进教学目标的实现。

教师在提问之前应做好提问结构的设计，无计划或结构混乱的课堂提问都会导致课堂教学效果不佳。教师要根据不同学习阶段的特点和学习内容，在学生的最近发展区进行提问。为了进行有效提问，教师必须根据最终的教学目标，在提问前对每个教学环节的提问进行精心设计。

三、提问措辞

语文教师在课堂教学中的提问措辞会直接影响学生对问题的理解及思考的方向，从而最终影响课堂教学效率。模棱两可的措辞会使学生无法理解教师的提问以及所要引导的思考方向，无法获得问题的答案，从而增加师生间沟通的困难，导致提问效率极低。

因此，教师的提问措辞应该清晰且准确，让学生准确地理解教师的提问，并进行思考。要注意提问措辞在引导学生思考的同时也不应过长，否则学生难以把握教师提问的重点，导致提问无效。教师的提问应该充满激情，语言生动、形象，让学生在理解问题的同时能受到教师情绪的感染，并积极地投入到探索答案的过程中。教师可以根据学生的年龄特点设计提问措辞，对于低年级学生加强引导，让学生逐步通过问题去探索知识，对于高年级学生可以适度采用追问和反问的方式，鼓励学生深入思考，提高学生的思维深度。

四、停顿节奏

在课堂教学中，教师提出问题后要适度留白，给学生足够的思考时间，并留意学生的回答意愿，让愿意回答并做好准备的同学进行回答。对于较为基础的问题，教师可以留出短暂的时间让学生思考；对于较为复杂的问题，可以适度放慢提问节奏，留给学生充足的思考时间，以让学生深入思考，提高学生的思维深度。若需要学生对较难的问题快速作出回答，应该提前告知学生，让学生做好心理准备，以集中注意力进行思考。

需要注意的是，提问后若学生长时间无法作出回答，教师也不能一直等待下去，应及时进行引导，帮助学生寻找思考方向。在学生回答完一系列问题后，教师的再次提问应保持适度间隔，避免过于频繁的提问引起学生反感，打击学生的学习积极性。

五、合理分配

在语文课堂教学中，教师要关注所有学生，不是只关注成绩好的学生。因此，教师在提问时要注意把问题合理分配给所有学生。为了提高全体学生在语文课堂中的注意力和思考问题的积极性，教师应避免先选择被提问的对象，然后再提问题，这会使学生产生侥幸心理，跟不上教师的引导思考，导致学生的学习效率不高。

教师在提问的过程中，要尽可能地选择特定学生进行回答。在众多学生的同时回答中既不能对其中的正确回答进行表扬反馈和追问，也不能对错误回答进行引导和纠错。对于不愿主动回答问题的学生，教师应提出一些能引发学生认知不平衡、激发学生好奇心和求知欲的启发性问题，调节课堂气氛，提高学生主动参与、探索未知的积极性，并及时给予积极反馈以示鼓励。

六、反馈探询

教师在对学生所提出的问题作出答复后，应及时对学生的答复给予反馈，进行追问、引导、表扬或总结等，让学生了解到自己的回答是否合理，自己的思考方向是否正确，此外，还存在哪些进步空间。教师的提问反馈要尽可能从积极方面进行评价，要发现学生的闪光点，鼓励学生积极思考和回答，以提高学生的自信心和自我效能感；提问反馈也要适度指出学生存在的不足或错误，并引导学生转向正确和高效率的思考方向，促进学生发展，提高课堂教学效率。

第四节　提问技能的训练要点

　　教师在教学过程中能否正确运用提问技能及课堂上所提问题质量的高低，都会在一定程度上对教学质量和学生的发展产生影响。因此，教师在设计和训练提问技能时，应注意以下要点。

一、提问前注重问题设计

　　一般来说，问题设计决定了提问技能的主要效果。问题设计主要是教师在对文本进行研读的基础上预设出自己认为比较重要的问题，旨在完成教学目标，突破教学重点和难点，随后在具体的课堂教学实施过程中再对学生进行提问。

　　通常而言，比较有经验的语文教师会对问题设计非常重视，他们在进行课堂教学之前都会结合文本，并围绕教学目标对所要提出的问题有理性的认识，并设计合理的问题类型和数量。而新手语文教师通常会忽视对问题的设计，他们可能更多关注教学任务有没有完成，教学进度有没有跟上，虽然课堂上也有提问，但是通常会出现切入点过多，没有围绕教学重点、难点的情况，在问题类型和比例的搭配上也存在一些问题，从而导致课堂教学的低效。由此可见，如何设计出高效的课堂提问以达成教学目标，找到问题的切入点是关键。

　　小学语文教学中的设问点可以归纳为"五点十处"，"五点"，即重点、难点、疑点、兴趣点、思维点；"十处"，即关键处、空白处、疑难处、模糊处、含蓄处、矛盾处、变化处、重复处、对比处、延伸处。其中，常见的、重要的设问点主要集中在"四处"，即关键处、空白处、矛盾处、反复处。教师若能结合具体的文本从这关键的四处切入问题，将很大程度上提高问题的有效性。

(一)关键处切入

　　针对课文的重点、难点等地方，在文章的关键处设问，这样就可以揭示文章的重点，突破难点。文章的关键处主要指文章的"文眼"、不易理解或对理解课文内容、体会思想感情有着重要作用的字、词、句、段，尤其是那些关键词、核心句。

【案例4-10】

《将相和》教学实录片段

　　师：请大家找出比"理直气壮"更勇敢的词。
　　生："撞"。

师：这儿为什么用"撞"，而不用"磕""碰"？

生："撞"的力量是很大的。

生：这说明蔺相如已把生死置之度外，用"撞"更能表现出蔺相如的勇敢。

师：那么，蔺相如是真撞，还是假撞？

(资料来源：王宗海，肖晓燕. 小学语文教学技能[M]. 上海：华东师范大学出版社，2011.)

特级教师徐善骏在执教《将相和》时抓住了"撞"字展开提问，使蔺相如的人物品质更加形象、生动，深入人心。

(二)空白处切入

空白处，是指作者故意对某些内容不写，或写得很简略的地方，这样给读者留下了无限想象的空间和思考的余地。教师利用这些空白处，将有助于培养学生的想象力，同时也给学生留下了自由发挥的空间，学生通过填补空白来构建自己领会的意义，从而加深对课文的理解，这也有利于实现语文课程生成性的目标。

【案例4-11】
《赠汪伦》教学片段实录

师：诗的基本意思懂了，可我觉得同学们还没有真正走进作者的内心世界，读这首诗你们有问题吗？你们讨论一下这首诗有什么问题？

(生小组讨论)

师：交流一下，能够发现问题的同学有一双慧眼，火眼金睛。

师：(指名问)你发现了什么问题？

生：桃花潭水深千尺，为什么比不上汪伦给"我"的情意？

师：是啊，桃花潭的水深千尺，为什么比不上汪伦送"我"的情意呢？这是一个问题，同学们还有不同的问题吗？

师：(指名问)你的问题？

生：既然李白舍不得离开汪伦，那他为什么又要离开汪伦呢？

师：天下没有不散的筵席，朋友之间总是要离别的。(竖起大拇指)好的，能够发现问题比发现不了问题总是要好。你的问题是什么？

生：我的问题是汪伦把李白骗过去，为什么他们还能成为好朋友？

师：我来读诗。你们能不能再发现一点问题？"李白乘舟将欲行，忽闻岸上踏歌声"李白这时已经来到哪里了？你的问题是什么？

生：为什么要在李白走的时候才来送别呢？

师：(兴奋地)听到没有？为什么要在李白离开汪伦的家，上路来到桃花潭坐到船上要走的时候，汪伦才来送呢？他为什么早不送，晚不送，偏偏到这个时候才来送呢？送客你会这样送吗？

生：(齐答)不会。

师：你肯定在家里就要这样送了，是不是。为什么早不送，晚不送，偏偏要等到人家坐到船上的时候才来送呢？你们这时候就做一下汪伦，展开你想象的翅膀，有哪几种可能呢？为什么到这个时候才来送呢，几个人讨论一下。

(资料来源：著名语文特级教师孙双金《赠汪伦》教学实录.)

(三) 矛盾处切入

矛盾处，是指课文中那些看似自相矛盾的地方，在文本解读的过程中，学生在这些地方会出现理解困难的问题，如果教师善于在这些地方设问，会帮助学生揭开这些矛盾，不仅可以让学生深入地理解课文，还能起到锻炼学生思维的作用。

【案例 4-12】

《钓鱼的启示》教学实录片段

师：那个月光如水的夜晚，父子俩发生了激烈的争辩。那么，他们在争辩什么呢？面对同样一条大鲈鱼，两人的态度怎么会截然相反呢？让我们带着问题走进课文，一边读一边思考："我"为什么不愿意把鲈鱼放回湖里？父亲又为什么坚持让我把鱼放掉？

师：我有这么多理由要将鲈鱼留下，父亲为什么坚持要我放掉呢？

师：父亲划着了一根火柴，看了看手表，这时是晚上十点，距离开放捕捞鲈鱼的时间还有两个小时。两个小时意味着什么？我给大家补充一点资料。鲈鱼味美肉鲜，人类需求量大，所以捕捞量也很大。为了保障鲈鱼的繁衍，许多国家都规定产卵期间禁止捕捞鲈鱼。

师：现在，谁来讲一讲，父亲为什么坚持让我把鱼放掉呢？

通过抓住父子俩对大鲈鱼态度的矛盾点进行提问，构建认知冲突，形成阅读期待，让学生积极、主动地投入到阅读活动中来。

(资料来源：皮连生. 小学语文教学设计与实施[M]. 上海：华东师范大学出版社，2018.)

(四) 反复处切入

反复处是指课文中反复出现的地方。一般来说，反复的修辞手法通常起到强调的作用。学生在学习的过程中往往容易忽视这些地方，教师在这些地方设问，可引导学生体会课文的情感内涵。

【案例 4-13】

《慈母情深》教学实录片段

师："背直起来了，我的母亲。转过身来了，我的母亲。褐色的口罩上方，一对眼神疲惫的眼睛吃惊地望着我，我的母亲的眼睛……"这段话写得怪，写得特别，与众不同。"我的母亲"前前后后出现了三次，读一读，有什么感受？

(学生读)

师：请问，谁的背直起来了？请问，谁的身转过来了？谁的眼睛吃惊地望着"我"？

生：作者的母亲。

师：刚才老师提问，"我"的母亲放在前面还是后面？这是我们平时说的，作者却放在后面，这就奇怪了。按照我们平时说话，这句话可以写成"我的母亲……"，省去两次

"我的母亲"。这两句意思差不多,几乎没有变化,你自己读一读,体会意思一样不一样?给你的感觉一样不一样?按自己的节奏读。

生1:这样感情丰富,显示出母亲更劳累。

师2:感觉不错。第一句感觉母亲更劳累,谁还有不一样的感受?

生3:我觉得逗号表示母亲很劳累,动作很慢。下一句表示母亲不劳累。

师:同学们,闭上眼睛,随着慢镜头的推移,你们的眼前会出现什么样的画面。(教师读)睁开眼睛,你们看到什么样的背?

生1:极其瘦弱的背。

生2:极其弯曲的背。

师:除此之外,你们还看到什么?

生3:瘦骨嶙峋的背。

生4:看到母亲的肋骨。

师:一个瘦弱的、弯曲的、瘦骨嶙峋的背。不对啊,这是"我"母亲的背吗?"我"记得母亲的背不是这样的。是什么样的?形容一下,用一个词。

生1:是笔直的。

生2:我还记得是挺拔的。

师:对呀,这才是"我"母亲的背。

……

师:闭上眼睛,继续看。(师读:背直起来了……)睁开眼睛,你看到了一对怎样的眼睛?

生1:布满了黑眼圈的眼睛。

生2:疲惫的眼睛。

生3:布满血丝。

师:同学们,突然发现自己的母亲如此憔悴、如此疲惫。做儿子的心里是什么感受?

生1:鼻子一酸。

生2:对母亲充满愧疚。

师:带上感情,再来读一读这个慢镜头。很好地理解感受慈母情深,这句话能放过吗?能省去"我"的母亲吗,能放在开头吗?

(资料来源:特级教师王崧舟《慈母情深》课堂教学实录.)

找准关键的切入点,使预设问题紧扣教学内容。教师围绕教学目标,将零散的问题聚焦到关键点上,以利于突破重难点,使问题具有层次性。另外,教师除了课前预设的问题之外,在具体的课堂教学实施过程中也要善于发现生成性的问题,重视学生提出的问题,提高课堂教学的有效性。

二、提问中体现提问艺术

精心设计问题后,教师提问时,还要考虑提问对象的选择、提问语言的效果以及提问时机的把握,做到每一次提问都有的放矢,直击重点和难点。

(一)注意提问对象的选择

如果不注意提问对象的选择，就会影响课堂效率。教师在实际提问时普遍存在以下几个问题：不注意提问对象的挑选，认为提问对象并不影响自己的课堂；提问集中在少数几个同学身上，或优等生身上或后进生身上；提问的对象不分层次，问题的难度也不分层次等。在这样的提问下，教师很难做到有的放矢，也难以突出重点和难点。所以，在提问对象的选择上，教师可以采取集体问、随机问、按序问、选择问、分层问、定向问等不同的提问方式，教师要善于在提出不同的问题之后选择适当的提问对象，以便让每个回答问题的学生都高高兴兴地站起来，快快乐乐地坐下。

在选择提问对象时，也要考虑提问对象的自身情况与特点。当教师提出的问题超出学生的最近发展区时，学生难以认知和理解，尤其是对较为敏感多虑的学生进行提问时，学生容易产生挫败感。因此，教师在提问时，应选择能通过思考找到问题答案的学生，帮助其提高自我效能感。

(二)注意课堂提问语言的效果

在课堂上，较成熟语文教师的提问语言都具有严谨性、艺术性、丰富性的特点，而新手型语文教师的提问语言则显得不够专业、科学，形式单调乏味。课堂提问的技巧是丰富、多样的，同样一个问题，若语言上的呈现形式不同，达到的效果就会很不一样。所以，教师提问的时候要注意正问与反问、直问和曲问、一问和追问等发问方式相结合。

此外，教师的行为具有一定的示范作用，其生动、丰富的教学语言能对学生产生潜移默化的影响，让学生在长期熏陶下提高语言审美的能力，对语言产生美的热爱。教师以丰富的教学语言进行提问能引导学生层层递进地进行思考，形成良好的问题意识，帮助学生把握课文主题。因此，在语文教学中，教师要根据学生的兴趣和关注点，采用生动、活泼的语言巧妙地提出问题，引起学生的好奇心和激发求知欲，让学生积极参与到课堂中，主动探索和思考。

(三)注意提问时机的把握

问题应围绕教学任务，适时而问。有经验的语文教师擅于关注学生的学习心理状态，并及时围绕学生的疑点、难点进行提问，而新手型语文教师通常关注的外部因素较多，更多的是依据自己的教学设计进行知识的讲授，并且也不擅于观察学生的学习心理状态，对于提问时机的把握还不恰当。

一般来说，教师可以在以下情况提出问题。

(1) 学生注意力集中时，利用问题导出学习任务。
(2) 学生处于"愤""悱"状态时。
(3) 学生思绪找不到突破口时。

总之，恰当的发问时机可以使学生豁然开朗，思维活跃，使课堂柳暗花明，充满活力。

三、提问后重视对学生回答的回应与评价

学生经过思考对教师的问题作出回答后，教师要对学生回答的情况进行回应和处理，

即回应和评价，这是课堂提问的重要内容。在回应评价层面，通常会存在廉价地肯定、简单地否定、不置可否、错误回应等误区，这样的回应评价会降低课堂效率。

因此，教师要重视课堂提问的始末，防止出现虎头蛇尾的现象。在回应评价时要注意以下几点。

(一)对学生进行激励性回应评价

当学生回答正确时，教师要及时采用多种鼓励方式予以肯定。除了语言上的肯定和鼓励之外，还可以进行非言语的回应评价，运用表情或肢体语言，如拍拍学生的肩、竖竖大拇指、点点头、给个赞许的眼神、惊喜的表情等，让学生感受到教师对他的肯定和赞许，增强其学习的自信心。当学生的回答不是很理想时，教师也要先肯定其优点，然后引导其认识自己的不足，再进一步补充。

(二)对学生进行诊断性回应

教师要对学生的回答有明确的判断。新课程理念提倡尊重学生的独特体验，许多教师认为学生所有的回答都要予以肯定，因此不敢给予学生明确的回答，有时含糊其词，反而搞得学生一头雾水。所以，教师在设置问题、提出问题时，要有自己对问题的见解和答案，且学生回答之后要有明确的判断。当学生对课文主题的理解出现偏差时，教师可以通过追问来进行纠正，适时引导学生通过分析、判断、评价回到问题的"正轨"，帮助学生准确把握课文主题。

(三)对学生进行发展性回应评价

通常新手型语文教师对于学生的正确回答往往只停留在表扬层面，而专家型语文教师则会在此基础上对学生的正确回答进行追问并深入讲解，以强化学生对问题的深层认识能力。对于学生的错误回答，新手型语文教师往往会打断学生的回答或者转移目标等，而专家型语文教师则会指出学生的思考盲点，然后不断给予提示，对学生的思维进行有效的引导。可以通过追问、转问、变问、反问等方式进行回应评价，深化学生对问题的认识。

总而言之，课堂提问的技能直接关系小学语文课堂教学的有效性，也是衡量一个教师是否成熟的重要标志。小学语文教师要着重在提问前的问题设计、提问中的提问语言艺术和提问后对学生回答的回应与评价三个方面进行训练，并采取相应的教学策略，落实到教学实践中。

第五节　提问技能的案例与评析

一、提问技能教案设计

此处所选提问技能教案设计，如表 4-1 所示。

表 4-1 提问技能教案设计

科目：语文	课题：五年级下册第 14 课《刷子李》		训练技能：提问技能	
训练目标： (1)有感情地朗读课文，了解一位民间俗世奇人"奇"在哪里。 (2)抓住重点句段反复朗读，体会文章是怎样表现刷子李的技艺高超的，并感受独特的语言韵味。 (3)领悟并学习作者刻画人物的方法。				
时间安排	授课行为预设	学生行为预设	技能构成要素	设计意图
0:00	好，同学们，看到你们端正的坐姿、专注的眼神，我就知道你们已经做好了上课的准备了，对吗？	学生端坐进入上课状态。 学生认真回顾之前内容，十分期待新课文中的主人公，打起精神学习新课。	引起注意 复习导入	回顾了本单元内容，提醒同学本单元是"人物描写"单元，继而引出今天的新课《刷子李》。
0:10	亲爱的同学们，在本单元，我们认识了机智聪明的小嘎子、爱财如命的严监生、结实硬邦的车夫祥子,(教师引导)这些鲜活的人物形象给我们留下了深刻的印象。那在今天，老师要带领同学们认识一个新人物，我们将结识一位手艺人，他就是——《刷子李》。(板书课题)	学生按照老师的提醒，回想：小嘎子、严监生、祥子。		"结识一个新人物"拉近师生距离，拉近学生与课文的距离，吸引了学生的注意力。
1:30	同学们，请看这篇课文的题目，为什么叫刷子李呢？ 没错，你们猜得很准确，在之前天津卫地区，天津人习惯把行当加姓氏连在一起，来称呼在这一行技艺高超的人，比如，张小花跳舞跳得好，我们叫她——(舞蹈张)，王一鸣篮球打得好，我们叫她——(篮球王)。	学生回答："我觉得，主人公姓李，专干粉刷这一行。" 学生回答："可能是粉刷匠李师傅，刷得好，别人给他起外号叫'刷子李'。"	解题 问答互动	
2:30	通过预习大家发现没有，其实这篇文章，作者就是围绕着刷子李粉刷技艺的高超来写。(板书：高超)那这个刷子李，技艺到底有多高超呢？请同学们打开课本，让我们走进课文，走进刷子李，一起去感受一下这位粉刷匠的高超之处。	学生回答："'舞蹈张''篮球王'，同学们很兴奋，积极回答，踊跃思考。" 学生翻开课本，导入结束，进行课文学习。	适时板书 引起注意 形成期待	结合学生实际，进行问答互动，调动学生的积极性。

续表

3:00	请同学们快速默读课文,用"——"画出直接描写刷子李技艺高超的句子,想想你是从哪个词中感受到的?圈画出来并在旁边做好批注。哪位同学可以分享一下你找出的句子?	学生默读课文,做批注。 学生回答:"可刷子李一举刷子,就像没有蘸浆。但刷子划过屋顶,立刻匀匀实实一道白,白得透亮,白得清爽。"	核心问题	让学生去课文中提取关键段落、句子。使学生熟悉课文,提升阅读素养。
3:40	你觉得哪个词最能体现他艺术高超呢? "匀匀实实"是什么意思呢?有没有没刷到的地方?会不会刷得一边厚一边薄?这就叫匀匀实实! 墙不但被刷得匀匀实实,还衔接得—— 刷子李刷得牛,你们回答得牛!把你的赞叹带入朗读中去吧! 同学们,说到牛,你们知道刷子李最牛、最让人叫绝的是什么吗?	学生回答:"匀匀实实。" 学生回答:"均匀厚实。" 学生回答:"没有、不会。" 学生回答:"天衣无缝。" 学生绘声绘色朗读。 学生回答:"最让人叫绝的是,他刷浆时必穿一身黑,干完活,身上绝没有一个白点。别不信!他还给自己立下一个规矩,只要身上有白点,白刷不要钱!"	设计问题链 促进参与,激发认知需要 问答互动	学生回答之后,继续追问,引发学生深入思考,加深对课文的理解。 对学生的回答及时反馈,鼓励学生,增强学生的自信心。
4:00	通过你们的朗读,我们知道了刷子李最让人叫绝的是他刷完浆后,身上没有留下白点。 同学们,你们见过普通的粉刷匠干完活后的样子吗? 同学们,你们看,(播放图片)黑衣白浆,身上一个白点不掉,难吗? 如此之难,刷子李为何还敢给自己立这么苛刻的规矩呢?	 学生回答:"见过。他们干完活之后身上掉满了白浆。" 学生回答:"难。" 学生回答:"他的技艺高超。"	反馈探询 记忆型提问,联系学生生活。 提问措辞恰当。	问答环节合理分配,在个别和全体同学之间分配。 联系学生的生活,帮助学生理解课文。

续表

5:15	对呀，正是艺高人胆大呀！课文中有一句话不但写出了他技艺高超，还写出了他刷墙的艺术性。谁知道是哪句？ 这一句话，主要是什么描写？具体讲述了他——（ ） 说说高超在什么地方？哪个词最能体现？ "悠然"是什么意思呢？ 同学们，可以看到这一语中的悠然摆来、悠然摆去的刷墙动作，谁来模仿一下刷子李刷墙的动作。 非常好，这位同学的手臂动作模仿得惟妙惟肖，把刷子李这种自信、轻松熟练的状态表演出来了。	学生回答："只见师傅的手臂悠然摆来，悠然摆去，如同伴着鼓点，和着琴音，每一摆刷，那长长的带浆的毛刷便在墙面啪地清脆一响，极是好听。" 学生回答："动作描写。" 学生回答："刷墙的过程。" 学生回答："悠然。" 学生回答："悠闲、随意。" 学生模仿：模仿刷墙手臂动作。	围绕核心问题，继续提问。 问答互动 促进参与激发兴趣 反馈探询	继续启发学生思考，提升学生的思维能力。 提升学生提取重要信息的能力，帮助学生养成阅读习惯。 学生模仿之后，进行了恰当的反馈。互动形式、动作模仿等一系列教学活动可以加强学生的综合素养，同时使课堂更加丰富多彩，让学生近距离感受课文细节。
7:35				

(教案设计者：沈阳大学 2020 级小学教育专业学生 张艺馨.)

二、提问技能案例展示

教育部统编小学语文教材五年级下册第 14 课《刷子李》提问技能训练案例展示，扫右侧二维码观看。

(视频提供者：沈阳大学 2020 级小学教育专业学生 张艺馨.)

刷子李

三、提问技能案例反思

《刷子李》教案设计的反思与感受

认真学习提问技能之后，我设计了《刷子李》第一课时的教案。整体设计时，我考虑到了合理分配，不能只单独问一个同学，而是要集体、部分、个别同学问答结合进行，以便照顾到不同水平的学生。在本节课的提问环节中，我始终把握一个核心问题——"俗世奇人"奇在哪里？由此展开了一系列问题，形成了基本的问题链，环环相扣、层层递进，让学生深入理解课文，感受刷子李的高超技艺。在提问措辞的设计上，我以引导为主，注重启发学生思考，学生是课堂的主体，问题设计富有自主性，便于学生提升语文素养。与此同时，提问一个问题之后，我注意了停顿，留给学生相应的思考时间。在反馈探询环节，我能够及时给予学生反馈，包括夸奖、建议等，要让学生知道老师在认真倾听他们的回答，同时对他们作出及时的评价，给出恰当的鼓励，激发学生的学习兴趣，增强学生的自信心。

提问是语文教学中的重要一环，教师要一改"满堂灌"的教学方式，与学生积极互动，打造充满活力的课堂。因此，对于提问技能的训练，我还需不断努力，认真打磨，将所学知识运用到实践当中，提高自己的教学能力。

(案例提供者：沈阳大学 2020 级小学教育专业学生 张艺馨.)

四、提问技能案例评析

上述提问技能教案设计的案例完整地包括了提问技能的六个构成要素，即核心问题、问题链、提问措辞、停顿节奏、合理分配、反馈探询。并与导入、讲解、板书等技能搭配恰当。

在视频展示中，该生首先恰当地运用导入技能，引起学生注意，促进学生参与，让学生对学习新知产生期待。然后再通过循序渐进的提问，不断启发学生思考，锻炼学生的思维。该生先提出本节课的核心问题——"刷子李的技艺有多高超？"再从学生找出的句子入手，带领学生抓关键词、分析句子，并适时地追问学生，从而形成层次分明的问题链，帮助学生深入地理解课文。在提问过程中，该生还注意自己的提问措辞，不仅让学生很好地接受和理解，还富有激情。同时，适当的时候稍作停顿，给予学生思考的空间，提问节奏把握准确。该生还将问题合理分配给不同水平的学生，力求照顾到全部的学生。学生回答问题之后，该生能够及时评价、给予反馈，对学生给予鼓励、表扬，帮助他们建立自信心。

在教学反思与感受部分，该生写出了自己的思考设计过程。虽然反思内容较少，但也看出了该生对提问技能的掌握情况。最后，该生不忘对自己提出期望，体现了该生对自己未来的规划与思考。

总之，提问是课堂教学重要的一环，是师生积极互动、情感交流的有效途径。教师应恰当、合理、有效地运用提问技能来启发学生动脑思考，帮助学生理解课文内容，掌握知识，提高学生思维的广度与深度，从而提高课堂效率。另外，在师生问答、交流反馈的过程中，教师是倾听者、点拨者、引领者，应尊重学生的主体地位，帮助学生点燃智慧的火花，促进学生成长与发展。

五、提问技能评价表

提问技能的评价，应从提问技能的六个构成要素入手，即核心问题、问题链、提问措辞、停顿节奏、合理分配、反馈探询。

1. 核心问题

教学活动是否设计了合理、有效的核心问题。

2. 问题链

提问结构设计是否合乎逻辑，问题层次是否清晰，问题的量是否得当。

3. 提问措辞

引导语、提问用词、表述问题是否准确清晰，学生能否理解。

4. 停顿节奏

提问时机是否恰当，提问节奏是否适当，是否留给学生思考的时间。

5. 合理分配

是否合理选择提问对象，提问能否照顾到各类水平的学生，教师的位置是否合适。

6. 反馈探询

对学生的回答能否提供帮助、给予反馈。

对六个构成要素的评价均分为优、良、尚可和需努力四个等级，且各个构成要素占不同权重。提问技能评价，如表4-2所示。

表4-2 提问技能评价

日期_____ 任课教师_____

请对以下各项目评价，在恰当等级上打"√"。

评价项目	优	良	尚可	需努力	权重
1.核心问题					0.3
2.问题链					0.3
3.提问措辞					0.1
4.停顿节奏					0.1
5.合理分配					0.1
6.反馈探询					0.1
意义或建议					

试讲结束后，教师可依据提问技能评价表对试讲者进行评价，评价主体可以是他人，也可以是试讲者自己。进行自评和他评时，应对照评价标准，判断试讲者提问技能的各个构成要素表现符合哪个等级，在恰当的等级处打"√"即可。

本章小结

本章通过引入《黄鹤楼送别》教学实录片段的案例，明确了提问技能的内涵及功能，厘清了提问技能的构成要素，即核心问题、问题链、提问措辞、停顿节奏、合理分配和反馈探询。详细阐述了提问技能的类型，根据教学目标划分为记忆型提问、理解型提问、应用型提问、分析型提问、评价型提问和创新型提问；根据提问的技巧分为诱导提问、疏导提问、台阶提问、对比提问和迂回提问。

训练提问技能时应注意几个要点，包括提问前注重问题设计、提问中体现提问艺术及提问后重视对学生回答的回应与评价。

提问技能的评价，主要从提问技能的六个构成要素入手，可依据导入技能评价表来进行。

思考题

1. 提问技能的构成要素有哪些？你是怎么理解的？
2. 提问技能有哪些类型？
3. 何时运用提问技能更合适？
4. 运用提问技能时要注意哪些事项？
5. 请以某篇课文为例，按照以提问水平进行分类的方法，设计若干问题。

第五章 结束技能

本章学习目标

- 了解结束技能的定义、功能。
- 理解结束技能的构成要素。
- 明确结束技能的类型。
- 掌握结束技能的评价。

重点与难点

教学重点：选择正确的结束技能的类型。
教学难点：掌握结束技能的评价。

结束技能

导入案例

读万卷书，行万里路

师：有人说"看景不如听景。"因为看景是看自然的原形，同学们游览过一些地方，看的是自然的风景。而听景，就是听人家介绍，读人家描写的，这个时候你还可以享受到艺术加工的佳妙。我们现在读《晋祠》这篇文章，除了认识所介绍的优美的自然风景和悠久的历史文物这些对象之外(手指板书)，还可以领略到作者进行的艺术加工和渲染，领略到艺术美，这就美上加美了。所以，文章的最后一句话"晋祠，真不愧为我国锦绣河山中一颗——"

生(齐)：璀璨的明珠。

师：像明珠一样发出亮光，闪闪发光，对。所以最后一句话是作者发出的由衷赞叹。介绍了自然风景，晋祠美，在山，在树，在水；介绍了悠久的历史文物，"三绝"，其他建筑、园中小品，以及名人题咏等(指板书)，最后赞叹"晋祠，真不愧为我国锦绣河山中一颗璀璨的明珠"。

开头我们说了，晋祠只是《中国名胜词典》(出示书)中山西省太原市的一个条目，而这本词典有一千几百页，晋祠只是一个小小条目。由此可知，我们祖国的名胜古迹星罗棋布，在世界上罕见，是首屈一指——(师生同声)的。

我们的祖国历史悠久，中华民族数千年深厚的文化平铺在我国广袤的土地上，无论你走到哪儿，都可以看到名胜古迹。刚才你们讲到的故宫、颐和园、秀美的西子湖等，讲到的遥远的西藏、新疆，无不有我们祖先的文化遗迹，这些历史文化哺育着我们世世代代的中华儿女，我们世世代代中华儿女从深厚的文化中汲取了大量的精神养料。今天，我们同样要从中汲取精神养料，不能愧对——(师生同声)我们的祖先。

今天学《晋祠》，领略它的风景美、历史文物美，长大以后，不仅要读万卷书，还要力求——

生(齐)：行万里路。

师：对，行万里路。有机会到祖国各地考察，放眼观看我们的壮丽山川，从中汲取丰富养料，滋养自己，成为精神丰富的人。

(资料来源：挂云帆学习网 https://www.guayunfan.com.)

启示：

从上例中我们可以看出，于漪老师把本课教学的主要内容梳理了一遍，特别强调了课文所介绍的自然风景与悠久的历史文物，并和课前学生所了解的资料、课后拓展的相应学习内容联系起来，帮助学生加深对所学知识的理解，培养他们的总结概括能力，促使学生把相关的知识互相联系起来。

思考：

于漪老师的这段结束环节属于哪种结束技能？应用时需要注意哪些要素？

第一节　结束技能概述

日常生活实践中，人们大都很重视结束环节，"善始善终"就是告诉人们做事情要有好的开头，也要有完美的结束。明朝谢榛在《四溟诗话》中也说："凡起句当如爆竹，骤响易彻；结句当如撞钟，清音有余。"这说明有余味的结束从古至今都是人们的追求，而一堂精彩的课堂更要做到"课虽尽，意犹浓"。

一堂生动活泼、具有教学艺术魅力的课，犹如一支婉转悠扬的乐曲。"起调"扣人心弦，"主旋律"引人入胜，"终曲"余音绕梁。导入仿佛"起调"，结束犹如"曲终"。完美的一堂课，必然要善始善终。结束技能与导入技能一样重要，都是衡量一位教师教学水平的重要标志之一。

但是，在实际的小学语文课堂中，有些教师并不重视课堂教学的结束，他们一听到下课铃，不管讲到哪里，草草讲上几句就下课走人，这是备课不精、计划不周的体现。遇到教师拖堂的情况，学生更是叫苦不迭，心也飞走了。

因此，在小学语文课堂中，每一位教师都要重视教学的结束，语文教学的结束不仅能总结这堂课所学的知识，更能升华知识中所蕴含的感情，提升学生的情感与思维能力。因此，小学语文教学中的每一个段落、每一篇文章、每一个单元的结束都要精心设计。

一、结束技能的定义

结束技能是教师完成一项教学任务时，通过重复强调，概括总结、实践活动等教学活动对所教的知识或技能进行及时的系统化巩固和应用，使新知识稳固地纳入学生的认知结构中的一类教学行为。

运用结束技能，能及时反馈教与学的效果，让学生体验到掌握新知识的愉悦感，教师亦可设置悬念，促使学生深入展开思维，激发学生继续学习的积极性。

在小学语文的教学中，结束技能常用于一节课的结尾。具体来说，结束技能的使用范围通常是一节新课讲完或学习完一个单元时，或者课堂教学中任何相对独立的教学阶段，小到讲授某个概念、某个新问题的完结，大到一个单元或一个独立章节教学任务的结束。

二、结束技能的功能

合理运用结束技能可以强调重要的事实、概念和规律，概括、比较相关知识；引导学生总结教学过程中的思维过程和解决问题的思路；检查新知识的教学效果，进行反馈矫正；使学生领悟所学内容的思想性，做到情理的统一；使其更加熟练和完善，努力达到行为自主阶段；提出问题，激发学生继续学习的兴趣和积极性。

(一)巩固知识，打好基础知识根基

结束技能最重要的一项功能就是进行知识巩固，在知识点讲解完成后，引导学生回顾刚学的新知识，能够达到当堂巩固的效果，为接下来的知识学习奠定良好的基础，并且有利于学生形成完整的知识框架，厘清脉络，使学生能够更加清晰、准确、系统地掌握新知识。

由艾宾浩斯遗忘曲线可知，遗忘在学习之后便开始，而且遗忘的进程并不是均匀的，最初遗忘速度很快，以后逐渐变慢，所以要想达到良好的记忆效果，在新知识学习完成之后及时进行复习巩固就尤为重要，而结束环节正是起到了及时复习、巩固新知识的重要作用，是提高课堂教学效率的重要一环。

(二)及时反馈，便于教师针对性讲解

教学的最终目的是学生的"学"而不是教师的"教"，学生是学习的主体，学生的学习状况是衡量一堂课成功与否的关键，而结束环节正是检验教学效果的关键环节。在结束技能中，教师通过引导学生进行知识总结，在学生的练习、讨论及提问、回答等环节中，对学生的积极表现和正确回答，教师要作出充分的肯定，这有利于帮助学生形成积极的上进心。而对于学生在知识理解中存在的问题，教师也可以通过反馈环节及时发现，从而对学生进行有针对性的讲解，对教学内容进行补充，当堂问题、当堂解决，不断完善课堂教学，以达到良好的教学目标，提高课堂教学的有效性。

(三)促进思维，调动学生课堂积极性

结束技能的应用能够帮助学生整合知识点，将知识点有逻辑地联系起来，培养学生的整体思维能力和逻辑思维能力，而良好的思维能力的培养可以使学生在后面的学习中举一反三，提高学习效率。同时，在这一过程中，教师能够及时接收学生的反馈信息，并能够作出及时准确的评价，据此进行相应的教学调节，强化学生的思维能力，调动学生课堂思维的积极性，促进学生思维能力的发展。

(四)承前启后，加强新旧知识联结

语文教材中的各单元和课文看似独立，其实相互具有内在的逻辑联系，在一本教材中，可能两篇及以上的课文具有互相结合的知识点，在不同年级的教材中，比如，三年级与四年级的阅读策略单元就具有紧密的知识联系。课堂教学中要注意这些内容的衔接，尤其要注重新旧知识之间的衔接，结束技能的良好应用能够起到巩固旧知识，联系新知识的作用，使知识系统完整，脉络清晰，并且能够为后面新知识的学习起到奠基的作用，为后面的讲授内容提前创设意境、埋下伏笔、制造悬念，激发学生追求新知识的欲望。

(五)升华情感，促进正确"三观"的形成

结束技能的正确应用能够促进学生情感的升华，学习语文课同样是对学生进行素质教育的一个重要方面，语文具有综合性，语文课文中蕴含着丰富的知识，尤其对于引导学生形成正确的世界观、人生观、价值观具有重要的作用，其价值不仅在于传授知识，更在于帮助学生成为思想道德完善的人，所以教师在结课时所讲的内容不仅是对知识要点的简单重复，还要将知识上升到情感、态度、价值观的高度。

(六)利于教师成长，提高教师教学熟练度

首先，结束技能的设计和应用，对于提高教师教学能力具有重要作用，有利于教师成长为"研究型教师"。

其次，教师想要设计一个出彩的结课环节，就必须对整堂课有整体的把握，主动回忆教学过程中的每一个细节，对每一个教学环节加以深入思考，知识点要有全面、深入的理解，这些都会在潜移默化中提高教师的课堂教学能力，提高教学质量。

再次，结束技能的应用能够帮助教师及时从学生身上获得所学内容的反馈，使教师及时发现教学中存在的问题，以不断改进教学，提高教学效果及自身的教学能力。

最后，教师在结束技能的应用过程中，会促进教师对课堂教学目标的完成情况、教学方法的应用是否合理、学生对知识的掌握情况、重难点问题的解决情况等进行反思，使教师发现自己的课堂教学中存在的优点、缺点，并针对这些问题进行深入的分析研究，为以后更好的课堂教学奠定基础。

第二节 结束技能的类型

小学语文课文内容形式多样，题材各异。每节课的教学任务不同，教学对象各异，因此，结束的类型也有所不同。

通常教学结束技能主要有两种类型。一是封闭型结束，也叫认知型结束，其目的是巩固学生所学到的新知识，把学生的注意力集中到课堂教学的要点上，让学生获得明确的、规律性的东西，使学生的认知得到一定提升。它包括巩固知识型、深化知识型、认识升华型和实践巩固型等。二是开放型结束，也叫拓展型结束，其目的是鼓励学生从所学的内容为出发点延伸到课外，拓展阅读、启迪思维、继续探索，它包括延伸阅读型、激发探究型等。

一、封闭型结束

(一) 巩固知识型

课堂的结束部分通过归纳段意、强化重点、明确关键、揭示规律等方式做好课堂总结，对学生理解、掌握、巩固当堂课所学的知识有着重要的作用。归纳总结，必须提纲挈领、全面准确、简明扼要和生动有力，意在巩固和运用知识。注意力集中到课程的重点、难点上，进一步对教学重点、难点进行总结、归纳和强调。具体方式包括总结、归纳、分析、对比、巩固、练习。归纳总结可以由教师来完成，也可以由教师引导学生来完成或师生共同讨论来完成。学生通过总结，把所学的知识更加清晰、准确、系统地予以掌握。

(二) 深化知识型

课堂总结可以突出重点，因为课堂教学是随着时间的推移而进行教学的，在这样的情况下，教学的重点、难点、精妙之处、容易混淆的概念等学习内容夹杂在其他教学内容之中，有的学生不能区别主要的和次要的学习内容，通过教学后的强调重点，便于学生迅速地掌握学习核心内容，使知识条理化、系统化，甚至可以把刚学到的新知识与以前学过的旧知识相衔接，尤其要为下一个要讲的问题或下一节要讲的新课埋下伏笔，为讲授以后的新内容提前创设教学意境，制造悬念，以激发学生追求新知识的欲望。

(三) 升华认知型

学习知识，提升认知水平，是对学生进行思想教育的一个重要方面。其价值不仅是丰富人们的知识，更主要的是使学生提高认识事物、分析问题的能力。所以，教师在课堂上进行的总结，绝不仅仅是课程内容的简单重复，而是总结出某种带规律性的结论，使学生对所学知识的认识上升到理论高度，受到更为深刻的思想教育。

认知的升华包括以下三方面。

1. 提高思维水平

一堂课即将结束时，教师引导学生学习作者的思维方式，去思考身边的或面临的各种问题，从而迅速提高学生的思维水平。

2. 内化情感体验

临近课堂结束时，教师要引导学生学会换位思考，站在作者的角度尝试理解作者想要表达的思想感情，从而内化学生的情感体验。内化情感一般经过从理解课文的情感到评价课文的情感，再到选择内化情感的过程。学生以自己的价值判断和经验为参照，对面临的情感作出评判和抉择，是情感内化的关键因素。

学习课文时，教师会引导学生去了解课文的情感，其实除了了解课文原有的情感之外，更重要的是引导学生将理解的情感内化为自己的价值观、信念体系，并且用此来指导生活实践，最终形成正确的价值观、人生观，完善学生的性格，这就是通过教学提升情感。学生只有能够评价情感，认清情感因素所包含的是非曲直，才能够深化、稳固这种情感，并将这种情感纳入自己的价值体系中以形成新的价值体系，进而用来指导自己的行为。

3. 学习思考方法

维果茨基(Lev Vygotsky)认为，教学能够激发并推动学生一系列内部的发展过程，从而使学生把人类经验内化为自己内在的财富。除了了解作者的思想观点，更重要的还要引导学生学习作者认识社会和自然、思考问题的方法，并在以后的学习生活中运用这种思维方法解决实际问题。

总之，要提高学生的思维与认知水平，教师教学需要引导学生理解课文的思想内容，指导学生厘清文章的思路，了解作者思考问题的方式，体验作者的情感，学习作者的思维方式等。

(四)实践巩固型

恰当地安排学生结束课堂时的实践活动，既可使学生所学的基础知识与基本技能得到强化和应用，又可使课堂教学效果得到反馈，获得下一步教学的信息。最后，巩固练习是教学过程中重要的组成部分，是课堂教学的延续。在教学结束阶段留出时间对所学知识进行巩固练习，通过当堂订正，解决学生出现的个别问题和新的问题，弥补教学中的疏漏。

二、开放型结束

开放型结束，也叫拓展型结束。在教学即将结束时，不仅要对所学知识进行复习、巩固，还要引导学生进行知识间的联系，把所学的知识应用于生活实际和生产实践中，将所学习的方法运用到新的情景中，使知识拓展延伸。主要方法有延伸阅读型和激发探究型。

(一)延伸阅读型

某个段落，某篇文章学习完成，但与之相关的内容还很多，这就要求教师在结束阶段鼓励学生接着阅读文章中没有直接涉及但有一定联系的内容。教师将课文讲完后，不是马上结束教学，而是根据课文的思想内容和人物线索，为学生介绍与课文内容密切相关的课外资料，引导学生由课内阅读向课外阅读延伸，让学生再深入、全面地去读一下原著，如此就能更好地理解作者的写作意图，并在思想感情上与之产生共鸣，也能初步地了解作者在文学艺术上取得的伟大成就。这样，课堂教学就成为语文学习的"加油站""中转点"。语文学习就可以打破教室空间界限、课堂时间界限、教材素材界限，真正做到将课内与课外语文教学融入生活。

(二)激发探究型

激发探究，是教师在教学将要结束时顺着学生思维深入、学习氛围高涨的状况，提出悬念或引出新的研究问题，用以激励学生课外研究的兴趣。这种课堂教学结束时，可以激发学生的好奇心、求知欲，同时也能激发学生学习的积极性、主动性，使学生知道学无止境，课后继续扬起再学习的风帆。总结时，通过对问题进行思考与回答，使学生逐步学会用科学的方法分析、概括知识，能够认识问题的本质，并且对现实中的新问题也能比较科学地进行分析。总结的过程，也是培养学生形成创造性思维能力的过程。

三、其他课堂结束类型

从另一个角度来说，其他课堂教学结束的类型多种多样，此处只列举三种。

(一)加强联系式结束

教学结束环节如果需要强调重点、难点，概括要点，就要注意深化知识深度，切忌简单重复。此外，还要注意梳理并明确整堂课教学内容之间的联系，明确课内教学内容与学生原有知识的联系，明确现在所学的内容与之前学习的内容，将要学习的内容紧密联系。力求通过强调和概括形成知识系统和能力系统，便于学生记忆。

(二)训练思维式结束

教学结束环节要注意培养学生的思维能力。课堂教学不仅仅是学习知识，更重要的是通过知识的掌握培养学生的思维能力。上课过程中，通过展示思维范例，提供思维的实践机会，反思思维的效果，创设新的问题情境，采用更深、更广的思维等训练学生思维能力的结束方式，在教学各环节多关注培养学生的思维能力，这样，学生的思维能力才有可能得到真正的提高。

(三)动态生成式结束

教师随着教学经验的不断丰富，可以随时根据教学内容、学生特点、具体的教学情境，灵活地、动态生成地创设出适合的教学结束方式。然而，这对于新教师来说，初次走上讲台首要的任务是掌握教学的基本技能，能够根据教学目标和教学过程中各环节的特点，选择几种教学结束方法来设计教学结束类型。基本的教学结束类型熟练掌握后，再寻求灵活变化。

第三节 结束技能的构成要素

结束技能的构成要素有六种：提供心理准备；概括要点，明确结论；回顾思路，强化方法；组织练习，巩固运用；拓展延伸，迁移运用；联系新的学习内容。

一、提供心理准备

教师通过提出概括任务，并对照教学内容中的主要问题，提示学生学习已进入总结阶段，为学生主动参与总结提供心理准备。

教师主要通过两种方式为学生提供心理准备。

1. 使用强调行为

教师提出总结知识的教学任务，加深学生对所学知识的理解。教师可以说"这节课就学到这里，让我们来对刚才所学的内容做个总结"等。

2. 使用变化行为

教师提出问题让学生思考回答，以深化学生对所学知识的回忆与运用。以上两种不同的方式都为学生参与总结提供了心理准备。教师可以说"让我们共同解答一个问题，作为这节课的结束"等。

二、概括要点，明确结论

教学一段或一课内容，并使之系统化、结构化，对于新知识融入旧知识库的构建过程而言十分重要。语文课教学目的之一就是通过对内容的理解，概括出要点，明确结论。

一段或一课内容的学习结束了，教师若想知道是否完成了教学任务，可在结束阶段，通过提问的方式来检测学生掌握的情况。

小学语文教学的内容很多，知识技能非常丰富，教师在教学结束时要善于抓住关键的问题，组织学生开展读书、讨论、评议等活动，概括出要点，从而得出确切的结论。

此外，如果小学语文教师希望学生能够将新授课的知识结构化，除了抓住关键性问题概括要点外，还要将整个知识结构化、系统化，可以采用思维导图、图表等思维可视化工具帮助学生结构化知识，为学生形成系统的知识体系打好基础。

三、回顾思路，强化方法

某种程度上，教师的课堂教学是学生学习过程的还原与示范，教师教给学生的知识类内容，就数量而言，终究是有限的，最重要的还是要让学生掌握正确的学习方法。因此，凸显方法，梳理思路，是结束技能重要的构成要素。

学生时常在教学结束时回顾一个段落、一篇文章的解题思路和使用方法，在这种梳理学习的过程中，往往能很快掌握语文学习的规律，从中得到某些启示，通其义而得其要，收到闻一知十的效果。

四、组织练习，巩固运用

练习是有目的、有步骤、有指导的实践活动。在学生结束内容学习时，教师正确有效地组织学生进行各种练习是十分必要的。

教师通过组织各种类型的练习，巩固和深化所学知识。学生在教师的指导下通过动口、动手、动脑活动开发智力、发展想象、陶冶情操。

练习的形式可以有很多种，教师可以根据学生情况和实际环境不断创新练习形式。语文课可进行口语练习、角色扮演、配音练习、一问一答、分组研讨等，结合演示问题、看图画图练习、观察描述练习、表达书写等各类练习。

检验教师一堂课的教学效果如何，很重要的一项就是看这节课最后的提问结果或学生的练习情况。通过练习，教师可以及时了解或检测学生的学习情况，从而迅速发现存在的问题，进而随时修正和调整自己的教学，以弥补学生学习的缺陷，取得更理想的教学效果。

练习内容包括各种课内外作业，也可结合基本功训练重点，适当补充一些听、说、读、写的小练习，还可对本堂课的学习效果进行反馈和强化。

五、拓展延伸，迁移运用

一堂课结束，得出的结论不仅能够为学生解决现有问题提供一定的指导，而且可以使学生学习分析方法，学会该方法的拓展范围，在解决问题的过程中总结、拓展出新的解决渠道或方案，进一步引申，使用所学技能解决新的问题，这是技能的迁移运用。

六、联系新的学习内容

导入部分制造悬念，是调动学生积极思维的一种手段，而结束部分就是使前面制造的悬念得以解开，并找到二者之间的联系，这样可以大大满足学生的求知欲，这是不可忽视的重要技能。

每节课的知识内容都是整个学科体系中某一部分内容的个别知识点。因此，在大部分情况下，相邻的两节课及课堂中所学的知识内容都是相互关联的。

在课堂结束技能中，教师要经常联系已经掌握的旧学习内容从而发展新学习内容。注意找出新旧学习内容的区别和联系。在学习新知识快结束时，教师要有意识地采用一定的方法，如留下疑问，或提出新的内容等让学生对新的知识充满期待，激发对未知问题获得解决的渴望。常用方法有以下三个。

(1) 提出新的疑问，产生认知冲突。
(2) 激发学生对未知问题获得解决的渴望。
(3) 说明将要学习的新内容能指导我们继续解决问题。

【案例 5-1】

联系上下文解句

《记金华的双龙洞》描写"孔隙"一段中有这么一句话："虽说是孔隙，可也容得下一只小船进出。"教师在指导学生读这段话时，提出这样的问题："孔隙本来很小，可又容下一只小船进出，说明也不小，那么，孔隙到底是大还是小呢？"

教师展示悬念，启迪学生解决问题。当然，孤立地在本句中是找不到的，视野应该扩展到上下文。孔隙的大小必须与上文的外洞、下文的内洞的大小联系起来思考、判断。正因为"外洞聚集着千把人开个会，一定不觉得拥挤"才显出了孔隙之小；也正因为"内洞比外洞大得多，大概有十来间房子那么大"更衬托了孔隙之小。孔隙本身看起来并不小，但与内洞、外洞相比，就显得太小了。

(资料来源：可圈可点 http://cooco.net.cn/zuowen/875536.html.)

在这个案例中，教师建立了导入部分所制造的悬疑和现在获得的结论之间的联系，建立了新、旧知识的联系和区别，使学生真正懂得了句子的意思，同时在掌握联系上下文解句的方法中也悟出了小中见大、用比较法看问题的思维方法。

第四节　结束技能的训练要点

一、及时总结巩固，保障良好教学效果

(一)引导学生及时小结、复习巩固

课堂教学的任何一个独立阶段结束时，教师都要及时总结、巩固，以获得良好的教学效果。记忆是一个不断巩固的过程。由瞬时记忆到短时记忆，再到长时记忆，有一个转化过程，实现这个转化过程最基本的途径就是及时总结，周期性地复习和巩固。

因此，教师在讲授一段新知识接近尾声时，尤其是在讲授那些逻辑性很强的知识接近尾声时，为了让学生长久记忆，教师应引导学生及时小结、复习巩固。

(二)掌握结束的时间与时机

结束课程掌握时间要紧凑，要突出重点，不要面面俱到。及早结束或者拖堂都不可取，这就需要教师精心设计。哪里是重点，要详细；哪里是次重点，要简略，都要心中有数。因此，教师不仅要在教学设计时做好结束部分的设计，提早想好结束的练习或活动，更要在实际上课时处理好进行的结束环节可能出现的各种问题，掌握结束的时间与时机。

(三)布置复述等厘清思路的任务

教师应及时地帮助学生厘清思路、趁热打铁，把复述的任务布置给学生。在执教教育部统编小学语文教材五年级上册第六课《将相和》一文时，教师在课堂结尾时，要求学生简要复述课文的一个故事。等学生经过一段时间的练习，再请同学复述，这样就比把这一任务留做家庭作业的学习效果要好很多。

二、采取多种方法，吸引学生关注结束

一整堂课的课堂教学一般会持续 30 分钟以上，甚至达到 40 分钟，而青少年的注意力持续集中时间只有 10~30 分钟，具体因人而异。因此，临近下课时，学生往往处于疲惫状态，注意力非常容易分散。任何刺激都可能调动学生的感知觉。

结束环节大多在临近下课的 5~10 分钟内进行，这需要教师不仅要用科学、严谨的教学内容和富有艺术性、感染力的语言来重新点燃学生们的激情，还要对结束环节的形式进行创新发展的设计，以此牢牢抓住学生的注意力，使结束环节不流于形式，能够真正吸引学生、深入学生的心中，使他们按照老师的引导完成结束环节。

三、联系教学目标，全局思考结束环节

虽然教学结束是教学的最后一个环节，但它是整个教学过程中对环环相扣要求最严的一个环节，因此不能脱离教学目标和整个教学过程孤立地去设计。

教学目标是教学的指挥棒，指导着教学的全过程，设计教学结束的关键是紧扣教学目

标，顺接前面的教学环节。一节课是一个完整的整体，教学结束则是这个整体的一部分，因此，不能孤立地设计教学结束环节，而需要在教学目标和整节课的教学过程中加以考虑。

在设计教学结束环节时，新教师可以采取写逐字稿来提高课堂结束环节的连贯性和整体性。具体需要注意以下几点。

(一)概括教学重点

设计教学结束环节的重点是什么，需要概括出来。此处的内容要充分结合教学目标和整个教学过程来设计。

(二)过渡语是关键

怎样从前一个教学环节过渡到教学结束环节，精彩的过渡语是教学环节环环相扣、承上启下的关键，需要教师字斟句酌地来确定。

(三)设计结束流程

设计教学结束流程时，应具备要提什么问题、需要开展哪些师生活动、怎样做到内容充实且吸引学生等环节。

(四)串联结束语言

设计具体的教学结束语言，将整个教学结束的流程串联起来。

(1) 如果教学目标的重点是掌握知识，教学结束则重在整理知识，形成系统，以便记忆，此时的教学结束可以是教师总结，也可以是学生总结。

(2) 如果教学目标的重点是训练能力，教学结束则可以反思能力操作过程，提供练习和迁移机会。在目前提倡以学生为主体的课堂中，应该大力开展这种学生亲自实践的课堂结束活动，对于加深知识印象、提高个人能力有极大的帮助。

(3) 如果教学目标重点是情感熏陶，教学结束则可以着力煽情，采取多种方式，如通过影视片段、相关视频、图片、音乐等各种途径，使学生感情得到进一步的丰富和提升。

(4) 如果语文教学过程是阅读与鉴赏为主要语文实践活动的课堂，教学结束则可以根据课文的类型来确定，以具有针对性。

(5) 如果语文教学过程是以识字与写字为主要语文实践活动的课堂，教学结束可以提供学生更多的练习机会，帮助其加深对字音字形的记忆和增强书写的标准性、美观性。

(6) 如果语文教学过程是以表达与交流为主要语文实践活动的课堂，教学结束要尽量提供具有开放性与发散性的平台，使学生的想法能够尽情地表达出来。

(7) 如果语文教学过程是以梳理与探究为主要语文实践活动的课堂，教学结束可以更加具有生活性，采取全新的形式或学生喜闻乐见的形式进行。比如，举行颁奖礼、课堂抽奖、对抗性比赛等。

四、注意反馈信息，强化学生学习的愉悦感

(一)及时发现问题，迅速解决

结束技能具有及时反馈的作用，结束技能的结课能够帮助教师及时发现学生当堂学习

存在的疑难问题，根据结课时学生的表现来对教学内容进行补充讲解，做到当堂问题当堂解决。由此，教师可以不断改进自己的教学设计和课堂教学，提高课堂教学质量，提高教师的教学能力。因此，教师讲授新知识接近尾声时，尤其是讲授那些逻辑性很强的知识时，为加强学生的记忆，教师应引导学生及时小结、复习巩固。教学结束时要注意获取反馈信息，以及时了解学生掌握的情况。教学的最终目的是"学"，而不是"教"，因为在教学过程中，学生是认识的主体。

(二)获得成就感、愉悦感，及时强化

及时的总结、反馈可以使学生即时体会到学习知识、成功解决问题的成就感、愉悦感。语文教育中的愉悦感是一种不直接为功利所限制的精神享受。黑格尔认为，只有当审美主体和对象的感性形式达到水乳交融、自由自在、无拘无束的境界时，才能进入审美过程。语文教学中的愉悦感是儿童在欣赏语言、文字、文章的审美过程中，获得美感后所得到的美的享受。判断学生是否获得了这种愉悦感，教师可在教学结束时通过提问等形式获得反馈信息，对学生的行为进行鼓励、奖励或评价，强化是促进学生进一步学习的重要因素。

【案例5-2】

在执教教育部统编小学语文教材四年级《海上日出》时，教师通过最后的总结，学生被这"伟大的奇观"陶醉了，进入情境，引起想象，引发联想。

光明终会冲破黑暗，太阳是伟大的，它不但给世界带来光亮，还以绚丽的色彩装点万物。由自然界的奇观，联想到人间的壮举，观磅礴的日出而燃起炽热的希望，从而产生积极向上、昂扬奋进的情绪，心理上得到某种满足。

对于同学获得知识所表现出的愉悦，教师作出了积极的肯定，通过正强化，使之保持良好情绪，促进进一步学习，使儿童真正获得学习知识的喜悦。

(资料来源：本书作者整理编写.)

五、利用试讲，评价反思结束环节

(一)评价反思的必要性

教师需要对结束环节设计进行评价、反思。教师是结束环节的直接设计者和实施者，因此，教师自己对结束环节的设计思路和理想实施效果是最清楚的。因此，在结束环节真正实施之后，教师需要对结束环节进行评价与反思。评价自己的设计是否达到了自己预期的效果，反思自己的设计思路是否顺畅，是否在实际教学中取得了理想的结果。如果教师的结束环节的理想效果和实际效果存在差距，教师则要根据二者之间的差距对自己的结束环节设计进行反馈、检查，以便找出问题所在，并在以后的设计中引以为戒，以此不断提升自己的结束技能。

新入职教师或对教学结束技能掌握还不是很熟练的教师，课前最好在微格教室里进行教学结束技能的模拟练习，了解自己设计的教学结束环节是否适合学生的接受水平，是否与前面的教学环节衔接恰当，内容是否具有逻辑性，师生活动是否协调，语言是否简练、清晰等。教师对构思的结束环节进行模拟展示，能够从中发现存在的问题以及真正授课时

可能出现的问题，并及时纠正或采取防范措施，保障教学结束的质量。

(二)评价反思的形式

反思课堂结束环节，教师可以采取量化的方式记录结束教学环节中的各项行为，如采取课堂量表的方式，通过每项的打分来明确自己的课堂结束环节的质量，主要有直接评价、间接评价和多方评价等形式。

1. 直接评价

直接评价，是直接通过结束技能评价量表对教师技能进行评价。

2. 间接评价

间接评价，是教师结束技能的水平，在课堂教学中主要表现为结束环节设计的质量。因此，可以通过对课堂教学中结束环节的评价来对教师的结束技能进行间接评价。但评价的最终目的是不断改进教学，提高教学质量，促进教师的专业发展，而不是简单地比较孰优孰劣，因此，质性的评价方式也应引入结束技能中，如表现性评价、合作评价等。

3. 多方评价

将结束环节放在整堂课的大背景中来评价，从其设计思路、内容价值、方式形式等多个方面进行评价，使评价结果能对教师改进结束环节的设计产生真正的积极作用，为教师提供指导性意见，促进课堂教学和教师自身教学技能的发展。

第五节　结束技能的案例与评析

一、结束技能教案设计

本节所选结束技能教案设计，是教学实践中随机抽取的学生设计作业，仅供参考。

根据教学进度，教案也包括前面几个技能的设计与展示，如表 5-2 所示。

表 5-2　结束技能教案设计

科目：语文	课题：四年级上册第一单元第四课《繁星》	训练技能：结束技能
训练目标： (1)学会本节课中的生字，借助拼音会读"昧、坠、怀"等3个生字，读准"繁星、静寂、纳凉、星群密布、半明半暗、摇摇欲坠、柔和、梦幻、仿佛"等词语。 (2)能边读课文边想象画面，积累优美、生动的语句。激发对祖国语言文字的热爱。 (3)有感情地朗读课文，根据课文的写作顺序了解作者在不同时期、不同地点观看繁星的情景和由此产生的感受，体会课文的语言美。		
教学重点、难点： 学习并运用文章的写作手法，体会文章的语言美。 引导学生学会自信观察大自然，培养其热爱自然的思想情感，学会表达学会感受，并将自己的感受书写下来。		

续表

学情分析:
四年级是小学生知识、能力、情感价值观形成的关键时期。他们对自我、他人、家庭、社会都有了一些浅显的认识,并养成了一定的好的行为习惯。随着他们社会生活范围的不断扩大,进一步认识了解社会和语言的形成成为迫切的需要。
《繁星》收录在教育部统编小学语文教材四年级上册第一单元,需要掌握3个汉字。本文按照时间顺序,紧紧围绕"繁星"展开描写,写了"我"在不同时期、不同地点观看繁星的情景,抒写了"我"由此产生的种种感受,给人以丰富的联想和美的享受,表达了对繁星的热爱。根据学生的特点和课文的内容设计了本教学环节,层层深入,让学生们感悟情感,学会写作。
教具准备:
多媒体课件(PPT)

时间安排	授课行为预设	学生行为预设	技能构成要素	设计意图
0:00	上课!同学们好!今天我们一起来学习一篇新的课文。	学生回答:"老师好!" 引起注意。	结束技能 引起注意,激起好奇。	激起学习课文的好奇心。
	在之前的学习中我们领略到了钱塘江大潮的气势磅礴,体会到了月夜的宁静与美好,这些都是自然的景色,那么,今天我们就来一起欣赏夜空中的繁星吧!	倾听,回顾。	旧知识导入 建立联系,激发认识需要。	联系之前学过的课文,将新课文与旧知识进行联系。
0:26	同学们,你们喜欢星星吗?有人说星星就像夜空中的精灵,总是有着智慧的色彩,那么,每当我们凝望这神秘的夜空时,心中会不会产生一些遐想呢?有没有同学来说一说。 非常好,"迢迢牵牛星,皎皎河汉女。" 非常好,相信钢琴曲的旋律在你脑海中浮现出一幅繁星满天的画面。 同学们的联想真丰富,知道的知识也很多!	再次引起注意。 倾听,思考。 学生回答:"我想到了牛郎织女。" 学生回答:"我想到了钢琴曲星空。"	经验导入 培养兴趣,促进参与。 提问技能(记忆) 提问措辞,与同学们的感受建立联系。	吸引集体同学的注意力。 通过提问让同学们初步感知和表达自己的感受。

续表

1:50	那同学们知不知道著名的作家巴金也是一位非常喜爱观察星星的人,他呀,将自己的感受写成了一篇文章,你们想不想看一看这篇文章呢? 那么,今天就让我们一起走进巴金先生的繁星! (板书课题) 请同学们掏出手指笔和老师一起书空课题。	思考。 生:想!		表扬和强化激励同学们积极发言。
4:30	接下来,请同学们大声地朗读课文,读准字音,读通句子,把你不会的字词圈画出来。 同学们都读完了。 (出示PPT) 哪位同学能自告奋勇带大家领读一下。 读得又准确又洪亮。 下面,咱们以"开火车"的形式读一读生字,小小火车谁来开……小小火车往哪开,小小火车开起来。 同学们读得很准确。 老师来领读,你们来跟读。看哪个组读得最洪亮。 对文章重点难理解的词语进行示范讲解:纳凉、密密麻麻、静寂、半明半暗、摇摇欲坠、模糊。	一起书空课题。 自由朗读课文,边读边圈画生字词。 生:昧、坠、怀。 以"开火车"形式读生字。 学生认真倾听。	提问技能 (记忆)	书空课题,走进课文。 朗读课文,让同学们读准字音,读通句子,为后续学习课文打下基础。 学习字词是学习课文的基础。 促进学生参与。

续表

5:15	请一名同学对课件上的词语解释进行大声朗读。 看来同学们已经牢牢掌握了本文的生字词，那么，接下来请同学们再次默读课文，边读边思考，文章的三个自然段分别写了什么？ 同学们都读完了，那我们一起来解决一下这个问题吧。 谁能说一说第一自然段写了什么？	跟老师朗读。 用生词语造句练习。 学生大声朗读。 默读课文，边读边思考文章主要内容初步了解本文内容。	**讲解技能** 叙述式讲解，讲解目标是生字词。 **提问技能** **(理解)** 停顿节奏，内化处理。 **提问技能** **(理解)** 合理分配，问题链。	造句可以把生词联系生活实际，有利于更好地识记。 朗读课文，让同学们初步感知课文，带着问题读课文，目标明确。
8:12	你阅读课文真快真迅速，但是有一些不完整，请看老师画线的部分，时间和地点两个要素不能缺少，你能不能再补充一下呢？ 非常好，作者回忆在家乡庭院里看(密密麻麻的)繁星。(板书) 那么，请同学们快速地用一个词来概括作者小时候仰望星天的感受。(甜蜜、温馨、幸福)(板书) 齐读句子：望着星天，我就会忘记一切，仿佛回到了母亲的怀里似的。 接下来，请一名同学朗读一下第二自然段。 请其他同学思考第二自然段写了什么？	仔细查看。 学生回答："作者在家乡庭院看繁星。" 学生回答："作者回忆在家乡庭院看繁星。" 学生回答："甜蜜。" 学生回答："温馨。" 学生回答："幸福等。" 齐读	**提问技能(理解)** 内化处理，组织语言表达，反馈探询。 **讲解技能** 描述式讲解。 **提问技能** **(理解)** 组织语言表达，内化处理，用一个词来概括。	一步一步了解文章内容。 让同学们明白，概括文章主要内容需要明确时间、地点、人物这些要素。 强调繁星的特点，为接下来的学习打下基础。 朗读、感悟。利于学生们加深印象。利于吸引同学们的注意力。

续表

13:00	谁能说一说。 你回答得真好真完整。 作者回忆三年前在南京读书时看(星群密布的)繁星。 (板书) 齐读句子"星光在我们肉眼里虽然微小，然而它使我们觉得光明无处不在。" 请你也用一个词概括作者这个时候仰望星空的感受。 (亲密)。 (板书) 接下来，请同学们默读一下第三自然段，并思考第三自然段写了什么。 你来回答。 你回答得真好，"我"指的就是作者啊，看来你一定带到文章中了。 作者如今在海上观看(半明半暗的)繁星。 (板书) 课前我们已经学习了"半明半暗"和"摇摇欲坠"两个词语，请同学们结合文章解释一下这两个词语吧。	学生回答："作者回忆三年前在南京读书时观看繁星。" 学生：记笔记。 齐读。 学生回答："亲密、依恋等。"记笔记。 学生回答："'我'如今在海上观看繁星。" 学生：记笔记。 同学们自由发言。	问题链 讲解技能 类比式讲解 讲解语言清晰，多媒体、板书相结合。 问题链	对学生的回答进行独特多样化的评价，激励同学们积极发言。 齐读句子,有利于学生们加深印象。 总结概括。 结合课文来学习生词，使其更加熟练完善。
15:00	请你们也用一个词来概括作者在海上仰望星空的感受(惬意)。	学生回答："惬意、舒适。" 学生记笔记。	提问技能(理解、创新) 反馈探询，停顿节奏。	

续表

16:00	(板书) 通过同学们的梳理，我们可以填写书后表格的时间、地点、感受这三列，请同学们填一填，并跟老师核对答案，将不完整的补充，错误的改正。(板书) | 时间	地点	特点	感受
---	---	---	---
第一次	从前	家乡		甜蜜
第二次	三年前	南京		亲密
第三次	如今	海上		惬意 | 接下来，请同学们以同桌为组进行小组讨论，想一想本文是按什么顺序写的？你找到了哪些表示时间的词语？	填写书后的表格，边写边梳理，厘清文章脉络。 小组讨论并思考。	讲解技能 提问技能(应用、理解、分析、重新组合) 核心问题，合理分配。	总结概括。 这样的表格呈现方式让同学们形成文章体系，逻辑清晰。
21:00	小结：课文是按照时间顺序，依次写了"从前""三年前""如今"三个片段，描写了"我"在不同时期、不同地点观看繁星的情景和由此产生的感受。 回顾《观潮》也使用了时间顺序。	思考，回顾。	讲解技能 启发式讲解。 提问技能 (分析)	讲解文章的写作手法，有利于同学们的写作；并与之前的知识相联系，回顾与复习。

22:30	通过前面的学习,我们已经体会到了巴金先生笔下繁星的美丽,那么,请同学们再次默读课文,思考文中所描写的繁星有什么特点?我进行一个提示,大家可以描绘出三幅繁星图,并且思考作者想要表达什么感受? 你说得太好了,特点和感受找得都很全。 第一幅图是密密麻麻的,第二幅图是星群密布的,第三幅图是半明半暗、摇摇欲坠的。巴金先生用这么精彩又富于变化的词句去描绘繁星,是不是就表达了他热爱星空,热爱大自然向往美好生活的情感呀。 那么同学们可以完成表格的第三列了。(板书)	思考,再读课文,深刻体会作者的感受。 学生回答:"第一幅繁星图是密密麻麻,第二幅是星群密布图,第三幅是半明半暗、摇摇欲坠。表达了作者喜爱星空的思想感情。"	讲解技能 与已有知识相联系。 **提问技能** (记忆) **提问技能(理解、创新)** 反馈探询,停顿节奏。 **讲解技能** 沟通思维 明确结论	这是本文的核心问题,围绕繁星的特点,理解作者热爱大自然的思想感情。 重复和讲解,让同学们深刻体会文章的感受,并且激发同学们表达感受的兴趣。
26:10	<table><tr><th></th><th>时间</th><th>地点</th><th>特点</th><th>感受</th></tr><tr><td>第一次</td><td>从前</td><td>家乡</td><td>密密麻麻</td><td>甜蜜</td></tr><tr><td>第二次</td><td>三年前</td><td>南京</td><td>星群密布</td><td>亲密</td></tr><tr><td>第三次</td><td>如今</td><td>海上</td><td>半明半暗</td><td>惬意</td></tr></table>		**提问技能(应用、理解、分析、重新组合)** 核心问题,合理分配。	紧紧围绕书后的表格,主题明确,中心突出,逻辑清晰。

续表

	我看到同学们都已经放下了笔,那请同学们跟老师一起看一看文章的最后一个自然段,提到了母亲,这又表现了什么呢?我也给一个提示,我们的巴金爷爷1927年从上海乘坐游船去法国留学,这篇繁星,就是在航行期间写的作品。	填写书后表格,边写边梳理,明确繁星特点和深刻体会作者感受。 生:记笔记。 思考,再读课文,深刻体会作者的感受。	提问技能(理解、分析) 核心问题 合理分配 讲解技能 启发式讲解	理解作者思乡爱国的思想感情。
36:20	说得很好,还有没有同学能够补充。 太棒了,两位同学结合起来就是本道题的答案。(板书)	学生回答:"思乡。" 学生回答:"回国。"	提问技能 (分析) 反馈探询	
	那最后我们来梳理一下。作者运用了时间顺序,写从前在家乡看密密麻麻的繁星,再写三年前在南京看星群密布的繁星,最后写如今在海上看半明半暗、摇摇欲坠的繁星,表达了作者热爱自然的思想感情。	学生记笔记。	讲解技能 讲解结构 讲解框架搭建合理,环环相扣,讲解思路线索清晰。	总结升华,让同学们深刻体会文章的感受,并且激发同学们表达感受的兴趣。
	那同学们通过今天的学习也要学会表达,学会感受,做一个生活的有心人。下节课我们再进一步学习巴金先生细腻的笔法吧!	与老师一起梳理本篇课文,学会运用时间顺序写文章,学会表达、学会感受。	结束技能 概括要点,明确结论;回顾思路,强化方法。	
39:10	接下来,留一下本节课的作业。 那这节课就上到这里,下课!		讲解技能 明确结论	布置作业以温故知新,真正掌握知识。

续表

			生：记作业	
			生：老师再见！	

板书设计：

4. 繁星

```
        从前   ⎡ 家乡庭院   密密麻麻
繁星   三年前  ⎢ 南京后门   星群密布   热爱自然
        如今   ⎣ 海上       半明半暗   热爱祖国
```

(教案设计者：沈阳大学2020级小学教育专业学生 刘清华.)

二、结束技能案例展示

教育部统编小学语文教材四年级上册第一单元第四课的《繁星》结束技能案例展示，扫右侧二维码观看。

(视频提供者：沈阳大学2020级小学教育专业学生 刘清华.)

繁星

三、结束技能案例反思

《繁星》教案设计的反思与感悟

本篇教案是根据一些名校教师上课的视频并借鉴一些获奖教案的设计以及自己的感受设计的，其中有一些可取之处。下面将从导入技能、提问技能、讲解技能和结束技能四个角度进行反思和感悟。

(一)导入技能

首先，这是一次旧知识导入，它能够让学生将新知识和以前的旧知识联系起来，不仅可以巩固复习以前的知识，还可以吸引学生去学习新知识，《观潮》与本节课都采用了时间顺序，《走月亮》与本节课都是描绘自然景色，与先前的知识建立了联系，所以旧知识导入非常巧妙。

其次，设计经验导入，让学生表达自己对于星星的想象，然后根据学生的生活实际建立联系，激发认识需要，培养兴趣，促进参与。

再次，在本篇导入中加入两个问题，问问题是教学的重要手段。一个问题是大家喜欢星星吗？这么安排一是可以使学生迅速融入课堂；二是可以引起学生思考自己到底喜不喜欢星星，从而有利于接下来的教学。另一个问题是夜晚我们凝望神秘的星星时，会不会产生一些遐想，表达自己的感受。这个问题请两名学生单独来回答，可以吸引学生的注意力以及让学生将"繁星"与自己的生活联系起来，引起他们的思考和想象。

复次，在导入的最后提起了巴金先生，因为《繁星》这篇课文是一篇略读课文，它的学习目标比较特殊，需要学生学会观察、学会想象以及表达自己的感受，如果可以，书写自己的感受，所以先提起巴金先生，并且设计的是之前已经留过预习作者的这个作业，于是就能把课文内容与作者联系起来，不仅仅只做到了导课题。比如，在读课文的时候，就可以想象作者在那种环境下的心境，如果是自己又会有什么样的感受，激发学生表达和写作的欲望。

最后，导入是讲授一篇课文的开端，一个好的导入可以让本篇课文的学习事半功倍，关于这篇文章的导入还有很多更好的设计，希望以后能够将每一种导入的方式都运用得心应手，好好上课，上好课，成为一名合格的小学老师。

(二)提问技能

提问技能在课堂中非常重要，一个好的提问可以将学生带入课堂，一个好的提问也可以梳理出整篇文章的重点内容。本篇教案设计了四个主要问题。

第一个问题是学生喜不喜欢星星，我认为这属于评价的形式，不仅能够看出学生的价值观，也可以激发学生学习的兴趣。

第二个问题是凝望神秘的夜空，会不会产生某种遐想？我认为这是一种创造，每位同学的答案都不尽相同，但是都非常具有创造力，可以初步感知自己对于星空的遐想，也为我们今天学习本篇难点——如何去表达自己的感受做了铺垫。

第三个问题是读课文，说说本文的主要内容。在小学的教学过程当中，理解文章内容很重要。因此，利用这个问题让学生去理解内容，提高阅读能力，增强学生自主学习的能力。

第四个问题是整理三幅繁星图并且思考作者要表达什么感受，这个问题既是核心问题，也是本文的难点，通过课上的交流和讨论，以及提问和反馈能够非常好地解决这个难题。

本篇教案设置的这几个问题从导入到讲解形成了一个问题链，先是将学生引入本课当中，再完成教学的重点、难点，提问起到了很重要的作用，因此提问技能很重要，需要我们掌握，并且灵活运用。

(三)讲解技能

讲解技能是一堂课至关重要的部分。

1. 讲解内容和讲解目标

内容的设计应一直围绕教学重点和教学难点，讲解了本文的生字词，让学生能够获得独立识字的能力；理解了课文内容，能够正确、流利、有感情地朗读课文；学习了写作手法，达成教学重点、难点，体会文章的语言美；体会文章感情，热爱大自然。讲解目标明确，与教学目标一致。

2. 讲解框架、方式、思路

讲解框架的设计是合理和环环相扣的，第一个层面是字词，这是讲解文章内容的基础；第二个层面是理解课文内容；第三个层面是学习写作手法——时间顺序；第四个层面是体会情感：热爱大自然，热爱祖国。

3. 教学语言，语言行为

教学过程中多媒体和板书相结合，相得益彰。但是讲解语言有些匮乏，对学生的评价也没有多样化，值得反思和学习。

4. 已有知识、学科知识、生活实践

在本堂课中，首先，联系了学生已有的学科知识，联系之前所学的《观潮》采用了时间顺序，《走月亮》描写自然景色，能够温故而知新。其次，联系了学生的生活实践，在导入环节询问学生对繁星的想象和感受，与学生的生活相联系。

5. 引导思维、参与活动

本堂课一直围绕书后的表格进行讲解，这对学生的思维有引导及强化作用，可以使学生的思维变得更加清晰。但是给学生的自主性并不高，没有设计很多的活动让学生去参与，也没有让学生参与讲解活动，值得反思。

6. 整理思路、明确结论

在讲解的最后，通过板书的思维导图方式帮助学生梳理要点，明确结论。

(四)结束技能

结束技能对于一堂课也十分重要。

结束环节的设计是根据随堂板书进行梳理，这样不仅可以概括要点，明确结论；也可以回顾思路，强化方法。课后留了一个作业，这样可以组织练习，巩固运用。还告诉了学生下节课要继续学习巴金先生细腻的笔法，为第二课时精读课文，学习修辞手法打下了良好的基础。

最后，在课上展示之后，教师和学生都给了我很中肯、很有意义的评价和建议，所以修改了整个课堂的设计。内容上进行了调整，加入了时间顺序这个重要的部分。在这个课时，并与之前的《观潮》相联系，主要讲解了热爱大自然的主旨，可以讲得更加清楚和详细。在设计上，加入了更多的讲解部分，这样可以真正地达成教学目标。因此，经过教师和学生的建议，这篇教案修改得更好了。

在新课程理念的指导下，小学教师要不断地严格要求自己进行课堂教学的反思，并且对反思的问题进行深刻的研究和探讨，寻找解决问题的最佳方案，通过及时有效的教学反思和微格教学，及时发现不足并改正，课后我一定会努力学习，继续对教学进行反思和感悟，先做一名合格的师范生，未来再做一名合格的小学老师。

(案例提供者：沈阳大学 2020 级小学教育专业学生 刘清华.)

四、结束技能案例评析

上述结束技能教案设计包括四项基本技能。结束技能构成要素既概括要点，明确结论，也回顾思路，强化方法。同时还设计了练习作业，以巩固运用。最后提示下节课内容，联系新的学习内容。

板书设计简洁明了、思路清晰，能够呈现文章整体结构和重点内容。

在视频展示中，该生情感饱满，总结到位，逻辑清晰，具有成为一名好教师的潜质。

教学反思与感悟部分情真意切，能够从导入技能、提问技能、讲解技能和结束技能贯穿整个课文教学，写出了自己的思考设计过程，最后不忘警醒自己，鼓励自己做个合格的教师，学习态度非常认真。

五、结束技能评价表

结束技能评价表(见表 5-1)，主要评价项目从结束技能构成要素入手进行设计，配合练习、作业和态度情感。

表 5-1 结束技能评价

日期_____ 任课教师_____

请对以下各项目评价，在恰当等级上打"√"

评价项目	优	良	尚可	需努力	权重
1.提供心理准备					0.1
2.方法选择					0.1
3.概括性					0.2
4.完整性					0.2
5.启发拓展					0.2
6.练习与布置作业					0.1
7.态度情感					0.1
意义或建议					

1. 提供心理准备

检查是否通过巧妙、有趣的方法提示学生学习已进入总结阶段，为学生主动参与总结提供了心理准备。可观察到大部分学生能够领会教师的意图，积极与教师互动。

2. 方法选择

选择的结束方法是否适合教学内容，有趣、新颖、不牵强，适合学生年龄特点和认知水平。

3. 概括性

评价是否采用恰当的方法，准确、精辟地概括要点、难点、结论、方法、思路等内容。能否有效地巩固学生的知识和技能。

4. 完整性

是否巧妙地与课堂开始的导入建立呼应关系，是否建立了新旧知识的联系和区别。

5. 启发拓展

结束环节是否具有启发性，能否很好地拓展学生的思维，将学习延伸到新高度。

6. 练习与布置作业

练习与布置作业是否及时、合理，选题有没有针对性，作业量是否适当，有没有巩固基础知识或提供技能的练习等。

7. 态度情感

是否精神饱满、感情充沛、表情丰富，是否表现出获得新知、技能、启发的愉悦。

试讲结束后，可以依据"结束技能评价表"，对照自己录制的视频片段逐条比对，进行评价。采取师评、他评、自评相结合的方式。评价的过程也是相互学习、取长补短、共同进步的过程，因此，应格外重视结束技能的评价环节，发挥其导向、修正的作用。

本章小结

本章通过引入于漪老师"读万卷书"这个案例，阐释了结束技能的定义，明确了结束技能的功能、构成要素及训练要点，并结合对应的文本案例和视频展示介绍了结束技能的类型。结束技能的评价以结束技能构成要素作为衡量依据，配合时间掌握，根据结束技能评价表来进行。

思考题

1. 结束技能的构成要素有哪些？
2. 结束技能的类型有哪几种？
3. 请设计一篇结束技能教案。
4. 一个好的结束技能设计需要注意什么？

第六章 板书技能

学习目标

- 明确板书技能的含义。
- 了解板书技能的功能。
- 明确板书的类型并能分辨。
- 了解板书技能训练要点。

重点与难点

教学重点： 正确认识板书技能的含义。
教学难点： 掌握板书类型的选择。

板书技能

导入案例

偏瘫乡村教师改用左手板书坚守讲台33年

上课铃声响起，江西省某市某小学六年级的同学们端坐在教室，安静地等待着老师来上课。给同学们上这节课的老师叫夏老师。教学楼从一楼到三楼共有36个台阶，夏老师需要花3分钟的时间走上楼。他斜着身子走进教室，因为右侧身体偏瘫，他只能使用左手板书，但字迹依旧清晰漂亮。1989年9月12日，夏老师被诊断为脑动脉血管阻塞。手术后，夏老师便留下了偏瘫的后遗症。身体稍微有所好转后，夏老师强烈要求重新返回学校，这一坚守就是33年。

(资料来源：微博，https://weibo.com/u/3634080191.)

启示：

随着多媒体技术的日趋成熟，课堂教学已由"三尺讲台，一根粉笔"的传统设备模式，逐渐被"一台电脑、一个投影仪、一块电子白板"的新型设备模式取代。教师无论是上公开课，还是上日常课，都必须使用多媒体。如果课堂没有使用多媒体课件，似乎就不算是一堂好课。在这样的背景下，有些教师的板书技能开始退化，要么从左到右写满一黑板，要么杂乱无章地写在黑板各处，有的老师甚至都没有了书写板书的习惯。一节课下来，只是随手在黑板上写几个字，或者干脆一个字也不写……而夏老师却能够在偏瘫后，改用左手板书，坚守讲台33年，热爱工作，孜孜以求，不肯懈怠。我们每一个人都应该向这位偏瘫乡村教师学习，对自己的本职工作秉持着认真、负责的态度，对教学板书树立正确的认识、积极的态度，充分意识到板书的重要性，切莫因为多媒体技术让教学板书"坐冷板凳"。只有将现代教育技术手段与传统板书有效结合，才能更好地提升教学效果，促进自身教学能力的提升。

> **思考:**
> 作为一名教师，如何在教学板书设计中有效融合多媒体技术与传统板书？

第一节　板书技能概述

教学板书作为一种重要的教学手段和表现形式，对提高课堂教学质量和效率起着重要的作用。即使在现代教育技术广泛应用的今天，教学板书的重要作用仍然不可忽视。在现代化教育背景下，如何将传统板书与现代教育技术有效结合，是每一位教师值得思考的问题。

一、板书技能的含义

板书是教师课堂中普遍使用的一种教学手段，是师生传递知识信息的渠道。新时代的板书不仅包括以"黑板"为载体的传统板书，也包括现代化的多媒体技术。

(一)传统板书

1. 根据板书的词性界定

"板书"一词既可以当名词用，也可以作动词用。

作为名词，板书可以理解为"板上所书"，是指教师经过深思熟虑的设计后，在教学过程中写在黑板上的一种静态的、简练的、文字的、符号的教学书面语言。

作为动词，板书可以理解为"书与板上"，即指教师在教学过程中，将所设计的教学任务以黑板为教学载体，书写文字、符号，传递知识信息的一种动态教学行为。

2. 根据板书的作用界定

板书一般是指教师在教学过程中，为了让学生更好地接收知识信息，提高课堂效率，而在课前根据教学任务对课文进行深入研究、精心设计，力求将教学内容概括化、简明化，提纲挈领地总结出教学要点，并在课堂讲解中，以黑板为教学载体，将其设计用文字、符号、图表等方式呈现出来，辅助教师的口语教学。

(二)多媒体技术

"多媒体技术"是一个专业术语，它原本来自英文"multimedia"，而"multimedia"则是由"multiple"和"media"复合而成，因此，从语言学的角度来看，它由"多"和"媒体"两部分组成。多媒体技术即利用计算机综合处理声音、文字、图像、动画及视频信息的技术，它具有集成性、实时性和交互性的特征。多媒体技术的发展给教学板书带来了新的变革。

(三)多媒体课件

随着多媒体技术深入教学，板书的定义也有了新的发展，作为新教育技术的现代板书由此而生。现代板书，即多媒体课件，也称电教板书、多媒体板书。多媒体课件就是把文字、图形、图像、声音、动画和视频等多种媒体按照一定的教学目标和教学方式进行集成与融合的课件。

多媒体课件突破了传统板书的线性限制，以立体化的方式把知识信息自然逼真、形象生动地传递给学习者，具有随机性和灵活性，弥补了传统教学在直观感、立体感和动态感等方面的不足，通过图文并茂的显示界面极大地改善和提高了人机交互能力。

二、板书技能的功能

(一)呈现知识要点，突出教学重点

教材有其内在的逻辑性和规律性，教师的教学内容并不是杂乱无章的，每一个知识点之间都有着特定的联系，进而构成一个知识体系。板书都提纲挈领，当教师有条理、有层次地把教学知识体系陈列在黑板上时，学生便可以厘清思路，在脑海中形成自己的知识结构，理解并掌握知识要点。

精心设计的板书应当是字凝句炼、字斟句酌，能高度概括课堂的中心内容，体现教师的授课意图，并突出教学的重点、难点，依次展示教学过程，形象直观。这不仅能帮助教师有计划、有重点地完成教学任务，而且对学生掌握课堂内容和把握重点起到积极的作用。

(二)强化记忆效果，提高教学效率

在课堂教学中，教学语言是教师传授信息的主要工具，具有信息量大、节省时间等优势。但其也存在弊端，那就是教师容易喋喋不休，而学生又理解的不清不楚。口语表达转瞬即逝，如果教师没有特别强调记忆，学生也无法高效率地吸收教学内容。因此，板书就成了弥补口语教学的辅助工具，以书面形式把重点、难点条理分明地呈现出来，强化学生对知识的记忆。

板书能发挥文字、符号、图表的优势，协调听觉和视觉功能，强化"教"与"学"双方的思维。教师写在黑板上的内容，学生大多能特别注意，也容易理解，印象深刻，比一味口头重复、强调、提示效果要好得多。因此，层次清楚、条理分明的板书，可为学生做笔记和复习功课提供极大的方便，从而提高学生的学习效率。

(三)激发学习兴趣，注重艺术熏陶

板书具有直观性和形象性，能够吸引学生的注意力，有效激发他们的学习兴趣。

直观性主要体现在板书内容以文字、符号、图表为主，通过视觉进行信息传递，很容易引起学生的心理活动，比口语授课更具有吸引力。

生动形象、富有创造力的板书很容易吸引学生注意，激发学生学习的自主能动性，让学生投入情感。

板书的艺术美主要包括形式美和内容美。

(1) 形式美主要体现为布局美。板书的布局是给人的第一印象，好的板书应该布局合理，整齐中见变化，合理中见新奇，给人一种和谐、统一的美感。

(2) 内容美主要体现在以下两个方面。

① 情感美。教师与学生双边活动的整个教学过程，实质上就是一种情感交流的过程，

板书在这个过程中发挥了不可替代的作用。

② 简洁美。无论文字、线条、颜色还是版面等，均以简洁质朴为美。

第二节 板书的类型

板书分类的角度不同，则有不同的分类方法。根据板书的重要性，可分为基本板书和辅助板书；根据板书的呈现方式，可分为静态板书和动态板书。这里，我们主要讨论根据表现形式而划分的板书，主要包括提纲式板书、结构式板书、图画式板书、主副式板书及综合式板书五种类型。

一、提纲式板书

提纲式板书，又称逻辑要点式板书、系统性板书，是课堂教学中一种常见的板书。所谓提纲式板书，就是教师根据教学目标将课文内容的逻辑关系总结并提炼，以提纲的形式展现出来。提纲式板书概括性和总结性较强，层次分明、脉络清晰，有利于学生系统掌握课堂知识，也有助于提高学生的分析能力和概括能力。

【案例 6-1】

《桥》板书设计

六年级上册第 12 课《桥》的板书设计(见图 6-1)中，教师采用划分段落并拟小标题的方式，将总结出的精练语言和提纲形式相结合，既概括了课文内容，又体现了洪水肆虐的危机情境，有助于学生体会老汉的大山形象。

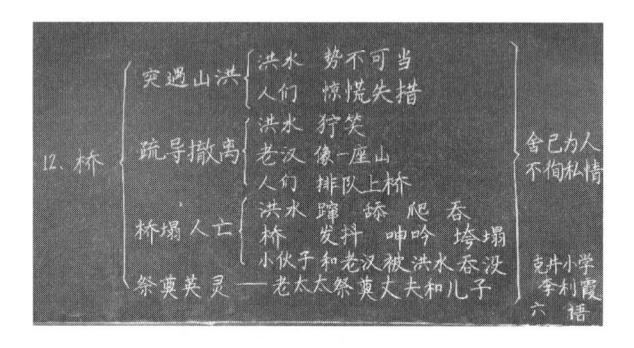

图 6-1 六年级上册第 12 课《桥》板书设计

(图片来源：美篇，https://www.meipian.cn/platform/preview-image/article?mask_id=2ggh9k74&current_index=6，2019-10-15.)

二、结构式板书

结构式板书，是以结构形式反映教学内容的板书，它不需要详细阐述，要求教师将教学内容高度浓缩，并以一定的结构呈现出来。设计这类板书不仅要求教师能准确提炼教学要点，还要能利用线条、符号、图画等构建结构，教师既要拥有过硬的教学功底，还要具备一定的审美创造能力。这类板书最大的特点就是造型优美、直观形象，深受学生喜爱，教师的创造性也体现于这类板书。下面，是几种常见的结构板书。

(一)线索式板书

线索式板书是教师为了突出文章的脉络和作者的思路，根据课文所提供的线索，如时间、地点、人物活动等，按照故事情节的发展过程设计的板书。这类板书思路清晰、脉络分明，便于学生理解，多用于小说和记叙文。

【案例 6-2】

《蜘蛛开店》板书设计

二年级下册第 20 课《蜘蛛开店》的板书设计中，教师以故事发展顺序为线索，展示了课文各阶段的情节，让学生一目了然，很容易地厘清故事脉络，如图 6-2 所示。

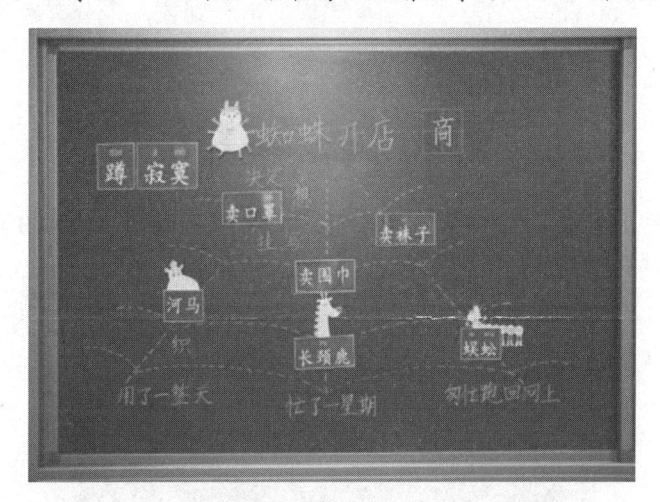

图 6-2　二年级下册第 20 课《蜘蛛开店》板书设计

(图片来源：手机云南网，https://m.yunnan.cn/system/2020/10/21/031057233.shtml，2020-10-21.)

(二)波浪式板书

波浪式板书，是指教师在教学时根据教学内容的波折起伏、高潮层叠、曲尽其妙、引人入胜的特点而设计的波浪式的板书。

【案例 6-3】

《桂林山水》板书设计

四年级下册第 2 课《桂林山水》的板书设计(见图 6-3)中，教师巧妙地利用了波浪式板书的特点，将桂林山的"奇、秀、险"及漓江水的"静、清、绿"的特点，鲜明、生动地展示出来，山与水相互映衬，形成连绵的画卷，有利于激发学生无限的遐想。

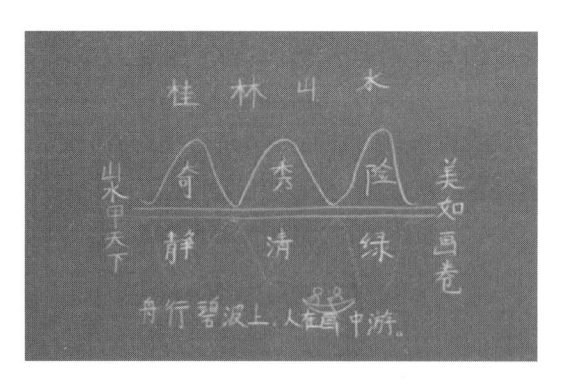

图6-3 四年级下册第2课《桂林山水》板书设计

(图片来源：美篇 https://www.meipian.cn/21osordx，2019-4-15.)

(三)回环式板书

回环式板书，是指教师根据教学内容找出内在隐藏的循环逻辑关系，并将这些内容组合为一个封闭的回环系统的板书形式。回环式板书造型别致，十分有趣，能把复杂的逻辑关系用简单的图形表示出来，令人豁然开朗，体味深思，使学生印象深刻。

【案例6-4】

《麻雀》板书设计

四年级上册第16课《麻雀》的板书设计(见图6-4)中，教师把课文内容和人物用回环式板书的表现手法展现，将复杂的情节简约化，让学生容易理解。

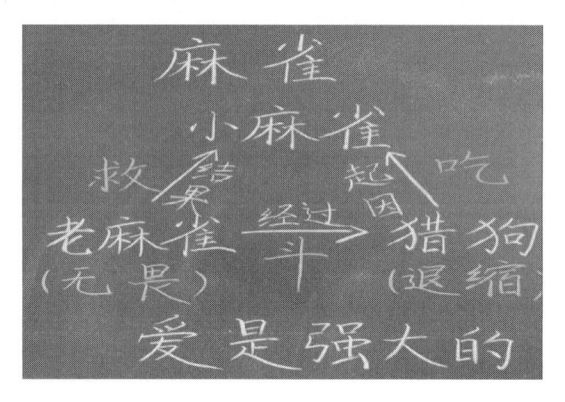

图6-4 四年级上册第16课《麻雀》板书设计

(图片来源：好范文网手机版，https://m.haoword.com/jiaoxueziyuan/sheji/941973.html，2022-3-11.)

(四)辐射式板书

辐射式板书，是指教师根据教学内容找到文章的关键点，并以这个点为中心，由此向四周辐射课文"枝节"；或者将分散的知识点向一个中心聚拢，体现出文章的整体结构。辐射式又称"礼花式"，造型美观，富有观赏性，便于学生发散思维，更好地把握文章的整体结构。

【案例 6-5】

《传统节日》板书设计

二年级下册识字 2《传统节日》的板书设计(见图 6-5)中，教师以课文题目"传统节日"为中心，展开与四周内容的连接，将文章内容形象地呈现出来，便于学生了解春节、元宵节、清明节、端午节、七夕节、中秋节和重阳节这七大中国传统节日，走进延续数千年的中国七大传统节日，感受七大传统节日的文化习俗，激发学生对中华传统文化的兴趣与热爱。

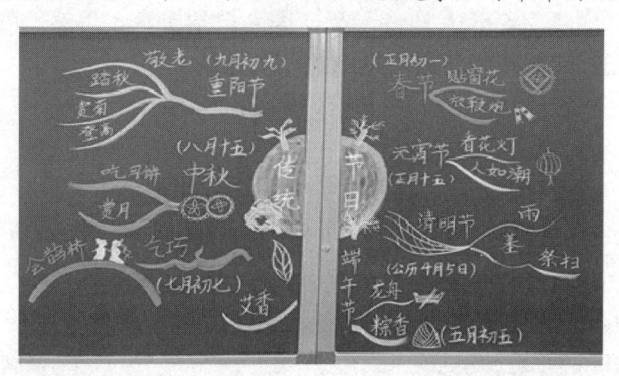

图 6-5　二年级下册识字 2《传统节日》板书设计

(图片来源：新浪头条，https://k.sina.cn/article_3363163410_c875cd1202001au8f.html?from，2022-4-19.)

(五)连线式板书

连线式板书，是指教师根据课文内容提炼出关键的词语或语句，并以一定的逻辑顺序排列，在讲解的过程中，用线条或箭头连接内容，使线索更加清晰。教师进行连线时，可以自然连线，不构成图形，也可以用线条构成一定的图形，操作简便，很受广大教师的欢迎。

【案例 6-6】

《"精彩极了"和"糟糕透了"》板书设计

五年级上册第 20 课《"精彩极了"和"糟糕透了"》的板书设计(见图 6-6)中，教师采用箭头，简洁明了地表示事情发展的过程，让学生一目了然，很容易就能理解课文脉络。

图 6-6　五年级上册第 20 课《"精彩极了"和"糟糕透了"》板书设计

(图片来源：小红书，https://www.xiaohongshu.com/discovery/item/61ba9ef2000000000102c2a8，2021-12-16.)

三、图画式板书

图画式板书，顾名思义，就是教师在教学过程中为了体现课文内容的丰富性，利用一些较为形象的简笔画，将知识结构表现出来。这类板书是要舍形似而求神似，笔法不用过于细致，但一定要揭示教学内容。图画式板书不仅能增加教学的趣味性，还能引导学生把握事物特征，改善课堂气氛，让人耳目一新，提高教学质量。当然，图画式板书需要教师具有一定的绘画功底，能够熟练掌握简笔画的绘画技巧。

【案例6-7】

《圆明园的毁灭》板书设计

五年级上册第14课《圆明园的毁灭》的板书设计(见图6-7)中，教师通过绘制一团熊熊燃烧的烈火激发学生勿忘国耻、振兴中华的爱国情怀，并在火焰中将本节课的知识结构呈现出来，不仅增加了教学的趣味性，还吸引了学生注意，激发了学生的爱国情怀。

图6-7　五年级上册第14课《圆明园的毁灭》板书设计

(图片来源：美篇，https://www.meipian.cn/2geby6gh，2019-10-16.)

四、主副式板书

主副式板书，是指教师通过主板书、副板书两种形式展开教学内容的板书形式。一般来说，主板书展示的是一堂课的教学重点，而副板书展示的则是对某一重点内容的补充或注解。

【案例6-8】

《赵州桥》板书设计

三年级下册第11课《赵州桥》的板书设计(见图6-8)中，教师将赵州桥的主要特点"雄伟""坚固""美观"作为主板书，而将"这种设计"的巧妙之处作为副板书，既明确了教学重点内容，又让学生明晰了"这种设计"的意图与作用，有利于学生学习时把握重点，提高学习效率。

图 6-8　三年级下册第 11 课《赵州桥》板书设计

(图片来源：http://xhslink.com/bOw2ho，2022-4-14.)

五、综合式板书

教学板书一般很少以单一的形式呈现，教师通常会采用以上两三种板书类型来完成板书设计，使板书教学更加完整、丰富，这就是所谓的综合式板书。这类板书能够将与教学目的相关的知识点全面、概括地呈现出来，构成一个可以反映文章结构、内容、写作特点、作者思路的全面性板书，适用于各类课文。

【案例 6-9】

《秋天的雨》板书设计

三年级上册第 6 课《秋天的雨》的板书设计(见图 6-9)中，教师将提纲式板书和图画式板书相结合，以"秋雨"为线索，将秋天众多的景物巧妙地展示出来，描绘了一个美丽、丰收、欢乐的秋天图景。

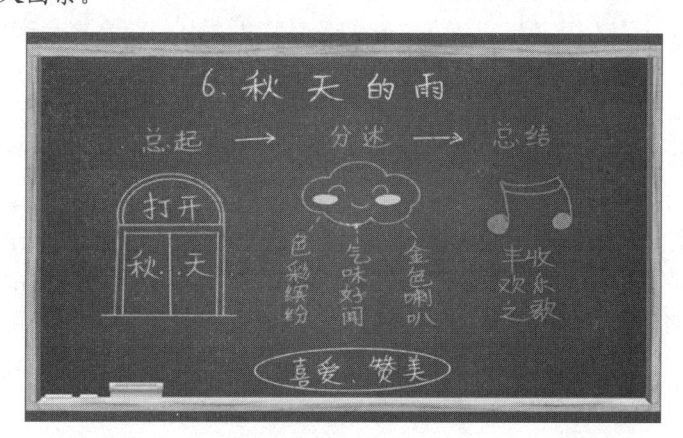

图 6-9　三年级上册第 6 课《秋天的雨》板书设计

(图片来源：小红书，https://www.xiaohongshu.com/discovery/item/6141f6ca0000000001027e34，2021-9-15.)

总的来说，丰富多样的板书不仅能增强教学的艺术性，也体现了教学的复杂性，所以需要教师在进行教学活动时能够灵活地运用各类板书。掌握板书类型不仅是教师进行板书教学的必要前提，也是教师能够设计优秀的板书，有效开展课堂教学的重要前提。

第三节　板书技能的构成要素

教师的板书技能包括板书的设计技能、板书的书写技能、板书的绘制技能及板书的呈现技能四个构成要素，每一个构成要素都有其对应的训练要点。板书的设计技能主要包括把握板书的基本类型、遵循教材内容再加工原则、掌握板书常用符号及明晰色彩对板书的意义四个训练要点。板书的书写技能主要包括掌握粉笔字的写法、掌握汉字的正确笔顺和笔画、灵活运用板书字体三个训练要点。板书的绘制技能主要包括明确版画绘制的要求、合理选择与运用绘制工具两个训练要点。板书的呈现技能主要包括处理好讲解与书写的关系、教学内容的板书呈现顺序和及时适时地擦除板书内容三个训练要点。

一、板书的设计技能

板书的设计技能，是指教师预先对学生需要掌握的教学内容进行选择、安排、设计的技能。王松泉学者认为，板书设计是反映课文内容的镜子，展示作品场面的屏幕，它是教师教学时引人入胜的"导游图"，学生听课时掌握真谛的"显微镜"。教师在上课前应精心设计板书，使之既明确地表现教学内容，又能用美观的板书吸引学生的注意，启发学生的思维。板书的设计技能训练要把握如下要点。

(一)把握板书的基本类型

把握板书的基本类型对教师进行板书设计具有一定的指导作用。这里，我们主要根据板书内容的重要性分为主板书与副板书。它们各具特色，互相结合将会产生全力效应。

主板书是教学内容和教学目标的体现，记录重点、难点及主体内容，往往会保留到一节课的结束。副板书则是对主板书起辅助作用的板书或与教学内容无关，但又必须板书的辅助板书，因此较为随意、零散。副板书可以根据需要，既可在教学过程中随时擦去，也可保留到一节课的结束。

主副板书位置的设计是教学活动的重要环节，一般而言，主板书在空间上占据黑板的中央位置，占据大部分的面积；副板书在主板书的左侧或右侧，占据小部分的面积，不可让副板书与主板书所占面积差不多，这样会造成喧宾夺主。主副板书时可将黑板分为左、中、右三部分。左、右两边是副板书部分，中间是主板书部分。三个部分书写的内容也有所区别。

(二)遵循教材内容再加工原则

教师的板书设计要遵循教材的内容进行有理有据的再创造，从本质上对教材内容进行简洁明了、精确无误的概括。板书的设计必须以教材内容为基点，板书设计前要挖掘教材之根本，只有理解了教材内容，明确了教学目标，才能选择正确的板书类型，提炼准确的教学重点。

此外，教师在理解教材的同时，也要对授课对象(学生)进行全面了解，一般是对学生的心理状况和知识水平进行了解和考察，根据教材内容的特点及学生的学习特点从形式多样的板书中选择最适合教学的内容来进行呈现。只有充分了解了教材内容和学生状况，才能因材施教，设计出针对性较强的板书，增强板书教学的功效。

(三)掌握板书常用符号

通常语文教学板书由文字、图画或符号组合而成，其中，符号有着重要的作用，对板书符号的掌握，不仅可以增加板书的生动性，还有助于进行板书的完善。板书符号起着指示性作用，即表达事物之间的关系。

常用板书符号有以下几种。

(1) 线条：直线、波浪线、虚线等。
(2) 箭头：点箭头、双箭头等。
(3) 括号：大括号、小括号、半边括号等。
(4) 几何图形：矩形、圆形、三角形等。
(5) 其他符号：表格、图示等。

教师在运用板书符号时，一定要明确不同的符号所代表的不同意义。例如，直线代表坚定，可以表示定义或补充说明；波浪线代表跌宕起伏，情节曲折，给人以流动感；虚线代表藕断丝连或假设性、不能肯定的结论；箭头代表方向的指示，可以用作推理；矩形方正，可以总结概念；圆形柔和，可以表示循环；三角形坚实，给人稳定的感觉。

板书设计中借助各种符号可以确切而迅速地表示事物之间的关系，同时还能够表示连接、跳跃、比较、总结、强调等多种含义，而且可以简化文字叙述，使学生一目了然，起到帮助理解、强化记忆的效果。

(四)明晰色彩对板书的意义

传统的教学板书是用白色的粉笔写在黑板上，效果"黑白分明"。其实，板书中除了黑、白两色，还可以利用不同颜色的粉笔进行书写，有醒目和强调的作用。从心理学的角度出发，不同的颜色会给人不同的感觉。红色让人感到热情，可以激发能量；黄色让人感到温暖舒适，让人心情舒畅；蓝色安详，让人产生联想；紫色散发着神秘，使人忧郁。掌握了颜色的情绪效应和象征意义，就可以根据不同的板书内容和教学设计需要设计不同颜色的板书，发挥色彩对板书的辅助作用。

二、板书的书写技能

教师的板书书写必须规范、工整、清晰和美观。这里的板书书写技能倾向于板书的实用性书写技能，并不要求达到书法家的水平。教师写得一手漂亮的粉笔字，通常会得到学生的钦佩、尊敬和模仿，有助于提高教学效率。

(一)掌握粉笔字的写法

由于粉笔的质地、构造、材料不同于钢笔和毛笔，教师使用前应了解粉笔的特点，即短小、易断、酥软、易磨损。因此，教师在书写粉笔字时，要注意经常在手指间转动笔身，否则写出的字就会粗扁、无力。拿粉笔时拇指、食指紧握笔身，笔身与黑板成 30°移动书写，做到头平、身正、足稳，手臂要抬起并弯曲成直角作移动运动，臂肘腕紧密配合，这样写出的字才会遒劲、有力。粉笔字的书写相较于钢笔字、毛笔字的书写难度更大些，对教师的臂力有一定要求，只有经过反复练习，才能在书写时真正做到得心应手。

(二)掌握汉字的正确笔顺和笔画

教师的板书书写一定要遵守汉字的笔顺规则和基本笔画，不写错别字，笔顺和笔画要正确。相关研究表明，板书能弥补学生听力和注意力的不足，纠正书写和练习的典型错误。由此可见，教师板书书写有显著的示范、引导作用。只有教师认真对待汉字每一笔画的书写，才会确保板书书写规范。许多教师的板书书写在达到基本要求后，会提升自身的板书书写要求，希望自己的板书书写能给学生以美感，此时，利用临帖强化训练就不失为一种有效策略。不过，这需要教师花费大量的时间和精力进行实践训练，只有长期的坚持才能获得板书书写技能质的飞跃。

(三)灵活运用板书字体

教师需要根据教材内容选择恰当的字体来表现不同的教学情境。不同字体的灵活运用不仅会收到很好的表达效果，而且会吸引学生的注意力。板书字体的选择和运用会给课堂带来出人意料的积极效果。字体的千变万化不仅给课堂带来无穷的乐趣，而且展现了教师的人格魅力。教师可以利用闲暇时间采用临摹的方式练习不同字体，注意观察、了解各种字体的特征和风格，并在课堂教学中灵活运用字体进行板书。

【案例6-10】
当代教育家魏书生先生的板书字体设计

当代教育家魏书生先生提倡课堂上灵活运用多种字体。他在讲授议论文时，喜欢用仿宋体或黑体美术字写课题；讲解说明文时，习惯用楷书或魏碑体写课题；讲授记叙文时，则喜欢用行书写课题；讲解文言文时，大多用隶书写课题。学生对此很感兴趣，有的学生还会一边看一边模仿。

(资料来源：小红书，https://www.xiexiebang.com/a2/2019051222/43fd610876463d3f.html.)

三、板书的绘制技能

版画，又称简笔画、黑板画，是教师在课堂上以简练的线条，在较短的时间内高度概括地勾勒出各种景物、事物、人物的形象或内在关系的一种绘画。教师的版画绘制不仅体现了其审美情趣，还丰富了学生的想象力和创造力，活跃学生的思维。

(一)明确版画绘制的要求

教师的版画是为实现既定的教学目的服务的，因此教师的版画绘制具有以下三点要求。

(1) 版画的内容一定要紧扣教材内容，不可有逻辑性错误，也不要面面俱到，否则就会使小学生思维混乱。

(2) 版画绘制要有一定的速度，版画的绘制过程是在学生的众目睽睽之下进行的，因此，教师必须要熟练绘制版画，以免造成课堂的延时。

(3) 版画绘制要美观，并不是要求教师绘制的图画栩栩如生，而是要简洁、美观，给予学生以美的感知和享受。

【案例6-11】

《泊船瓜洲》版画

一位小学四年级的语文教师在教授《泊船瓜洲》时，为了让学生对地理方位有一个直观的感知，并对诗词产生浓厚兴趣，于是搭配了一幅简笔画，以画写意，烘托教学情境，如图6-10所示。

图6-10 《泊船瓜洲》简笔画

(图片来源：十二读书，http://mr.baidu.com/r/1704WFJL3fq?f=CP&u=969f7672ff544aed.)

(二)合理选择与运用绘制工具

教师对绘制工具的选择与运用也是影响绘制效果的重要因素。在版画的绘制过程中，一方面，教师通常可以直接选择、运用绘制工具进行绘制，组合搭配直尺、三角板、多功能尺等绘制工具来完成版画作品。另一方面，教师还可以运用一些简单易寻的材料，根据需要对它们进行改良或创造，制作成可供版画绘制的工具。教师根据教学需要制作绘制工具不仅会增强版画的准确性，也能提升板画的整体美感。

四、板书的呈现技能

板书教学是一个动态的过程，教师设计好板书后，最重要的是在课堂中将其呈现出来。在这个过程中，就需要教师处理好各方面的关系，不仅要明确这些板书内容的出现次序，还要考虑到学生的课堂反应，做到发现问题时能及时调整板书，不断完善板书，有条不紊地开展教学活动。

(一)处理好讲解与书写的关系

教师在板书的呈现过程中，最重要的是处理好讲解与书写的关系。在课堂教学中，板书和讲解是不可分割的整体，只有两者有机结合，才能取得较好的教学效果。一般来说，讲解和书写有三种情况：

(1) 先讲后写；
(2) 先写后讲；
(3) 边讲边写。

教师在大多数情况下都是先讲后写，将要点讲解清楚后，再在黑板上加以强调和总结，这样有助于学生巩固知识。要一次性整体呈现的内容，教师则采取先写后讲的方式，这样就能引导学生看黑板进行分析和讲解，让学生形成知识架构。边讲边写的方式适用于需要逐步分段呈现的内容，这样逐步展开，能使学生了解得更透彻。

(二)教学内容的板书呈现顺序

板书是在课堂教学中逐步呈现的，教学内容的呈现顺序也是值得教师进行思考的问题。什么时候出标题？什么时候写总结？什么时候让学生思考？什么时候写出答案……这些问题都需要教师进行思考。板书呈现得过早，学生会觉得很突兀、莫名其妙；板书呈现得过晚，学生又会觉得画蛇添足、多此一举。一般来说，结论性的板书要在逻辑推理后再呈现，这样会让学生感到水到渠成；图画式的板书可以优先呈现，激发起学生的学习兴趣后再进行讲解；注解式的内容要注意随写随擦，它们不宜在黑板上"滞留"过久，分散学生的注意力。

(三)及时、适时地擦除板书内容

板书展开的，要及时、适时地擦除无用内容。不仅板书的内容要及时、适时地呈现，板书内容的擦除也要及时。需要擦除的内容不要"滞留"太久，也不要擦除太快。"滞留"太久会分散学生的注意力；擦除太快学生还没有来得及消化，又起不到板书的作用；主板书应当整堂课都保持，以起到提纲挈领、强化记忆的作用；副板书根据教学需要随写随擦。总之，板书的呈现与擦除都要有一定的安排，要书之适时，言之有序。

第四节 板书技能的训练要点

师范生与新手教师在设计和训练各种类型的板书技能时，应注意以下三个要点：一是增强职业认同感，调动板书技能的训练积极性；二是明确板书要求，认清板书技能练习的"指南针"；三是巧用微格教学，保障板书技能训练的有效性。只有综合把握这三点，才能让板书在教学中有的放矢、行之有效。

一、增强职业认同感，调动板书技能的训练积极性

职业认同感是教师自我成长与专业发展的内在动力，是教师对职业的一种积极认知与态度，它对教师教学技能的训练起着重要的作用。因此，我们在进行板书技能训练时，必须首先激发师范生或教师对于教育的热爱和职业的认同感，让他们树立崇高的职业理想和职业追求。只有增强教师职业认同感，有效调动师范生或教师的学习积极性，才能提高板书技能训练的效果。

二、明确板书要求，认清板书技能练习的"指南针"

要想精巧地设计教学板书和娴熟运用板书技能，需要有一个长期的练习过程。师范生和新手教师开始并不容易设计出高水平、高质量的板书，许多师范生和新手教师难以进行板书设计，或是不确定自己的板书设计是否科学。因此，在进行板书技能训练时，明确板书设计的要求至关重要，板书设计一般需满足以下要求：

(1) 重点突出，具有目的性；
(2) 条理清晰，具有系统性；
(3) 语言精练，具有启发性；
(4) 书写规范，具有示范性；
(5) 生动丰富，具有艺术性；
(6) 及时调整，具有灵活性。

三、巧用微格教学，保障板书技能训练的有效性

教师的板书技能作为发挥新课程中人的因素的重要手段，它不是指向教师的单一素养发展，而是指向教师的综合素养发展。板书技能，是作为未来教师的师范生必须掌握的技能之一。然而，从当前教师教育的整体情况来看，师范生的板书技能培养和训练与其他教学技能相比严重偏弱，甚至已经成为师范生的一大短板。

当前，虽然现代化教学手段日新月异，但板书教学作为传统教学的一种重要方式，仍具有不可替代的作用。微格教学作为师范生教学技能训练的创新模式，近年来也得到了广泛的重视与应用。微格教学的质量与师范生教学技能训练的效果密切相关，因此必须要通过微格教学，加强师范生板书技能训练的力度和强度，切实提高师范生的板书技能。

第五节 板书技能的案例与评析

一、板书技能教案设计

本节所选板书技能教案设计，如表 6-1 所示。

表 6-1 板书技能教案设计

科目：语文	课题：六年级上册第五单元第 17 课《盼》	训练技能：板书技能
训练目标： 通过板书设计，帮助学生理解课文内容，感受作者的心理变化，体会文章是怎样围绕"盼"来描写的，并学会从多方面、多个事例表达中心思想。			

教学背景分析：

1. 教材分析

《盼》是六年级上册第五单元第17课，也是第五单元的第二篇精读课文，共有两课时，本节课是第二课时。本单元是习作单元，其语文要素是"体会文章是怎样围绕中心思想来写的"，习作要求是"从不同方面选取不同事例，表达中心思想"。本文选自作家铁凝的第一本出版小说——《夜路》，作者以孩子的视角记述了得到新雨衣后，盼望下雨以及愿望实现，在雨中穿上了新雨衣的故事，用语言生动地描绘了主人公情感和心理的变化，表达了对新雨衣的喜爱和对下雨天的盼望和喜悦的心情，表现了童真童趣。

2. 学情分析

六年级学生处于少年心理向青年心理过渡的时期，偶尔表现出青年人的成熟，具有一定的理性思考能力，抽象逻辑思维较为完善；也已经具备了自主学习的能力，能够根据自己阅读前提出的问题在阅读中思考并寻找答案，发表自己的看法，自尊心较强，要进行适当的鼓励，对于错误要积极引导并给出正向反馈。

3. 教法分析

教学过程分为四个环节，分别是导入、讲解、总结和布置作业。首先，通过旧知识导入的方法，巩固旧知识联系新知识；其次，讲解时运用叙述性讲解、描述性讲解和启发式讲解相结合的方式，围绕核心问题"作者感情和心理活动有什么变化"形成了"文中围绕'盼'字发生了哪些事"和"文中哪里有作者心理活动的描写或是体现情感的句子"等的问题链，引导学生探究课文；再次，采用总结知识的封闭式结束类型来巩固学习内容；最后，布置了一个稍有难度的模仿创新式的作业，让同学们学以致用。环节与环节之间通过循序渐进由浅入深的问题衔接。

《义务教育语文课程标准》(2022年版)指出："阅读是学生个性化的行为，要珍视学生独特感受，发展个性。"基于这一理念，本节课旨在让学生在阅读实践中自读、自疑、自悟。

时间安排	授课行为预设	学生行为预设	技能构成要素	教学意图
0:00 0:50	一、导入环节 上课，同学们好，上节课我们学习了这篇课文的生字新词，勾画了文中的优美句子。大家还记得吗？ 现在大家以开"小火车"的游戏读一读屏幕上的词语和句子，从你开始。很好，所有同学都读正确了，字音很准，声音洪亮，给自己鼓个掌吧。 同学们，这节课我们分析一下课文，告诉老师这篇课文的课题是？《盼》 (板书"盼")	 积极参与"开火车"小游戏，读屏幕上的词语和句子。 跟着老师齐读课题《盼》。	 引起注意 促进参与	回顾旧知，联系新知，加强记忆。 "开火车"游戏集中注意力，提高学生学习兴趣。 给予学生反馈，激发学习动力。

续表

	同学们，看到课题你们心中有哪些疑问呢？ 这么长一篇文章就一个"盼"字，文中的"我"在盼什么呀？"我"为什么要盼这些？ 是的，老师心中也有这些疑问，没关系，这节课我们慢慢来解答。	学生回答："为什么这么长一篇文章就一个'盼'字？文中的'我'在盼什么呀？'我'为什么要盼这些？"	停顿节奏 沟通思维 激发认知需要 形成学习期待 提问措辞 问题链 合理分配	提出疑问，让学生将疑问转化为探究课文的动力。 围绕课题抛出问题链。
4:00	二、讲解环节 首先，我们要搞清楚这篇课文在讲些什么？我们要知道，一个故事肯定会有起因，那它的起因是什么，中间又经历了什么，最后结果是什么？	带着问题略读课文，读完小组讨论交流。	讲解语言 提问措辞 合理分配	
4:00	现在，请同学们略读一下课文，开始寻找这个问题的答案。 前中后桌三排为一组，思考好后，各组派一个代表的同学举手回答，本节课举手回答正确的次数老师会计分，得分最多的那组，下课后老师会给予奖励。想好的同学可举手回答。 你来，讲得很详细，但是我们概括的时候要注意详略得当。 再找一个同学来概括一下，讲得精练一点。你来……非常好。	学生回答："她的妈妈给了她一件很好看的新雨衣，她很喜欢，希望赶紧下雨，穿上雨衣，但是过了几天都没有下雨，有一天，下雨了，她很开心，想找借口穿雨衣出门玩，但被她的妈妈识破不让她出去，她盼望雨停，雨停了，第二天下雨了，她成功地穿上雨衣出去了。"	形成学习期待 知识联系 沟通思维 提问措辞 合理分配	循序渐进，探究问题由浅入深。 坚持从整体走向局部再回归整理，使学生更容易理解课文，厘清课文结构层次。
6:00	大家刚刚提的那两个问题，现在是不是也可以解决了？第一个问题：这么长一篇文章就一个"盼"字做题目？谁来说说。 很正确，老师来补充完整。全文要表达的中心意思是"盼"，紧扣"盼"字，写了"我"收到雨衣开始盼望下雨，到傍晚下雨了，想出去但没有实现，再盼着雨留到明天下，最后如愿以偿，穿上新雨衣去上学的故事。第二个问题文中"我"在盼什么？ 你来，盼下雨，盼出去，盼雨停。很正确。看来同学们读懂了文中的内容。	学生回答："作者得到了雨衣，盼望下雨，下雨了盼望出门，出不了门，再盼望雨停，留到第二天下，第二天下雨了，小女孩如愿以偿地穿上新雨衣的故事。" 学生回答："盼下雨，盼出去，盼雨停。"	问题链 停顿节奏 明确结论	培养学生团队意识、合作精神。 引导学生善于倾听与质疑的精神，集思广益。 增进同学关系，发现每个人身上的闪光点，学会理性看待人和事。

				续表
12:00	现在，请同学们仔细读一下课文，三分钟时间讨论总结出作者围绕"盼"写了哪几件事，可以给文章划分成哪几个部分。好，看同学们都抬起了头，应该都完成了。 第一个问题：文中围绕"盼"字写了哪些事情？ 很正确，老师要表扬你的概括能力，请坐。 (计分) 作者得到了新雨衣，她就开始盼下雨，然后下雨了，就盼出门，妈妈不让她出门，她又盼什么？盼雨停，雨果然停了，又在第二天下雨了，她最后又如愿以偿地穿上了新雨衣在雨中玩耍了，对吧？(依次板书得到新雨衣，盼下雨，下雨了盼出门，妈妈不让出门，盼雨停，雨果然停了，如愿以偿地穿上新雨衣并用箭头连接) 好，我们大致梳理出了课文的主要内容，根据这些，我们可以把课文分成几个部分？再请同学说一下。第一部分你来说说。 很好，正确。 (计分) ("得到新雨衣"下面标注"1-2")。 第二部分谁来说说？ 请你来读，阅读很认真，划分正确，请坐。对不对？ (计分) ("盼下雨"下面写"3") 第三部分谁来说说？ 正确，请坐，看来你也认真阅读了，很棒(计分)。	学生回答："得到了新雨衣—盼下雨—盼出门—妈妈不让出门—盼雨停—雨果然停了—第二天如愿以偿地穿上新雨衣。" 其他同学表示肯定。 第一部分(1—2段)：妈妈给"我"买了一件新雨衣，"我"爱不释手。 第二部分(3段)："我"开始盼着下雨，可是一连好多天，天空都是晴朗的。 第三部分(4—17段)：一天放学后，果然掉了雨点，"我"找了许多借口，想穿上雨衣到街上去，都没能实现。	问题链 合理分配 问题链 合理分配 停顿节奏 讲解语言 明确结论 讲解结构 问题链	通过奖励增强学生竞争意识，集中注意力，认真思考，增强学习动力与积极性，更好地发挥自主学习的作用，理解课堂内容，提升学习效率。 举例说明，怎样围绕中心意思展开故事，更易理解。 将课文分结构，课文层次清楚，学生更易理解。 定时完成任务，利于培养时间观念，增强注意力和学习效率。

其他同学，你们同意吗？（"妈妈不让出门"下面标注"4-17"） 那剩下的几个自然段是不是最后一个部分？ 是的，请同学们概括一下，这一部分写了什么？ 很正确，请坐。（如愿以偿地穿上"新雨衣"下面标注"18-21"）同学们，看黑板上作者关于"盼"的这些事是不是可以发现作者有喜欢、有难过，心理活动是不是很丰富呀？ 那现在再请同学们默读一遍课文，找一找文中有关"我"的心情的句子，然后请各组找到的同学有感情地朗读出来，并说说作者此时是什么心情。 现在哪位同学找到了呢？这一句作者是什么心情呢？ （计分） "怎么"这个疑问词充分表达了作者的什么？惊讶，对不对？然后对雨衣展开了非常详细的描写，有什么作用呢？体现雨衣的与众不同和作者对雨衣的喜爱。作者收到了一件漂亮的新雨衣，很喜欢，换作你，是不是也很高兴呀？（在雨衣上面板书"高兴"）很好。 再请一位同学读一读，很好，感情很到位。（计分） 看看接下来还有哪位同学找到了呢？ （计分）	学生齐声回答："是。" 第四部分（18—21段）：第二天早晨突然掉下了雨点，"我"兴奋地跑回家，让妈妈帮"我"穿上了新雨衣，走在街上，滴答的雨滴让我欣喜不已。 学生齐声回答："是。" 认真默读，组内讨论积极举手发言。 学生朗读："怎么？雨衣上竟然还长着两只袖筒，不像那种斗篷式的，手在雨衣里缩着，什么也干不了。穿上这件雨衣情况就不同了，管你下雨不下雨，想干什么就干什么。" 学生回答："作者收到新雨衣很高兴。" 带着高兴的心情，更加有感情地朗读句子。 学生回答："太阳把天烤得这么干，还能长云彩吗？为什么我一有了雨衣，天气预报总是晴呢？"	反馈探询 停顿节奏 合理分配 停顿节奏 讲解语言 反馈探询	以新颖、简洁、清楚的板书展示文章大意、主旨和结构。 练习并掌握快速默读的能力。 通过同学们的角色扮演，身临其境地朗读，来体会作者的思想感情。 根据学生知识接受能力的差异，调整讲课方法和进度。

| 20:00 | 读得很有感情,说一说作者是什么心情呢?对,焦急。大家想一想,假如你拿到了喜欢的漂亮新雨衣想干什么呢?是不是很急切地想把它穿上呀?但是雨衣只能在雨天穿,作者在等下雨,但是天气预报怎么说?一直播报晴,对不对?说明了作者等待下雨的焦急心情。
("在盼下雨"下面板书"焦急")
现在,我们再请一位同学带着这种焦急的心情读一读。
感情很充沛、声音很洪亮,同学们说他读得好不好,鼓掌。
(计分)
还有哪位同学找到了呢(计分)?
说一说作者的心情。
开心,同学们,你们同意吗?有没有不同意见?说一说你的理由。作者盼望的雨天是不是来了,她开不开心?怎么看出来的?
对不对?作者运用了什么手法,将路上行人急匆匆地躲雨与"我"慢悠悠地享受雨滴形成了鲜明对比,更体现出"我"对下雨的喜欢。

请一位同学带着兴奋喜悦的心情读一读,很好,感情很饱满。
(计分)
然后发生了什么呢?哪位同学找到了?
读的时候,感情掌握得很好,读出来了,大家说一说有什么感受?
要听英语讲座,妈妈不让她出门,什么心情呀?
难过,很好。
(计分) | 学生回答:"我感觉到了作者很希望快点下雨,有点焦急。"

带着焦急的心情,更加有感情地朗读句子。

学生回答:"天一下子变了脸色。路上行人……雨点儿打在头上,才是世界上最美的事呢!"

学生回答:"等下雨了,她很开心。"

学生回答:"因为下雨了,路上行人为了躲雨,都加快了脚步,而我呢,放慢了脚步,享受着雨点打在身上的美好。"
学生回答:"对比。"

带着兴奋喜悦的心情,更加有感情地朗读句子。

学生回答:"'可是……还差半小时呀。'我嘟囔着,心想,你怎么就不向窗外看一眼呢?"
学生回答:"她的妈妈不让她出门,应该是很难过。" | 及时反馈评价

停顿节奏
讲解语言

反馈探询

讲解语言

停顿节奏

讲解语言

停顿节奏 | 讲解前朗读,讲解后调整朗读,让同学们感受差异,更易掌握课文的感情。

复习旧知识,使学生熟练掌握修辞手法的运用。

从实际生活中得到经验来感悟课文感情,更易学生理解。 |

	大家同不同意？（"妈妈不让出门"下面板书"沮丧"） 还有哪位同学找到了？ 作者是什么感情呢？ 期待和盼望，怎么体现的？ (计分) 很好，请你体会这种感情并朗读出来，大家说感情到位吗？ 老师感受到你的盼望了，请坐。 （"盼雨停"上面板书"盼望"） 这位同学你来， 也是盼望之情，怎么体现出来的呢？正确请坐。 (计分) 还有什么心情没有找到呢？ 你来说， (计分) 从哪看出来的呢？很正确，请坐。 心都蹦出来了，是不是很激动？ 这段话里，作者觉得雨点是什么味道的呢？甜丝丝的，对吧？ 大家知道雨的味道是什么吗？有很多同学说无味，什么时候我们会觉得一个本来没有味道的东西甜甜的呢？ 高兴的时候，是吧，那她觉得甜甜的，是不是可以说明作者现在很高兴呀？	学生齐声回答："同意。" 学生回答："吃过饭……我跑到窗前，不住地朝街上张望着。" 学生回答："她一直看着窗外盼望出去，心情是期待和盼望。" 学生回答："不停地朝窗外张望，希望雨停下来，留到明天下。" 学生齐声回答："到位。" 学生回答："可是雨点……一心想着明天雨点打在雨衣上的事。" 学生回答："也是盼望之情。" 学生回答："一心想着明天雨点打在雨衣上的事。"	停顿节奏 反馈探询 停顿节奏 反馈探询 努力引导 停顿节奏 讲解语言	将学习新知识与学生生活实际紧密相连。
27:00	现在，我们来看最后一个自然段，小组讨论，自行体会本段作者的感情。稍后，我们进行一下角色扮演的小游戏，每组依次进行，演得最好的那组，我们计分。	学生回答："谁知……我的心才又像要从嗓子里蹦出来一样。" 学生回答："激动兴奋。心就像从嗓子里蹦出来一样。" 大部分说没有味道。	知识联系 合理分配 停顿节奏	让同学们通过角色扮演，模仿动作和心理来切实体会作者的思想感情。

36:30	哪组同学准备好了？ 你开始，演得很像对不对，你说说，演的时候感觉作者是什么心情？ (后面几组依次询问，表演结束之后投票选出表演最佳的一组) 好，我们给赢的这组计分。 (计分) 老师说过分析一个人的感情，除了从心理活动上分析，还可以从什么方面分析？ 大家刚刚看他们的表演有什么动作吗？ 课本上表示动作的词语有哪些呢？ 是不是大都表现出来了？ 那是什么在跳跃呢？ 雨点落在雨衣上跳跃。运用了什么手法？ 正确。这段写了作者终于如愿以偿地穿上雨衣在雨中玩耍，开不开心？ 表达了作者怎样的思想感情呢？ (计分) 三、总结环节 很好，现在请同学们看一下黑板，回顾一下我们整理的作者的心情路线图。 (将描述心情的词语用线连接起来) 大家说说心情的两个极点在哪呢？ 正确。心情最低点是妈妈不让出门，感到沮丧，心情最高点是如愿在雨中穿上新雨衣的激动兴奋。 作者的心理活动和情感有什么变化？我们可以用什么词来形容？	学生回答："高兴。" 小组讨论，同学们认真分析。 学生回答："运用了语言、神态、动作描写。" 学生回答："走、甩袖子、跳跃……" 学生齐声回答"是的。" 学生回答："雨点在新雨衣上跳跃。" 学生回答："拟人。" 学生齐声回答："开学。" 学生回答："雨点在雨衣上跳跃，形象、生动地体现出了作者穿上雨衣的高兴和激动的心情，以及对下雨天的喜爱。" 学生回答："心情最低点是妈妈不让出门沮丧，心情最高点是如愿在雨中穿上新雨衣的激动兴奋。" 学生回答："作者从开心到难过再到开心。可以用跌宕起伏、曲曲折折、一波三折来形容。"	 讲解语言 合理分配 停顿节奏 知识联系 问题链 提问措辞 合理分配 问题链 正向反馈 停顿节奏 明确结论 提问措辞 核心问题	 引导学生向中心思想靠拢。 回顾课堂，加深记忆。

| 40:00 | 很好，跌宕起伏、曲曲折折、一波三折。
很好，同学们声音很洪亮，现在看课后的题，给同学们两分钟时间做一下，等会儿老师公布答案，做得最快、成功率最高的那组计分，现在开始。
核对完答案。
(计分)
请大家再齐读一下黑板上的内容。
四、布置作业
同学们，作者围绕"盼"展开了得到雨衣开始盼下雨，下雨后盼出门，不能出门盼雨停，最后如愿以偿地穿上新雨衣的一系列故事，我们知道"盼"是一种心理活动，"怕"也是，所以这次的作业就是让同学们仿照课文围绕"怕"字写一篇300字的作文。
现在公布获奖小组，前两组每位同学得一个精美橡皮擦。
(合照)
其他同学加油，下节课还有哦。
同学们，下课！ | 认真做题，举手回答。

收获奖品，高兴欢呼。 | 反馈探询

知识联系
提供心理准备
概括要点，明确结论
回顾思路，强化方法
组织练习，巩固运用
拓展延伸，迁移运用 | 加深记忆，学以致用。
激发想象，培养创造发散思维。
促进学生从多方面更好地掌握事例，围绕中心思想写作的方法。

激发学生的学习动力。 |

板书设计：

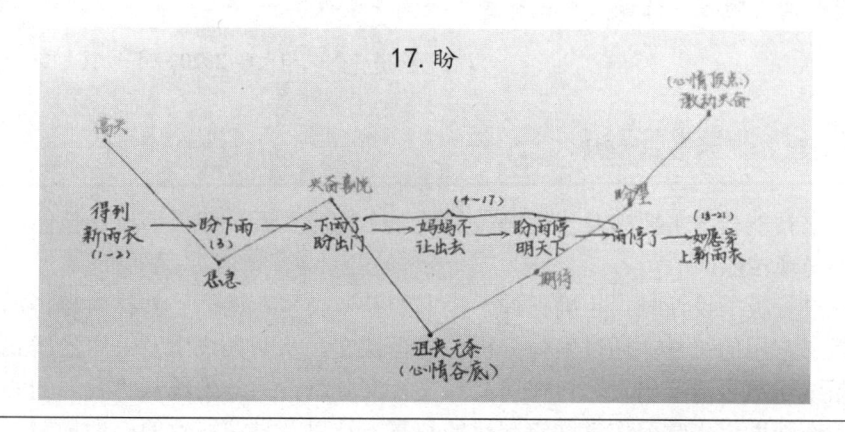

(教案设计者：沈阳大学2020级小学教育专业学生 吴杨.)

二、板书技能案例展示

小学语文统编教材六年级上册第五单元第17课《盼》的板书技能案例展示，扫右侧二维码观看。

(视频提供者：沈阳大学2020级小学教育专业学生 吴杨.)

盼

三、板书技能案例反思

《盼》板书设计的反思与感受

本课节选自铁凝的短篇小说《盼》。在本课设计中，着重从事例描写和心理描写两个方面引导学生体会"我"盼望下雨的心情。让学生通过自主阅读，增强自主学习的意识和分析问题的能力，提升朗读和感悟的水平。教学过程中，设置不同的问题，引导学生把握段落大意，并联系自己的生活体验，理解和感悟文中"我"兴奋—盼望—急迫—担心—喜悦的心理变化过程。

本节课的板书设计也以两条线进行，一条线从故事情节出发，用简短的语句概括每一部分的内容，从"得到新雨衣"到"盼下雨"，再到"下雨了盼出门，但妈妈不让出去，所以我盼雨停明天下，雨停了"，最后"我如愿穿上新雨衣"，帮助学生厘清课文脉络，理解课文主要内容。另一条线从"我"的心理活动出发，体现出"我"的心情在此过程中经历了"高兴—兴奋喜悦—期待—盼望—喜悦"的复杂变化。

板书是课堂教学的灵魂，一个好的板书能起到画龙点睛的作用。然而，在实际的教学过程中，由于本课的问题链安排得有些紧凑，课时分配和把握上存在很大不足，导致我实际的板书书写与呈现和之前的教学设计有所差异，在回忆课文主要内容时未能及时呈现板书故事情节线，最终的板书书写与呈现只是从"我"的心理活动出发，采用连线式板书呈现"我"的心情变化："高兴—焦急—兴奋—沮丧—期待—盼望—激动。"

因此，在今后的板书教学设计与呈现中，我应对板书书写与呈现的时间进行更加合理的预设与分配，把握书写板书的时机，观摩更多的优质课与优秀板书设计，更加注意板书书写的规范性与美观性，让板书真正有益于提高课堂效率。

(案例提供者：沈阳大学2020级小学教育专业学生 吴杨.)

四、板书技能案例评析

上述板书技能教案主要涉及了板书技能的三个构成要素，即板书设计技能、板书书写技能与板书呈现技能。

教师在进行板书设计时，正确把握了板书的基本类型，遵循了教材内容再加工原则，基本掌握板书常用的符号。通过整体分析、感悟课文，从两条线出发采用连线式板书进行设计。一条线从故事情节出发，旨在厘清课文行文脉络；另一条线从"我"的心情活动变化出发，旨在帮助学生学习作者跌宕起伏的叙事方法以及淋漓尽致的心理描写，指导学生学会从生活中的平凡小事提炼观点，善于从生活细节入手描写人物。然而，教师未能充分认识到色彩对板书的意义，只用了白色粉笔进行板书。从心理学的角度来讲，不同的颜色对人有不同的感觉。利用不同颜色的粉笔进行板书，不仅能起到醒目和强调的作用，还能实现板书艺术的色彩美和颜色的板书辅助作用。

教师在进行板书书写时，写字姿势较为端正、规范，字体工整、清晰。相关研究表明，板书能弥补学生听力和注意力的不足，纠正书写和练习中的典型错误。由此可见，本节课教师进行板书书写时遵守了汉字的笔顺规则和基本笔画，没有出现错别字或漏字，整体上看，较为简洁明了。

教师在进行板书书写时，对于教学内容的板书呈现具有一定的顺序性，让学生思路清晰，便于深度学习。然而，教师教学时间的分配不均以及教学机制的欠缺，未能处理好讲解与书写的关系，并将两者有机结合。最终的板书呈现只从"我"的心理活动变化出发，通过连线式板书将"我"在"盼下雨"过程中的心情起伏串联起来，使学生体会"我"的心理过程，并联系自己的生活实际，感悟"我"的心理变化的原因。

在教学反思和感受部分，教师写出了自己的思考设计过程，也认识到实际教学过程中的问题与不足之处，提出需要观摩更多的优质课与优秀板书设计，并通过勤加练习与实践来改进不足。

总之，一个优秀的板书设计应力求在时间上、空间上、逻辑上、艺术上组成一个有意义的、有规律的系统。好的板书是课堂内容的深化和浓缩，并非讲解内容的简单重复，教师应思考如何将讲解内容经过分解、综合、归纳、演绎使板书内容更加系统化，帮助学生更好地完成所学内容的内部构建。

五、板书技能评价表

板书技能的评价主要从板书的设计技能、板书的书写技能、板书的绘制技能及板书的呈现技能四个构成要素入手，将这四大构成要素作为板书技能评价表的评价项目。

板书技能评价表中，各要素占不同的权重，有所侧重，综合发挥作用促进教师板书技能提升。板书绘制技能和书写技能以板书设计技能为基石；板书设计技能需要板书绘制技能和板书书写技能来呈现；板书绘制技能与板书书写技能相互补充。但是，由于板书绘制技能对教师的专业能力要求较高，要求教师在课堂上以简练的线条，在较短的时间内高度概括地勾勒出各种景物、事物、人物的形象或内在关系，不仅体现出其审美标准，还要丰富学生的想象力和创造力，活跃学生的思维。这对大部分教师而言，并不是一件容易的事。因此，板书的绘制技能要素所占权重比板书的设计技能、板书的书写技能、板书的呈现技能三个构成要素低，具体权重如表6-2所示。

教师的讲解与板书是密不可分的。在教师讲解结束后，可以依据表6-2所示的板书技能评价表采取师评、他评、自评相结合的方式。评价的过程也是相互学习、取长补短、共同进步的过程。因此，应重视评价环节，发挥其价值。

表 6-2　板书技能评价

评价项目	优	良	尚可	需努力	权重
1.板书设计技能					0.3
2.板书书写技能					0.3
3.板书绘制技能					0.1
4.板书呈现技能					0.3
意义或建议					

日期_____　任课教师_____
请对以下各项目进行评价，在恰当等级上打"√"。

本章小结

本章通过引入"偏瘫乡村教师改用左手板书坚守讲台 33 年"的案例，生动地阐释了板书技能的重要价值，明确了导入技能的定义、功能、构成要素及训练要点，并结合板书图示，详细地介绍了板书的类型，其主要包括提纲式板书、结构式板书、图画式板书、主副式板书以及综合式板书五种类型，应注意辨别。

板书技能的评价主要从板书技能的四个构成要素入手，将这四大构成要素作为板书技能评价表的评价项目。教师在讲解与板书后，可依据板书技能评价表来进行评价。

思考题

1. 一个好的板书设计需要注意什么？
2. 板书技能的构成要素及其训练要点是什么？
3. 如何在教学板书设计中有效融合多媒体技术与传统板书？
4. 请为《小马过河》设计教学板书。

第七章　识字与写字教学策略与案例分析

本章学习目标

> - 了解识字与写字学段教学要求。
> - 掌握识字与写字教学策略。
> - 灵活运用识字与写字教学策略，设计教学案例，实施教学。
> - 对教学案例中展示的教学策略与教学技巧能主动消化和吸收。

重点与难点

教学重点： 掌握识字与写字教学策略。
教学难点： 灵活运用识字与写字教学策略，设计与实施教学。

识字与写字教学策略
与案例分析

导入案例

《我是小学生》教学实录片段

师：(出示生字卡片："学")小学生，爱学习，你在哪里见过"学"这个字？
生：学校大门口的校牌上。
……
师：学汉字，方法多。看看插图上的小姑娘是用什么方法记住"小"字的？
生：小姑娘是用做动作的方法记住"小"字的。
师：我们身边的小东西实在太多了，你们能举一举例子吗？
生：小草、小花、小鱼、小蝌蚪……
师：老师这里有一首儿歌，我们一起来读一读。(教师边示范诵读，边在黑板上图文并茂地画出小花、小草、小桥、小鸟等图案，学生跟读《小字歌》："竖钩中间立，左点右点分两旁。小花、小草、小桥边，一只小鸟立枝头。"
师：念儿歌，猜字谜，汉字里面有学问，请大家一起猜猜这是哪个字？(出示字谜：像"王"不是王，中竖顶出头。头上有牛角，总也煮不熟)。
生：是"生"字，"王"中竖顶出头，再加一撇就是"生"字。
师：这三个生字组成了一个词语。(师出示词语卡片："小学生")你会读吗？

(资料来源：储竞.基于课程标准的小学语文教学初阶.实施篇[M].上海：华东师范大学出版社，2016.)

启示：

在低年级的识字教学中，教师应根据学生的心理特点，激发学生的识字兴趣，让学生掌握识字的方法，培养学生的独立识字能力。同时，生活还是最好的识字课堂，教师应加强识字与生活间的联系。总之，识字课堂应该是趣味盎然、生动活泼、丰富多彩的。

思考：
识字教学中，教师如何激发学生的学习兴趣？如何设计并实施一节生动、有趣且有效的识字课？

第一节　识字与写字学段教学要求

识字与写字是阅读和写作的基础，不仅是第一学段的教学重点，而且是贯穿整个义务教育阶段的重要教学内容。基于《义务教育语文课程标准》(2022年版)，以下内容明确了识字与写字学段的教学要求，并提供了相应的教学策略。

第一学段(1—2年级)

(1) 喜欢学习汉字，有主动识字、写字的愿望。认识常用汉字1600个左右，其中应掌握800个左右汉字的书写。

(2) 学会汉语拼音。能读准声母、韵母、声调和整体认读音节。能准确拼读音节，正确书写声母、韵母和音节。认识大写字母，熟记《汉语拼音字母表》。

(3) 掌握汉字的基本笔画和常用的偏旁部首，能用硬笔按照基本的笔顺规则写字，注意间架结构，初步感受汉字的形体美。努力养成良好的写字习惯，写字姿势正确，书写规范、端正、整洁。

(4) 学习独立识字。能借助汉语拼音认读汉字，学会用音序检字法和部首检字法查字典。

第二学段(3—4年级)

(1) 会认、会写一定数量的汉字，提高书写速度。对学习汉字有浓厚的兴趣，养成主动识字的习惯。累计认识常用汉字2500个左右，其中应掌握1600个左右汉字的书写。有初步的独立识字能力。能用音序检字法和部首检字法查字典和词典。

(2) 写字姿势正确，养成良好的书写习惯。能用硬笔熟练地书写正楷字，做到规范、端正、整洁。用毛笔临摹正楷字帖，感受汉字的书写特点和形体美。

(3) 能感知常用汉字形、音、义之间的联系，初步建立汉字与生活中事物、行为的联系，初步感受汉字的文化内涵。

第三学段(5—6年级)

(1) 有较强的独立识字能力。累计认识常用汉字3000个左右，其中应掌握2500个左右汉字的书写。感受汉字的构字组词特点，体会汉字蕴含的智慧。

(2) 写字姿势正确，有良好的书写习惯。能用硬笔书写楷书，行款整齐，力求美观，有一定的速度。能用毛笔书写楷书，在书写中体会汉字的优美。

第二节　识字与写字教学策略

一、拼音教学策略

汉语拼音是小学语文学习的起点，离开幼儿园进入一年级的小学生首先接触的就是汉语拼音。因此，汉语拼音的学习是小学语文的入门课，它对后续的语文学习起着至关重要的作用。教师进行拼音教学可以参考以下教学策略。

(一)借助情境图学拼音

汉语拼音字母数量较多，读法、字形上各有特点，对于儿童来说，拼音只是晦涩难懂的抽象符号。

根据皮亚杰的认知发展阶段论，一年级的小学生处于感知运动阶段，以具体形象思维为主，于他们而言，汉语拼音是很难消化的符号。因此，拼音教学首先要让这些符号具象化，易于被一年级学生接受和掌握。

统编教材小学语文一年级上册第二单元是第一个拼音单元，这一单元的每一组拼音都配了一幅情境图，这些情境图既表音又示形，既贴近学生生活又富有童趣，符合学生的心理特点，减小了学习拼音的难度。情境图中的事物含有拼音的音、形元素，而且它们是一一对应的。如《a o e》一课，小女孩在河边练唱发出的"啊，啊，啊"提示 a 的音，女孩儿的头和小辫子所构成的图形提示 a 的形；大公鸡打鸣时发出的声音"喔"提示 o 的音，大公鸡嘴边的小泡泡提示 o 的形；河里的大白鹅正在欣赏自己美丽的倒影，"鹅"提示 e 的音，水中的倒影则提示 e 的形。

汉语拼音第一课《a o e》之后每一课的情境图皆是如此，尤其是在学生刚开始学习拼读音节时，定调有困难，教学时就要从图画入手，让学生说说图上画着什么，然后借助图上"拔萝卜""打靶"等具体事物帮助学生正确拼读音节。因此，拼音教学时要利用教材中现成的情境图，引导学生观察情境图，发现与拼音形状和读音相似的事物，在图画和拼音之间建立联系，以记住拼音的音和形。

除此之外，还可以根据情境图编故事，让静态的图画"动"起来，以激发学生学习拼音的兴趣。而且每一个拼音字母都有其自身的发音特点和拼读规律，因此，也可将所要学习的拼音赋予角色，通过创编故事和营造情境进行教学，让枯燥无味、缺少人性的拼音字母变得生动形象、充满灵性，拉近了学生与拼音字母间的距离。

【案例 7-1】

j、q、x 与 ü 相拼规则的教学实录片段

师：有一天，小熊愚愚(ü)见了好朋友 j、q、x，他高兴极了，连忙要和他们握手。可是转念一想：不行，戴着眼镜怎能和别人握手呢？不太礼貌。于是，小熊连忙摘下眼镜和他们一一握手。

学生拿着字母卡片，边表演边学音节 j、q、x 和小 ü 握手组合的故事。

师：同学们，ju、qu、xu 三个音节发生了什么变化？

生：ü 的两点不见了(生疑惑)。

师：因为当 ü 与 j、q、x 相拼后，ü 的两点要去掉，这就是 j、q、x 与 ü 相拼的规则。借助儿歌再加以巩固一下吧，小 ü 是个好孩子，懂事听话有礼貌，见了好友 j、q、x，忙摘墨镜牵起手。

[资料来源：黄先政，郭俊奇. 小学低段汉语拼音教学难点的化解[J]. 教学与管理，2017(29): 38-39.]

教师讲授 j、q、x 与 ü 组成音节 ü 上两点要去掉这一难点时，先以学生喜欢的童话故事引出，这激起了学生的学习欲望，再引导学生手拿卡片一边读一边演，以发现拼音字母的拼写规则，最后再通过有趣的儿歌来巩固本节课的教学难点，整个教学为学生营造了轻松愉快的学习氛围，让拼音课堂像做游戏一样，学生们将 ü 跟 j、q、x 相拼后 ü 上两点要去掉的拼音相拼规则记得更牢了。

(二)趣味活动中学拼音

低年级的学生普遍活泼好动，无意注意占主导，且注意力不持久，如果再以传统的教师泛读拼音、学生跟读的方式来展开教学，这无疑是机械的、缺乏趣味的，学生难以集中注意力。因此，教师拼音教学时要力求知识性与趣味性的统一。

朗读是学习汉语拼音最基本的方式，除了教师范读、学生跟读，可以运用的方式还有很多，如全班齐读、男女赛读、分小组读、"开火车"读、指名读等。在一堂拼音教学课中，应避免运用单一的朗读方式，而是要采用多种朗读方式进行汉语拼音朗读。如此一来，加强拼音朗读的同时，学生获得了更多的参与感，课堂也变得更有活力。

每一个汉语拼音字母都富有个性，读法、字形皆不相同，仅靠模仿教师的口型来学习，学生很容易遗忘，而且有些字母容易混淆，这时候就需要借助儿歌来强化记忆。儿歌朗朗上口、通俗易懂、富有节奏韵律感，对学生识记拼音字母的音和形是很有效的。例如，在进行发音指导时，通过自编儿歌可以帮助学生练习发音，如"牙齿对齐 i i i，嘴巴突出 u u u，嘴吹口哨 ü ü ü"，学生也可以自己编出富有特色的儿歌，学生通过自己动脑思考编出的儿歌容易记忆，学生也会因此获得成就感，对拼音的学习也会更有信心。教材中也安排了本节课拼音所对应的儿歌，因此要充分发挥儿歌的作用，让学生在朗读儿歌的过程中对所学拼音进行巩固和掌握，在后续的学习中迁移运用。

爱玩是儿童的天性，游戏是儿童最喜爱的活动，与刻板单调的拼音课堂相比，具有游戏性质的课堂就像玩儿一样，学生在这样的环境里学习，可以展现自己、表达自己，使其个性得到了彰显，生命得到了舒展。首先，拼音教学中的自编手指操是帮助学生轻松学习汉语拼音的一种游戏，学生用灵活的十根手指拼成拼音字母的形状，边读边做手指操，进一步强化记忆，同时也培养了学生的动手操作能力，调动了学生的积极性。另外，还可以开展合作学习，让学生寻找伙伴合作，一位同学手拿声母卡片，另一位同学手拿单韵母卡片，相互找朋友一起拼一拼，通过这样的游戏活动，孩子们能够活跃起来，在游戏中自觉地学习，在亲身体验中感受学习汉语拼音的乐趣。

【案例 7-2】

"韵母姐姐来送信"教学实录片段

师：同学们，今天老师给大家带来一个新游戏，想不想玩呀？

生：想！(学生们兴高采烈地回答)

师：游戏叫作"韵母姐姐来送信"，同学们，竖起耳朵仔细听规则哦！哪位同学拼读正确，就可以担任韵母姐姐(或声母哥哥)来送字母卡片，大家边拍手边齐呼"丁零零，丁零零，韵母姐姐来送信"，韵母姐姐问："送给谁？"会读的同学就要举手说："送给我，送给我！"同学们，听清楚了吗？我们先来试一试！

生1：我是韵母姐姐，我要给大家送字母卡片了！

生：丁零零，丁零零，韵母姐姐来送信！(学生们齐声回答)

生1：送给谁？

生：送给我！(学生们纷纷举手回答)

……

韵母姐姐点名让认真的孩子朗读，读对了表扬，读错了由韵母姐姐予以纠正。

[资料来源：应亚珍. 字母角色化：汉语拼音教学的创新实践[J]. 上海教育科研，2016(01)：61-63.]

二、识字教学策略

《义务教育语文课程标准》(2022年版)强调，"让孩子喜欢学习汉字，有主动识字的愿望"。生活是最好的识字课本，是学生学习汉字的广阔空间，因此，教师应创设学生熟悉的情境，让学生在学校和日常生活中运用多种方法来学习生字。

(一)识字教学与具体生动的情境相结合

教育部统编小学语文教材根据学生的年龄特点和心理特征，设计了形象生动、趣味横生且与课文内容相应的插图，教师要充分利用这些插图，为学生创设情境。学生通过这些图文并茂的插图能够发现生字与插图之间的对应关系，自然而然地将生字与具体事物联系在一起，在这个过程中，小学生的识字积极性被调动了。教师还可以利用多媒体技术，如教学课件、音频、视频等，便于直观形象，让学生如身临其境一般。如教学一年级下册《荷叶圆圆》一课时，教师可以将课文中小河、荷叶、荷花等事物的插图搬到大屏幕上，将静态图变为动态图，让学生进入荷叶圆、荷花香的情境，使识字学习更加有趣。

另外，统编教材贴近学生的生活，教师可以创设生活化的情境，充分利用儿童已有的知识、生活经验进行识字教学。识字之前，教师可以先问问学生："这些生字你在哪里见过"，以调动学生已有的知识和经验。例如，教师在教学一年级上册《小书包》中的"书"一字时，可引导学生回忆在图书馆、书店、家等地点见过的书。

生活处处有语文，教师还可以将课文中所学的生字延伸到课外，例如，一年级下册"语文园地"中的"展示台"中有"我在食品包装袋上认识了这些字"，"我在课程表上认识了这些字"。教育部统编小学语文教材的编排意在引导学生留心观察生活，从生活中寻找知识。那么，教师就要充分利用生活资源，为学生搭建学习平台，给予学生自主识字的机会，以激发学生的识字兴趣，力求识用结合、熟能生巧，达到提高识字效率的目的。

汉字是音、形、义的结合体，依据这一特点教师还可以创设字谜情境，在调动学生已有经验的同时让学生开动脑筋，例如，教师在教学"坐"字时就可以编一个小字谜：二人坐在土堆上，通过这一字谜变枯燥的生字为生动、呆板为活泼，学生能够快速记住"坐"字的读音、字形和字义。在这样的情境中识字，学生能够积极参与，兴趣得到了激发，自然也就学有成效了。

(二)识字教学与丰富多彩的游戏相结合

低年级的学生活泼好动，天性爱玩，他们往往对自己感兴趣的事物充满好奇且有着较强的探索欲。在识字教学中，教师需要注重培养学生的学习兴趣，游戏作为符合学生的心理特点且能够极大地激发学生学习兴趣的一种活动，在低年级识字教学中必不可少。因此，要将识字教学与丰富多彩的游戏相结合，让学生在愉快的环境里有效地学习生字。

学生通过游戏能够调动多种感官，在体验识字的乐趣中不知不觉地掌握生字，尤其是具有挑战性和参与性的游戏，学生更愿意融入其中，从而注意力更加集中，识字效果更佳。"生字果树""找朋友""送字回家""闯关识字"等都是识字教学中喜闻乐见、行之有效的游戏。"生字果树"——顾名思义，就是写有生字的果子长在一棵大树上，教师提前准备好大树的图画以及生字果子的卡片，也可以精心制作多媒体课件，游戏开始时，教师出示挂着生字果子大树，然后让学生认读生字，读对了就会摘下果子，也可以让学生以"开火车"读生字的方式摘果子，最后摘果子最多的学生会获得"识字我最棒"的称号。

通过游戏来巩固生字，让学生于游戏中高效掌握生字。"找朋友"——教师将已经学过的合体字分为两部分，让学生通过同桌合作、小组合作来给生字"找朋友"，也就是两两组合，组合得又准又快的小组即为获胜者。例如，教学"种、伙、样"三个生字时，可以将它们一一拆分，变为"禾""中""亻""火""木""羊"六个部件，然后将其分别写在卡片上，由学生一边唱《找朋友》，一边组词。"送字回家"——对生字进行分类时，教师可以通过这一游戏让学生送生字宝宝回家，在这个过程中，枯燥的生字被赋予了生命，使识字教学变得有趣，学生识字的主动性和积极性自然而然地得到提高。"闯关识字"——教师可以设计一系列关卡，如"过小河""找宝藏""走迷宫"等，学生一路过关斩将，最后顺利通关，学生在游戏中获得了成就感，识字愿望更强。

【案例7-3】

《中国美食》教学实录片段

师：接下来，我们进行游戏大闯关，同学们，准备好了吗？

生：准备好了！

师：第一关：报菜牌。同桌互助，正确朗读(报名称)菜肴、主食的实物图卡片与名称卡片，并且将其有顺序地摆放到大纸卡上。

……

第二关：讲菜牌。

师：同学们，你们都喜欢吃什么菜肴或主食呢，它又是怎么制作的呢？

生：我喜欢吃红烧鱼，它是红烧的，"火"+"尧"就是"烧"字。

......

第三关：写菜牌。

师：现在请大家从信封中抽出 4 张卡片，独立完成 4 道看图补充句子的练习题，再将其放回信封，排好顺序。

生：我的是"煎蛋图"，我的妈妈在煎鸡蛋。

[资料来源：韩慧. 小学低年级识字写字教学初探——以二年级下册《中国美食》为例[J]. 语文建设，2021(24)：60-62.]

(三)识字教学方法多样化

教师应综合运用多种多样的识字教学方法，以培养学生的独立识字能力。

1. 旧字认新字法

通过加、减、换偏旁部首来进行识记，即"加一加""减一减""换一换"，这是识字教学中常用的一种识字方法，例如，教师教学"把"字时，可以用"加一加"的方法，"巴"加上"扌"就是"把"。学生掌握这一方法后，识字时能够说出自己是如何记住这个字的，举一反三，那么教师就可以放手让学生有发挥的空间，由学生自主识字，进而培养学生的独立识字能力。

2. 儿歌识字法

儿歌或顺口溜对低年级学生来说简单易懂、记忆方便，让学生识字变得更轻松。例如，教学二年级上册《我要的是葫芦》时，可以编"圭字歌"："淘气娃娃，名叫佳佳，去摘桂花，挂到树杈。掉进水洼，湿了鞋袜，哇哇大哭，吓走青蛙。"这样的方法能够帮助学生辨别形近字和同音字。

3. 随文识字法

随文识字法的特点是"字不离词，词不离句，句不离篇"。首先，教师引导学生发现课文中的生字，然后学习理解生字，最后把生字带到课文中，这就使生字的学习离不开"文"，但要注意对于易混淆、难辨认的生字，教师要进行有针对性的讲解。

4. 集中识字法

集中识字法就是将所要学习的生字集中起来学习，以认识和掌握汉字。集中识字能够让学生快速、大量识字，大批的生字集中学过之后，教师再教学课文的内容，学生往往更容易理解课文内容。另外，教师应在学生的兴奋点进行集中识字，这样识字效果会更好。

5. 字理识字法

中国的汉字博大精深，每一个汉字都有其"昨天"和"今天"，有其历史渊源。识字教学要尊重汉字的特点和造字规律，追根溯源，通过对象形、会意、形声等造字法的分析，运用直观、联想等手段识记字形，以达到识字的目的。例如，一年级上册《日月水火》这一课呈现了 8 个结构比较简单的象形字，识字教学时就可采用字理识字教学法，每个字用图文结合的方法展示，帮助学生理解和记忆，让学生图文对照地理解字义，结合字义识记字形，同时还可以出示生字的演变过程，让学生了解象形字的构字规律，激发学生对汉字的学习兴趣。一年级下册《日月明》——"日月明，田力男，小大尖，小土尘……"，以朗朗上口的短句揭示了会意字的构字规律，即"合二字三字之义，以成一字之义，使人观之而自悟"，学生在朗读中自然而然地感受到了汉字的魅力，也体验到了识字的乐趣。一年级下册《小青蛙》则渗透了形声的造字法，本课"清、晴、情"等生字均为"青"字族的字，体现了形声字"声旁表音、形旁表意"的特点，为学生打开了汉字的神奇世界，学生自然会兴趣盎然。同时，利用形声字的构字规律还可以帮助学生对学过的生字进行分类与梳理，让学生意识到以归类的方式来识记生字也是一种高效的生字学习方法。

三、写字教学策略

《义务教育语文课程标准》(2022年版)强调，应重视学生的写字姿势，引导学生掌握基本的书写技能，养成良好的书写习惯。因此，教师进行写字教学时要坚持能力与习惯并重，即提高学生的书写能力和培养学生的书写习惯两手都要抓，并落实到位。

(一)提高学生的书写能力

提高学生的书写能力关键是教给学生正确的书写方法，让学生在书写实践中习得方法，形成能力。教学书写方法可以分为"察—仿—写—评"四个步骤。

第一步："察。"首先，要引导学生观察汉字的间架结构，是上下结构，上窄下宽，还是上宽下窄；是左右结构，左窄右宽，还是左右均等；是独体结构，字呈三角形还是方形；等等。其次，看这个字的变化，有些汉字变成偏旁以后，笔画会发生相应的改变，要仔细观察。例如，"木"字旁在上下结构的汉字中字形不变，一般位于字的下部；在左右结构的汉字中，"木"字的最后一笔捺变为点。再次，要观察字的主笔，只有找准了主笔，落笔写字才能胸有成竹。最后，观察字的笔顺书写特点，明确书写顺序。学生刚开始写字时容易分家，甚至挤破田字格，所以，要观察字的每个部件在田字格中的位置，要心中有数，为写好汉字打下扎实基础。

第二步："仿。"教师先范写，最好范写两次，第一次范写让学生仔细观察，理解识字口诀，第二次范写时，学生再用手指书空仿写。

第三步："写。"让学生用笔在书上田字格中或者在田字格本上练习书写，可以先在书中田字格描红，然后再书写，描红要求和例字完全重合，仿写要求和例字大小一致。

第四步："评。"在学生书写后可以评一评，评的方式有集中点评和同学互评两种。集中点评是在前面利用实物展台或者电脑，出示几个学生的书写作品，进行集中评价。同学互评是同桌或者小组之间互相评价。

评的内容有以下三个方面：

(1) 字的书写是否正确，没有错误；

(2) 字的书写是否干净，没有涂抹；

(3) 字的书写是否美观，是否按照汉字的书写特点来写，写出汉字的形态美。

在评一评之后，针对学生存在的书写问题，教师要趁热打铁让学生及时修改，加深印象，避免出现同样的错误，以提高书写质量。

通过以上系统的四个步骤，学生可以很好地掌握书写方法，理解汉字之美，并使之内化于心。随着学生年龄的增加，还可以开展书法比赛，学生获得书写成就感的同时能够进一步感受汉字的形体美。

(二)培养学生的书写习惯

正如叶圣陶老先生所说，教育是什么？往简单方面说，只需一句话，就是要养成良好的习惯。写字教学除了要教给学生正确的书写方法，形成书写能力，还要注意培养学生良好的书写习惯，做到正确的坐姿、执笔姿势，不涂抹，保持页面的整洁。正确的写字姿势不仅有利于学生写出一手好字，还能促进学生的身体健康。因此，学生书写生字时，教师可以出示正确的坐姿图片和执笔图片，让学生学会正确的写字姿势。此外，还可以出示写字姿势儿歌，如"身正、肩平、臂开、足安，胸离桌子一拳远，手离笔尖一寸远，眼离本子一尺远"，让学生边说边做，强化正确的写字姿势。教育部统编小学语文教材也编排了"书写提示"板块，例如，一年级上册《语文园地一》："坐端正，握好笔"，教师要充分利用这一板块，对学生的书写姿势给予指导。平时书写练习时教师要勤巡视，纠正学生的不良姿势，提醒学生写字要专心致志。另外，教师自身要以身作则，练就漂亮的粉笔字。

学生书写习惯的养成要反复督促，从学生刚入学时就落到实处，为之后的学习打好基础，中高年级时更要强调书写姿势的重要性，让学生不仅能书写轻松自如，还能身姿挺拔。

【案例7-4】

写字教学实录片段

1. 指导独体字"雨"在田字格中的书写。

师：同学们，你们边看老师写"雨"字，边数数它有几笔？第3笔是什么笔画？

生：共8笔，第3笔是"横折钩"。

师：仔细观察，哪一笔在田字格中的位置很重要？

生：第4笔"竖"，要写在竖中线上。

(生边说笔画、笔顺，边书空"雨"字)

师：在田字格里描一描"雨"字，注意写字、握笔姿势。

(生描写"雨"字)

(教师借助实物投影，评价学生的描写表现，注意鼓励与肯定)

2. 指导部首"雨字头"在田字格中的书写。

师：同学们，你们仔细观察"雨字头"，你觉得和"雨"这个字有什么不一样？

生：第2笔"竖"变成了"点"；第3笔"横折钩"变成了"横钩"。

师：再仔细观察"雨字头"，它在田字格的位置和独体字"雨"有什么不一样呢？

生："雨字头"要写在田字格的上方；"雨"是写在田字格的居中位置。

师：还要提醒大家，写"雨字头"的时候，要写得扁一点，但也要注意左右对称。下面，看老师来写这个"雨字头"。

(师范写"雨字头")

(生描写"雨字头")

(教师巡视，纠正学生的写字、握笔姿势)

3. 指导生字"雪"在田字格中的书写。

师："雪"是什么结构的字?

生：上、下结构。

师：写上、下结构的字，要注意上、下两部分不能分得太开。大家看老师写一遍。

(学生观察老师的书写)

师：仔细看看，写这个"雪"字时，有哪些要注意的地方？

生："雨字头"要写得扁一点、宽一点；第 4 笔"竖"还是写在竖中线上，但不能太长。下半部分要靠拢"雨字头"。

……

师：同学们观察得很仔细，请你们试着描写一个。

(学生在领写员的带领下，描写第一遍；教师巡视，并找出写得规范漂亮的和写得不规范漂亮的学生作业，借助实物投影，请学生点评；学生再描写第二遍)

(资料来源：储竞. 基于课程标准的小学语文教学初阶. 实施篇[M]. 上海：华东师范大学出版社，2016.)

教师的书写基本功在低年级的写字教学中显得尤为重要。教师的引导和示范，在一定程度上关系到学生书写的字形是否规范、漂亮，在上述案例中，教师通过讲解和范写，让学生看清了起笔、行笔、收尾的全过程。学生通过观察，明确了书写要点，书写时也就胸有成竹了。

第三节　识字与写字教学案例与分析

一、教学案例

《树之歌》教学实录

教学对象： 二年级学生

教学内容： 二年级上册第二单元识字 2

教材分析：《树之歌》是教育部统编小学语文教材二年级上册识字单元的第二篇课文。这是一首以"树"为主题的识字儿歌，描写了杨树、榕树、梧桐树、枫树、松树、柏树、木棉树、桦树、银杏、水杉和桂花树等 11 种树木，表现了大自然树木种类的丰富。本单元是识字单元，对课文内容理解的要求与课文单元不同，重点应该放在识字写字上，在积累与树有关的带"木字旁"生字的同时，引导学生发现汉字规律，运用形声字形旁表意，声旁表音的特点归类识字。识字的过程中还能够了解树木的种类和特点等自然常识，感受大自然的丰富多彩、美丽神奇。

学情分析： 通过一年级的学习，学生已经掌握了一些带有"木字旁"的生字，并初步了解了形声字的特点及规律，所以学生学习本课生字有一定的基础。虽然生字数量较多，但是很有特点，大多是左、右结构木字旁的形声字，所以相对比较容易。本节课中所讲的树木很多都是日常生活中常见的，所以学习起来也比较容易。但也有生活中不太常见的，它们身上的自然常识极容易激发学生的好奇心和学习兴趣。因此，教学中可以利用儿歌朗朗上口的特点激发学生浓厚的学习兴趣，结合不同树的相关知识调动学生的学习热情，并掌握偏旁归类的识字方法。

教学目标：

1. 正确认读"杨"等生字，会写"杨、柏"两个木字旁左、右结构的生字。

2. 采用加一加、归类识字、形声字识字等多种识字方法认识生字，并通过图文结合的方式认识各种树木，了解其特点。

3. 通过多种识字方法提高对识字的兴趣，同时感受大自然树木种类的丰富。

教学重点：朗诵、背诵儿歌，利用形声字特点掌握木字旁的 8 个生字，并了解树木的特点。

教学难点：理解课文内容，认识各种树木并了解其特点。

教学方法：

1. 情境创设法

2. 字理识字教学法

教学流程：

(一)字谜导入，激发兴趣

1. (字谜导入)同学们，上学期我们学过一则字谜。"左边绿，右边红，左右相遇起凉风。绿的喜欢及时雨，红的最怕水来攻。"你们还记得谜底是哪个字吗？

2. (揭示谜底)谜底就是秋天的"秋"字。

3. (出示第二则字谜)今天老师又给大家带来了新的字谜，看看哪个聪明的小朋友能猜到谜底。"又来到了村里"，你知道是什么字吗？(学生自由发言，说说自己知道的树。)

4. (揭示谜底，引出树)答案就是"树"字。树是我们人类的好朋友，说说你都知道哪些树？

5. (出示熊出没图片)今天王老师带领大家走进有熊出没的树林，学习一首《树之歌》，去那里认识更多的树，好不好？拿出你的手指笔和老师一起书空课题。

【设计意图】字谜导入新课，不仅可以激发学生对课文的学习兴趣，还可以拉近文本与学生之间的距离。

(二)初读课文，读准字音

1. (范读课文)下面听老师范读课文，注意听清字音和停顿。

2. 想不想自己试着读一读呢？老师看到许多同学已经跃跃欲试了，下面，请大家用自己喜欢的方式自由地朗读课文吧！

3. (圈树名)这篇儿歌中藏着许多树朋友，你能找到并把它们圈出来吗？请你默读课文，圈出儿歌中树木的名字。

4. (汇报)你找到了哪些树朋友呢？快大声地叫出它的名字吧！

5. 你们真了不起，我们找到了 11 种树木，可是想走进森林认识它们并和它们成为朋友可不是一件容易的事情。熊出没家族为了考验我们，为我们带来了识字大闯关，你有信心闯关成功吗？

【设计意图】初读课文，通过圈画文中的树名，让学生对文本内容和文中介绍的树木名称有初步的了解。熊出没家族的情境设置，可以充分地调动学生学习的积极性。

(三)多种形式，闯关识字

第一关——图文识树

1. 对照图片，你能借助拼音说出这些树的名字吗？谁能做小老师来领读？

第一位树朋友是杨树，杨树最突出的特点就是"高"。

2. 第二位树朋友也迫不及待地和大家见面了，它就是"榕树"。你们见过榕树吗？

(资料袋介绍榕树)榕树的枝条可以向下长出气根，气根再形成新的树干。这样，原本的树干更加粗壮了。所以，我们说"榕树壮"。

3. 下一位树朋友特别神秘，猜猜它是谁？(梧桐树)说说你是怎么猜到的？因为梧桐树叶像手掌。你们可真厉害！

4. 下一位树朋友穿着最鲜艳的衣裳，它就是枫树。谁来领读？

美丽的枫叶纷纷落下，难怪大诗人杜牧曾说："停车坐爱枫林晚，霜叶红于二月花。"

5. 接下来，有一对好朋友和枫树不同，它们一年四季都披着绿色的衣裳，它们就是松树和柏树。全班拼读，男生读，女生读。

同学们，你们有什么好办法记住"松"字吗？

6. 但是，也有一对常年见不到的朋友，它们就是木棉和桦树。谁愿意做小老师来领读。什么原因让它们见不到面呢？你能用课文中的话回答吗？是呀！它们一个在南一个在北，所以常年见不到面。

7. 下一对好朋友有一个共同的名字叫作"活化石"，这是因为银杏和水杉在很早很早以前就存在了，一直到今天。和老师一起读"银杏""水杉"。

8. 最后一位树朋友长得特别漂亮，它就是金桂。也就是桂花树，因为它的颜色是金色的，所以我们叫它金桂。你们有什么好办法记住"桂"字吗？这些树木你都认识了吗？看来第一关根本难不倒你们。

【思政融入】有些树木远离孩子们的生活，教师通过实物图片的展示、相关资料的介绍，使学生更加热爱大自然，科学的求知态度的渗透，跨学科知识的融合，有利于拓展学生的知识面。

第二关——摘帽识树

熊二看到第一关难不倒你们，就把难度升级了，为我们带来了第二关——摘帽识树。

1. 当去掉拼音帽子和图片，你还能叫出它们的名字吗？

2. 看来第二关也难不住你们！

第三关——火眼金睛

1. 请仔细观察这些树木的名字，你有什么发现吗？

你发现了它们字形里的秘密，都有木字旁，你有一双火眼金睛。

2. 再读一读，它们的读音有什么特点呢？我们先读这三个(梧、桐、枫)右边的部分，再读这个字。你发现了什么？

3. 再看右边这三个字(松、柏、桦)，还是先读右面的部分再读这个字，你又有什么发现呢？

4. (总结)像这样一边的木字旁提示它们都是树木，另一边提示我们它们的读音，这样的字，我们叫作形声字。

5. 今后如果你遇到不认识的形声字可以怎样猜它的读音呢？

用看声旁的方法猜一猜这些树叫什么名字！

6. (总结新方法)我们把带木字旁的字像这样放在一起的识字方法叫作归类识字法。

第四关——巧识生字

除了这些树的名字，儿歌中还隐藏一些生字宝宝呢，快让我们认识认识它们吧！

1. 这个字读"壮"，课文里有一个字和它长得很像，就是服装的"装"，你怎么记住"壮"字呢？老师这里还有一个好办法，请大家看动画("壮"字视频)，你记住了吗？

2. 梧桐树也为我们带来了生字宝宝，这个字读"掌"，怎样记住"掌"字呢？梧桐树叶像手掌。像这样的句子，我还会说柳树枝条像什么？银杏树叶像什么？

3. 桦树带来两个生字宝宝呢？这是"耐"字，你有什么好办法记住"耐"字吗？来看看老师为"耐"字找了哪些朋友呢？

4. 桦树还为我们带来了生字宝宝，那就是"疆"字。我们一起看一看"疆"字是怎么来的？

像这样根据汉字造字原理识字的方法我们叫作字理识字法。

最后一关——看谁反应快

1. 我们采用抢读的方式，看谁把字读得又快又准。

2. 恭喜你们闯关成功！你们可真棒！快来伸出小手为自己鼓鼓掌吧！

【设计意图】识字环节通过让学生先观察后找规律，培养学生自主识字能力，同时掌握汉字的构造规律，帮助他们在今后的学习中运用形声字的构字规律大量识字，增加识字量。闯关游戏使学生在愉快的氛围中完成了学习任务。

(四)再读课文，读中巩固

1. 调皮的生字宝宝跑回了课文中，让我们轻轻端起书再来读一读吧！杨树高，齐！

2. 下面男生一行，女生一行，比赛看谁读得好。

3. 诵读儿歌有多种方法，我们还可以用拍手的形式朗读，注意听清老师的节奏。(拍手示范)你能像这样把这首儿歌读出来吗？

4. 儿歌我们都会读了，你能试着把它背诵下来吗？我们跟随着音乐一起试着背诵一下吧！

【设计意图】学生通过多种形式的朗读，可以深入理解课文内容，同时为学生背诵课文做准备。低年级段的孩子的注意力不能长时间集中，设计欢快的节奏进行朗读，帮助孩子记忆课文的同时，也可以使学生身心放松，精神愉悦。

(五)指导书写，展示评价

1. 这节课我们认识了这么多生字，你们能把它们漂亮地写出来吗？

(指导"杨"字)我们知道写字有"四看"：看结构、看宽窄高低、看关键变化、看范写。

范写"杨"字，巡视指导，拍照展示。

2. (指导"柏"字)利用"四看"，"柏"字书写时要注意什么呢？

范写"柏"字，巡视指导，拍照展示。

孩子们，其实在这片树林里还隐藏着一棵树呢！这节课我们学习了这么多识字方法，如果你能把它们种在我们的小脑袋里，用它们认识更多生字，那么，老师相信我们一定能种出一棵属于我们的小小智慧树！

【设计意图】写字指导是语文教学中不可缺少的一部分。指导孩子正确的书写方法，注意写字姿势，培养良好的书写习惯，帮助学生正确书写、记忆本节课要求掌握的生字。

【思政融入】汉字是中华民族文化的精粹，也是文化传承的一种重要载体。在语文学习中，学好识字与写字，是建立文化自信的一种重要途径。中国人，写好中国字，将中国优秀的传统文化加以传承和发扬，尤其是讲清汉字的演变过程，明晰字理，可以使学生更好地理解中国的文化。

(六)板书设计

"树之歌"板书设计，如图7-1所示。

图7-1 "树之歌"板书设计

(案例提供者：沈阳市和平一校长白岛一分校 王宇航.)

二、案例分析

低年级学生识字时主要用到的是记忆力和观察力，有了兴趣和情感的加持，为学生主动记忆和主动观察提供了动力。因此，在识字教学中，教师应遵循儿童的心理特点来设计并实施教学，调动学生识字的热情，让学生有主动识字的欲望。教师可以创设学生喜欢的、熟悉的情境，组织游戏活动等方式充分激发学生的识字兴趣，让学生感受到识字的乐趣，愿意主动识字，爱上识字，爱上学习语文。同时，教师的教学语言也很重要，对于低年级的学生来说，教师教学语言的生动与有趣往往能对学生参与课堂起到重要的引导作用。上述案例中教师的教学语言生动且富有童趣，学生自然会全身心地融入课堂，愿意跟随教师的脚步，一步一步探索新知。对二年级的学生来说，单纯的认字比较枯燥乏味，教师根据二年级学生的年龄特点，应设计富有层次的识字活动。

(一)积极创设丰富多彩的教学情境，发挥学生的主体性

本单元是识字单元，设置了不同的识字主题，引导学生在不同的语境中识字学词，教学重点在识字写字上，重点引导学生发现汉字规律，进行归类识字。在这节课中，教师教学重点突出，教学设计有梯度、有方法、有操练。

(二)聚焦单元语文要素，强化识字方法

本节课教学手段多样，多种练习形式，通过男生读、女生读、闯关读等教学活动，逐步认识字音、字形，并且在情境中去学习，调动多感官协调参与，让学生在生活中识字，在游戏中识字，运用他们已经熟知的语言材料认识词语，大大地提高了识字教学的效率。

古语说得好，"授人以鱼，不如授人以渔"。教师在教学生学习生字的同时，更重要的是要教会学生学习生字的方法。教师在识字课堂中恰当地运用多种识字的教学法，为学生积累识字方法、提高独立识字能力提供了有力支持。上述案例中的教师采用图文结合识字法、字理识字教学法、加偏旁、减偏旁、换部首的方法不仅教会了学生如何认知，而且教会了他们识字的方法，为今后形成自主识字能力打下了坚实的基础。

总之，教师在开展识字教学时应贯彻语文课程标准中的识字教学的理念，充分考虑学生的心理特点，设计并实施有效且有趣的识字课堂，为学生的阅读与写作做好"地基"工作。

本章小结

本章通过引入"《我是小学生》识字教学"的案例，生动阐释了识字与写字课堂的知识性与趣味性相统一的特点，明确识字与写字的学段教学要求，详细介绍了识字与写字的教学策略，并对识字与写字教学案例进行了评析。

思考题

1. 识字与写字教学策略有哪些？
2. 请设计一份识字与写字课教案。
3. 你认为识字与写字是否能融在一起进行教学？
4. 识字与写字教学如何把握趣味性与知识性的统一？

第八章 阅读与鉴赏教学策略与案例分析

本章学习目标

- 了解阅读与鉴赏学段的教学要求。
- 掌握不同文体阅读、单元整体阅读和整本书阅读的教学策略。
- 能够灵活运用阅读与鉴赏教学策略,设计不同文体阅读、单元整体阅读、整本书阅读教学案例,在案例中体会教学策略的应用。
- 初步运用不同文体阅读与鉴赏、单元整体阅读与鉴赏和整本书阅读与鉴赏教学策略。

重点与难点

教学重点: 了解并掌握阅读与鉴赏的相关教学策略。
教学难点: 灵活运用阅读与鉴赏教学策略,设计并实施教学。

阅读与鉴赏教学策略与案例分析

导入案例

阅读,精神向度的拓荒

读书是一件尤其惬意、放松之事。儿时爱读小人书,可小人书并不好找,月月去书店寻觅,一旦购得心仪的书,就"见书喜欲狂"(陆游语)。但又怕一下子翻完,只好自我限定页数,以期多"撑"两天。直到10多岁,常读《格林童话》《故事大王》,还有《施公案》《封神演义》等,每日搜罗奇闻逸事,偶尔寻章摘句,稍作卖弄,逍遥快活。

记忆深刻的是第一次读《西游记》原著,篇篇生字、处处律诗,居然读得津津有味。怎么读呢?说来也简单:稍见书中凡有"以诗为证"云云,一概跳过;遇到"万壑争流""岚气幽幽"等景色描写,自动屏蔽;只挑那些对白、情节、打斗的场面看。即使如此囫囵吞枣,也足够惬意一个暑假。神魔小说之瑰丽想象,叫人思接千载,视通万里。唐僧之慧,悟空之力,八戒之谐,沙僧之忠,对塑造男孩的精神宇宙往往不可替代。其他名著如《三国演义》《水浒传》,也如此效法,均"生吞活剥"之。

启示:

阅读与鉴赏正是培养语文核心素养的重要途径之一。阅读,正是迈向精神的拓荒,一本本书就像一个个潮头,一页页书就像一朵朵浪花,书上的字便是一颗颗晶莹的水珠。而要读出真意,则需要用心鉴赏,描摹文字,编织思绪,刻下岁月石经中的层层痕迹,收获思想与灵魂的富裕与升华。

> 思考：
> 教师如何把阅读的乐趣带给学生，让他们爱上阅读、学会鉴赏？怎样设计出体现语文核心素养的阅读与鉴赏教学？
>
> (资料来源：阅读，精神向度的拓荒. 中国教师报，2022.04.06.)

第一节 阅读与鉴赏学段教学要求

阅读是人们获得信息的重要途径和手段，是人成长发展不可缺少的组成部分，人的学习、生存、生活都离不开阅读。阅读不仅是阅读者对阅读材料的提取，还是阅读者与阅读材料的对话，以及阅读者对阅读内容的理解、感悟和自我创新。2022年4月，《义务教育语文课程标准》(2022年版)正式发布，标准明确指出"阅读与鉴赏"作为四大语文实践活动之一，是语文教学的主线。这也说明了阅读教学不光是简单教学生如何阅读文章和了解基本的文本信息，更要让学生学会感受文章的文化特点、鉴赏文章的语言文字、体会文章的情感内涵、理解文章的思维逻辑。

对《义务教育语文课程标准》(2022年版)和教育部统编小学语文教材梳理后罗列了目前教材中阅读与鉴赏领域的学段教学要求，以便直观了解小学语文阅读与鉴赏所包含的内容。

第一学段(1—2年级)

(1) 喜欢阅读，感受阅读的乐趣。学习用普通话正确、流利、有感情地朗读课文。学习默读。

(2) 结合上下文和生活实际了解课文中词句的意思，在阅读中积累词语。认识课文中出现的常用标点符号，在阅读中体会句号、问号、感叹号所表达的不同语气。借助读物中的图画阅读。

(3) 阅读浅近的童话、寓言、故事，向往美好的情境，关心自然和生命，对感兴趣的人物和事件有自己的感受和想法，并乐于与他人交流。诵读儿歌、儿童诗和浅近的古诗，展开想象，获得初步的情感体验，感受语言的优美。

(4) 尝试阅读整本书，用自己喜欢的方式向他人介绍读过的书。养成爱护图书的习惯。

(5) 积累自己喜欢的成语和格言警句。背诵优秀诗文50篇(段)。课外阅读总量不少于5万字。

(6) 和大人一起读儿歌、寓言、童话、图画书等多种形式的阅读材料，体会阅读的乐趣。

(7) 积累并运用表示动作的词语。借助图片或关键词，了解课文内容。能提取明显的信息，再交流。

(8) 了解数量词的不同用法，能在生活情境中恰当运用数量词。

(9) 了解关键词句的意思，能用指定的词语写句子。借助关键词句，理解课文内容，讲讲故事。能针对问题，说出自己的感受或想法。

(10) 能联系上下文和生活经验，理解词句的意思。展开想象，用自己的话说说诗句描绘的画面。

(11) 能根据情境展开想象，仿照课文相关段落或语句把想到的内容写下来。能根据提示，利用提供的词语编故事。

(12) 阅读富有童趣的图画书等浅易的读物，体会读书的快乐。阅读、朗诵优秀的儿歌集，感受儿歌的韵味和童趣。阅读自己喜欢的童话书，想象故事中的画面，学习讲述书中的故事。

(13) 综合运用多种方法自主识字、自主阅读，读懂课文。

第二学段(3—4年级)

(1) 用普通话正确、流利、有感情地朗读课文。初步学会默读，做到不出声，不指读。学习略读，粗略知道文章大意。

(2) **联系上下文**，理解词句的意思，体会课文中关键词句表达情意的作用。能借助字典、词典和生活积累，理解生词的意义。在理解语句的过程中，体会句号与逗号的不同用法，了解冒号、引号的一般用法。

(3) 初步把握文章的主要内容，体会文章表达的思想感情。学习圈点、批注等阅读方法。能对课文中不理解的地方提出疑问，乐于与他人讨论交流。

(4) 复述叙事性作品的大意，初步感受作品中生动的形象和优美的语言，关心作品中人物的命运和喜怒哀乐，与他人交流自己的阅读感受。诵读优秀诗文，注意在诵读过程中体验情感，展开想象，领悟诗文大意。

(5) 阅读整本书，初步理解主要内容，主动和同学分享自己的阅读感受。能感受课外阅读的快乐，乐于与他人分享课外阅读的成果。

(6) 积累课文中的优美词语、精彩句段，以及在课外阅读和生活中获得的语言材料。背诵优秀诗文50篇(段)。养成读书看报的习惯，收藏图书资料，乐于与同学交流。课外阅读总量不少于40万字。

(7) 能关注有新鲜感的词句并与同学交流，借鉴课文的表达仿说或仿写。

(8) 有感情地朗读课文，背诵指定的课文段落，摘抄自己喜欢的句子。

(9) 能留心观察生活，仿照课文或"阅读链接"，写出自己看到的景色。

(10) 默读课文，能了解故事的主要内容。能对文中的人物作出简单的评价。

(11) 能展开想象，体会人物心情的变化。分角色朗读课文，能读出相应的语气。

(12) 能边读边想象，感受童话的奇妙。能把自己融入故事中，设身处地、感同身受地阅读童话。

(13) 能一边阅读一边预测，知道预测有不同的角度，预测要有一定的依据，预测的内容跟实际内容可能一样，也可能不一样，初步感受预测的好处和乐趣。能将自己的预测与实际内容进行比较，及时修正自己的想法。

(14) 能结合注释，理解诗句、文言文的意思。想象古诗中描绘的景色，用自己的话说出诗句的意思。

(15) 能结合生活实际对故事发表自己的看法。能结合自己的阅读体验，梳理、总结对寓言的体会和认识。

(16) 默读课文，能借助关键语句概括一段话的大意，读懂课文内容，感受观察和发现带来的乐趣。

(17) 阅读表现英雄模范事迹的图书，如《小英雄雨来》《雷锋的故事》等，讲述英雄模范的动人故事。阅读儿童文学名著，如《稻草人》《爱的教育》等，感受作品传达的真善美，用自己喜欢的方式讲述故事大意。阅读中国古今寓言、中国神话传说等，学习其中蕴含的中华智慧，口头或书面分享自己获得的启示。

第三学段(5—6年级)

(1) 熟练地用普通话正确、流利、有感情地朗读课文。默读有一定的速度，默读一般读物每分钟不少于300字。学习浏览，扩大知识面，根据需要搜集信息。

(2) 能联系上下文和自己的积累，推想课文中有关词句的意思，辨别词语的感情色彩，体会其表达效果。在理解课文的过程中体会顿号与逗号、分号与句号的不同用法。

(3) 在阅读中了解文章的表达顺序，体会作者的思想感情，初步领悟文章的基本表达方法。在交流和讨论中，敢于提出看法，作出自己的判断。

(4) 阅读叙事性作品，了解事件梗概，能简单描述印象最深的场景、人物、细节，说出自己的喜爱、憎恶、崇敬、向往、同情等感受；阅读诗歌，大体把握诗意，想象诗歌描述的情境，体会作品的情感。受到优秀作品的感染和激励，向往和追求美好的理想。

(5) 阅读说明性文章，能抓住要点，了解文章的基本说明方法(列数字、作比较、举例子等)，能结合具体语句体会运用说明方法的好处。能初步体会说明性文章不同的语言风格。

(6) 阅读简单的非连续性文本，能从图文等组合材料中找出有价值的信息。尝试使用多种媒介阅读。

(7) 阅读整本书，把握文本的主要内容，积极向同学推荐并说明理由。

(8) 背诵优秀诗文60篇(段)，注意通过语调、韵律、节奏等体味作品的内容和情感。扩展阅读面，课外阅读总量不少于100万字。

(9) 初步了解课文借助具体事物抒发感情的方法。体会、积累蕴含作者感情的句子。

(10) 学习"集中注意力""不要回读""连词成句地读""抓住关键词句""带着问题读"等提高阅读速度的方法和习惯，用较快的速度默读课文。

(11) 能借助题目、注释和相关资料，了解诗句的大意，体会诗人表达的情感。

(12) 能初步了解阅读古典名著的方法，把握课文的主要内容，感受主要人物的特点。

(13) 联系生活经验理解课文中含义深刻的句子，并说出自己由此所想到的人、事或人生思考等。感受文中丰富的想象，领悟作者表达上的特点。

(14) 了解什么是"有目的地阅读"。学习根据不同的阅读目的，选择合适的阅读材料。运用适当的阅读方法，完成阅读任务。

(15) 能整体把握小说的主要情节。能紧扣情节中人物的语言、动作、心理描写，感受人物形象。留意环境描写，体会其对表现人物的作用。

(16) 阅读反映革命传统的作品，如《可爱的中国》《小兵张嘎》《闪闪的红星》等，讲述自己感受到的家国情怀和爱国精神。阅读文学、科普、科幻等方面的优秀作品，如《寄小读者》《十万个为什么》《海底两万里》等，学习梳理作品的基本内容，针对作品中感兴趣的话题展开交流。梳理、反思小学阶段的阅读生活，运用口头或书面方式，与同学分享自己整本书阅读的经历、体会和阅读方法。

第二节　阅读与鉴赏教学策略

"阅读与鉴赏"是《义务教育语文课程标准》(2022年版)提出的语文实践活动之一，是发展学生核心素养、构建素养型课程目标体系的主线活动之一。从中小学语文课程标准的整体设计而言，新课标中使用"阅读与鉴赏"可以看作与《普通高中语文课程标准》(2017年版2020年修订)的接轨。

在《义务教育语文课程标准》(2022年版)的总目标与学段目标中，"阅读与鉴赏"的目标不仅包括朗读和阅读方法的要求，而且对阅读的不同文体和"整本书阅读"也提出了相应的要求，从而为本书提出的"阅读与鉴赏"教学策略提供了政策性指导。此外，单元整体阅读与鉴赏作为目前语文课程要求关注单元人文主题、落实语文要素的热点内容，同样是"阅读与鉴赏"重点探究的内容之一。

下面，我们将从不同文体阅读与鉴赏教学策略、单元整体阅读与鉴赏教学策略以及整本书阅读与鉴赏教学策略三个方面进行详细阐述。

一、不同文体阅读与鉴赏教学策略

阅读是一种个性化的文本体式思维，不同体式的课文如同不同类型的学生，应有不同的教学方法。小学语文阅读的常规教学中，常常是按照相应的文体来设计与其对应的教学目标、教学内容及教学活动。下面，我们选择了教育部统编小学语文教材中常见的记叙文、说明文、诗歌、寓言、童话、文言文六种文体来进行详细说明。

(一)记叙文阅读与鉴赏教学策略

1. 抓住记叙文要素，培育厘清文章思路的能力

记叙文六要素是指时间、地点、人物、事情的起因、经过和结果。抓记事、写人，也要了解文章思路。教师要引导学生通过整体浏览课文的方式厘清段与段、段与篇、篇与篇之间的层次关系。记叙文的层次结构是表示作者思路的一种形式，教师要教给学生厘清思路的方法，例如，抓关键词语厘清思路、抓重点段落厘清思路、结合看图厘清思路等方式，让学生弄清文章先写什么、再写什么、最后写什么，并了解课文是围绕什么中心进行组织材料的，再进一步指导学生，分析作者写的每一部分与课文的中心主旨是什么关系，初步提高学生对文本的认识能力。经过反复的阅读训练，学生就可一步一步厘清作者的思路，阅读能力会自然而然地提高。例如，《记金华双龙洞》这篇课文，文中有"出金华""到罗甸""渐入山""来到双龙洞口"等这些表示方位的词语，能够从词语中把握文章发展的情节。教师在教学中，要重点抓住这些关键词语进行赏析，带领学生厘清作者思路，更好地对文本进行解读。

2. 通过文本比较，培养学生的理解能力

教师对一些关键词语、句子进行比较，让学生进行深入的思考，启发学生了解作者这样写的好处，通过比较，使学生更好地理解课文内容。

【案例8-1】

《少年闰土》课堂实录片段

师：同学们，试一试将原文中"其间有一个十一二岁的少年，项戴银圈，手捏一柄钢叉，向一匹猹尽力地刺去"。改成"其中有一个十一二岁的少年，项戴银圈，手捏钢叉，向一匹猹刺去"。再来读一读。

生："其中有一个十一二岁的少年，项戴银圈，手捏钢叉，向一匹猹刺去"。

师："你们觉得以上两句话哪一种表达更好，为什么？"

生1：原文更好，"尽力地"表现了闰土的果断，描写了闰土尽全力想要刺住猹的形象。

生2："原文中的更好，因为它将一位英勇、果敢的少年形象和狡猾的猹形象、完美地勾勒了出来。"

(资料来源：王铁蓉. 记叙文有效教学策略探析[J]. 语文天地(小教版)，2016，No.507(09)：74.)

通过不同语境的比较，学生自然而然地理解了文章，深刻领会了短句表达的内涵，这就是比较的作用。

3. 以多样方法把握文章中人物形象的特征

记叙文主要用来记事、写人，教师在教学生分析记叙文时，为了使学生深入理解课文内容、认识人物形象，就要让学生积累一些基本的阅读技巧。教师要指导学生分析环境，了解环境描写的作用，学习环境描写的方法，通过情节、环境来补充人物性格，通过人物性格分析形象。像以写人为主的记叙文，人物的性格、思想品质则主要通过人物的动作、语言、外貌、心理活动等方面表现出来。因此，教师应主要抓这些描写，指导学生学习分析人物的描写手法，即分析人物的外貌、动作、心理、表情、语言等，带领学生分析人物的形象，理解课文的主题思想。

【案例8-2】

《小英雄雨来》课堂实录片段

师：昨天，同学们在课外自学了课文，学懂了字词，初步探究了课后的问题，那么，你们还有哪些问题没有解决呢？

生：我想知道人们为什么称雨来为"小英雄"？

师：请同学们选择自己喜欢的读书方式，自悟自练。

师：谁来分享一下自己的看法。

生：我认为雨来之所以被人们称为"小英雄"，是因为他为了掩护交通员李大叔，同鬼子进行了顽强的斗争，不管鬼子如何哄骗、威吓甚至毒打，他始终意志坚定、不动摇，他是一位真正的小英雄。

师：你讲得真好！

生：老师，我对他的发言有补充。我认为人们称雨来为"小英雄"，还有一个原因，那就是雨来是一个热爱祖国的人。

师：同学们分析得都有道理！有几个同学已经有些激动了，是啊，面对这样一位小英雄，我们心中怎能不感动呢？下面，老师请你们把文中最让你感动的地方找出来，有感情地读一读，并说一说被感动的原因。

生1："12岁的雨来使尽力气，才把缸搬回原地。"雨来原本可以脱身的，但他为了掩护交通员李大叔，置自己的生死于不顾，这里的描写我非常感动。

生2：鬼子一把抓在手里，翻着看了看，问他："谁给你的？"雨来说："捡来的！"从这一处内容可以很明确地看出，雨来是一个非常机灵的人。这个"！"也反映了雨来当时回答得十分果断，毫不犹豫。

师：你真会读书！

生3：雨来的勇敢、坚强令人敬佩。雨来被鬼子毒打后，课文中有这样一段描写：雨来半天才喘过气来，脑袋里有一窝蜂，嗡嗡地叫。他两眼直冒金花，鼻子流着血。一滴一滴的血滴下来，溅在课本那几行字上："我们是中国人，我们爱自己的祖国。"

师：这句话让你感动，对，这些描写都反映了雨来有着顽强的意志。

师：老师觉得这一句不仅说明雨来有一般人所没有的顽强意志，还说明了雨来能这样做的原因。

师：那就是雨来接受了爱国主义的教育，他热爱自己的祖国。

师：这真是一个感人的故事，一个年仅12岁的少年，面对鬼子的哄骗、威吓，他始终不说出交通员的藏身之处。这需要多么顽强的意志，真是个小英雄呀！

(资料来源：青州市刘家小学，许洪涛.)

《小英雄雨来》便是通过几件事，描写了雨来的肖像、行动、语言、心理等方面，表现了他的英雄形象。通过教师的循循善诱，学生边读边体会到了雨来的英雄形象，同时也对学生进行了爱国主义教育。

(二)说明文阅读与鉴赏教学策略

1. 把握好说明文的独特性

教师要把握说明文与其他文学类型的不同之处，即说明文不仅要向读者描述事物表征，而且要叙说内在真实，要着重培养学生获取信息的能力和严谨的阅读习惯，以便他们在今后的学习生活中能够准确获取信息，并提高学生应用说明文的能力。

2. 联系生活，以读启思

语文教材中的课文篇幅有限，尤其是言简意赅的说明文，常常是有的内容一笔带过，而这些内容往往很适合拓展学生的思维，教师应该抓住这些内容，引发学生对文本背后的思考。针对课文中易于与现实进行联系的内容进行提问，一个问题便能将学生从课堂拉进现实，让他们明白科学离自己并不遥远，甚至就在自己的生活中，从而引发学生关注和思考他们的日常生活。

3. 注重说明方法的教授，重视学生的学习情况

《义务教育语文课程标准》(2022年版)第三学段对阅读与鉴赏的要求指出："阅读说明性文章，能抓住要点，了解文章的基本说明方法。"因此，在教学说明文时，教师应该巧妙渗透，引导学生体味语言，感知语言的精妙，体会用词的准确性。有些说明方法很简单，

学生都能够轻松地理解，如引用资料、列数字等；而一些较难的说明文知识，像逻辑顺序、作比较等则需要教师准确把握学生的学习困惑，有针对性地进行指导。

📖【案例 8-3】

《飞向蓝天的恐龙》课堂实录片段

有些恐龙像它们的祖先一样两足奔跑，

有些恐龙则四足行走；

有些恐龙身长几十米，重达数十吨，

有些恐龙则身材小巧，体重不足几公斤；

有些恐龙凶猛异常，是茹毛饮血的食肉动物，

有些恐龙则温顺可爱，以植物为食。

师：同学们，用你们自己喜欢的阅读方式，读一读这部分内容。

师：读完后你们发现了什么？

生1：这句话中有三个"则"字。

生2：三个"则"字写了恐龙的三个方面，分别是行走方式、体型特点和性情。

师：为什么用"则"字？去掉行不行？

生：用"则"字可以很明显地看出恐龙的行走方式是不一样的，一种是四足行走的，一种是两足行走的。

师：是呀，用"则"字将两种行走方式更明显地进行了对比，这叫作比较，通过比较体现了作者用词的准确性。

师：接下来，男女生进行对比朗读，进一步感受"作比较"的说明方法。

[资料来源：林小华. 小学科普类说明文教学价值的挖掘——从《飞向蓝天的恐龙》教学为例[J]. 读书文摘，2017(12): 72-73.]

(三)诗歌阅读与鉴赏教学策略

1. 古诗

教师在课堂中设置古诗朗读板块，让学生在朗读中掌握古诗的韵律、节奏和记忆技巧，促使他们在反复的朗读训练中记忆更多的古诗文本，达到提高小学古诗词教学有效性的目的。与此同时，引入丰富的古诗创作背景和有关作者生平经历的资源，让学生能够围绕课内知识构建起开放式的知识体系，促使他们全面、多角度地理解古诗。另外，教师也要在课堂中创设古诗教学情境，让学生在既定的情境中感受古诗的意境和主题，使他们通过形象和直观的课堂教学形式深入地理解古诗、感悟诗情。

📖【案例 8-4】

《独坐敬亭山》课堂实录片段

师：你是从哪里看出作者孤独的？

生：从题目，题目里说是"独坐"。

师：其他同学，还有别的看法吗？

生：小杰说第一句中的"尽"字说明鸟都飞走了，诗人真孤独啊，连鸟的陪伴也没有了。

师：是啊，"众鸟"和诗人的"独"形成了鲜明的对比。

师：这时什么也是孤独的？我听到有人说孤云。

师：那第二句"孤云独去闲"是什么意思呢？

生：孤云独去悠闲自在。

师：自由朗读前两句。

师：同学们，"鸟飞云去"本是常见的自然现象，在诗人的眼中，为何会显得如此孤独寂寞呢？请同学们组内交流一下。

生：讨论分享。

师：听了同学们的交流，老师看得出大家课前对诗人李白做了细致的研究。诗人李白被贬离京城，十年漂泊远离故土与亲人，看见鸟飞云去有感而发，触物伤怀，写下了这首诗，难怪这样孤单寂寞！

[资料来源：粉笔网(fenbi.com)，2018.]

2. 现代诗

现代诗语言优美、节奏明快、朗朗上口，学生学习现代诗时，必须通过"读"来感悟诗歌。因此，教师要引导学生运用多种方式诵读，感悟诗歌。同时，培养学生对现代诗字音、节奏的掌握，引导学生将字词带入诗歌的具体语境中进行理解，为学生感悟诗意奠定基础。教师还应带领学生从不同维度赏析现代诗，体会现代诗的魅力，激发学生想象，进行审美鉴赏。在诵读的基础上，组织学生分析诗歌内容的含意，明确诗人表达的思想感情，体会诗歌的魅力，发展其审美素养。

【案例8-5】

《彩色的梦》课堂实录片段

师：播放诗歌朗读音频，学生认真聆听并注意课文生字词的正确读音，同时标注出诗歌的小节数。

师：现在，请同学们大声自由地朗读，注意字音和节奏。

(教师巡视指导)

师：在刚才读的过程中，老师发现有几个词不好读，有没有同学愿意帮助一下老师？(教师出示"坪、精、叮、咛、苹、灵")。

生：学生示范读。

(教师及时更正字音并指导书写生字)。

师：教师示范朗读，介绍诵读方法。

师："老师想跟你们分享一下我的读法，请大家仔细听哦。"

师："秘诀是在理解诗歌的意思之后，在自己的头脑中想象诗歌描绘的动人画面，在读的过程中加上自己对画面的理解和感受，自然而然地把诗歌读美了。"

(师生配乐诵读)。

师："现在就让我们一起跟着音乐，边读边感受诗歌中为我们描绘的彩色世界吧！"

(资料来源：吴金珊. 部编版小学低年级现代诗歌教学研究[D]. 海口：海南师范大学，2019.)

(四)寓言阅读与鉴赏教学策略

1. 品味语言，感知人物

教师引导学生品味寓言故事中的重点词句，注意让学生体会寓言语言的简洁性、概括性。学生阅读时，可通过分角色朗读、人物扮演等方式再现人物形象，通过再现人物形象，感受人物语言的特点，并在感受人物语言的过程中感知人物的形象。例如，在教学《乌鸦与狐狸》时，教师可以让学生进行角色扮演，激发学生学习兴趣的同时，发展学生的模仿表达能力，从而帮助学生更好地理解人物的特点。

2. 启发明理，揭示寓意

寓言故事中蕴含着丰富的人生智慧和人生哲理，学生阅读时必须以文本为根据，要利用文本内在的矛盾去认知寓意。寓言重视对语言的感悟训练和运用，当精彩的描写、有趣的情节和丰满的人物形象都了然于心时，寓意也就自然浸入学生的心底了。

【案例8-6】

《乌鸦喝水》课堂实录片段

师：小乌鸦是怎样喝到水的呢？读一读第2段、第3段，思考一下小乌鸦想了什么办法？

生：乌鸦把石头一个一个地放在了瓶子里，然后就喝到了水。

师：在放石子的过程中，你们看到了什么呀？

生：我看到水位渐渐升高了。

师："渐渐"是什么意思？同学们用手势表示一下。为什么水面渐渐升高，而不是一下升高？

生：因为小乌鸦是一个一个地放小石子的。

师：它是怎么想到这个办法的？再来读一读二、三自然段。

生：靠自己的观察，认真思考喝到了水。

师：真棒！你们都成功地读懂了课文。

(资料来源：任宛春. 小学语文寓言故事教学调查研究[D]. 济南：山东师范大学，2019.)

(五)童话阅读与鉴赏教学策略

1. 重视有感情地朗读和复述，品味情趣性的童话语言

阅读童话故事时应注意感受其情趣性，做到眼前有境、脑中有形、心中有情。每一篇童话故事都是作者将思想放在作品中，用语言文字呈现出来。童话故事具有鲜明的情趣性，学生通过对语言的品析，能够切实体会童话中的形象。因此，教师要带领学生走进每一篇童话故事，认真品读童话中的语言，从而培养学生感受美、欣赏美与创造美的能力。例如，教育部统编小学语文教材一年级上册《小蜗牛》一文，图文并茂地呈现，目的是引导学生独立阅读、自主欣赏。为了让学生体会文中语言的有趣性，教师首先为学生扫清了阅读障碍，让学生顺利地读懂文章；再次，教师指导学生认真朗读文本，仔细观察图画，理解文章的大意，引领学生分析文本语言；最后，教师带领学生有感情地朗读课文，做到读中促思。

2. 根据阅读教学目标和学情，选择适切性的教学方法

各学段的童话选文和学生的学习心理各有其特点，所以教师在进行童话教学时，应根据教学目标和学生的实际情况选择适宜的教学方法，吸引学生的注意力，激发学生的学习动机。例如，在一年级下册《动物王国开大会》一文中，教师可以让学生头戴动物图片的头饰，进行人物对话活动，再加上幽默、轻快的音乐，带给学生视听的双重享受，从中感受学习童话的乐趣。

3. 注重课外童话故事的延伸，提升阅读理解能力

教师想要提升学生的阅读理解能力、思维能力，只靠课内的童话教学是远远不够的，还要将课内童话与课外童话相衔接，增强童话阅读的丰富性，发挥课外童话的作用。例如，学生学习过《卖火柴的小女孩》，教师可以向学生推荐《安徒生童话》《格林童话》等书，引导学生自行阅读课本以外的童话故事。

(六)文言文阅读与鉴赏教学策略

1. 以读促思

在文言文学习的过程中，"读"便是一个支点，是学生感受文言文韵律最简单、最直接的方式。教师应注重在诵读过程中给学生以指导，指导学生读准字音、读好停顿、读出韵味，并能借助注释理解意思。学生在自由朗读的过程中，教师应引导学生通过停顿以及拉长语调将文言韵味读出来，使学生体验情感，展开想象，体会诗文内涵。

2. 兴趣为重

文言文教学中，教师应该在课堂中通过各种活动发展学生对文言文的兴趣。例如，讲故事大赛、角色扮演等，通过这样丰富多彩的活动方式让学生更好地了解文章的内容，在学习内容的基础上，激发学生的兴趣，让学生喜欢上文言文。

3. 知识为辅

教师教学时，不可以为了让学生读懂而读懂，应该在读的过程中启发学生对课文的思考。因此，教师不能忽视注释的作用，要引导学生借助课文注释以理解文章的大概意思，体会课文的中心思想。在课堂上，教师要鼓励学生多表达、多交流，并在学生讨论不明白的关键之处给出提示，激发学生的表达欲望。

【案例8-7】

《王戎不取道旁李》课堂实录片段

师：同学们，读文言文要注意停顿，在以前文言文学习的过程中，我们已经知道要在谁/做什么或谁/怎么样的人物后面做停顿，比如，群儿/戏于庭；宋人/有耕者等。所以，我们自然可以知道，"诸儿/竞走取之"的停顿方法。

师：那么，还有哪句断句你们有疑惑？

生：看道旁李树多子折枝。

师：哦，这句比较难，我们首先来看这幅图。(出示李树多子折枝相关图片)说说你看到

了什么?

  生：李树上结了好多李子。
  生：李子把树枝都快压弯了。
  师：同学们都有着敏锐的观察力，那"把树枝都快压弯了"用文中的话就是……
  生："多子折枝。"
  师：是呀，什么事物多子折枝呢？
  生：道旁李树。
  师：所以很显然，这里要做一个停顿。谁来读一下？
  生：看/道旁李树/多子折枝。
  师：这句读会了，那这句肯定也难不倒大家。(出示：树在道边而多子)，谁来说说你准备怎么划分停顿？
  生：树/在道边/而多子。"树"是主语，一个事物，"在道边"是它所在的位置，"多子"是这棵李树的特点，结的李子特别多。
  师：你们回答得真棒！

  (资料来源：张晓怡. 统编版小学语文"小古文"教学现状与策略研究[D]. 上海：上海师范大学，2021.)

  在这个教学片段中，教师首先从旧知识入手，带领学生回顾划分停顿的方法：谁/怎么样，其次再引导学生自我发现，从学生有疑惑的地方入手，对学生进行点拨指导，让学生真正明白文言文划分停顿的方法，可通过字意的理解来辅助自己划分，紧接着再拓展迁移。这样一来，学生在"理解含义"和"朗读训练"中自由游走。

二、单元整体阅读与鉴赏教学策略

  单元整体教学是从语文知识传授转向语文素养培育的重要转折点，阅读教学是其重要的组成部分。单元整体教学既包括教材中"原单元"内部教学内容统整设计，根据教学目标进行"跨单元"教学内容的联结与拓展，也包括打破学科框架，以学生真实学习与生活体验为基础，构成"超单元"的综合性学习内容的整体教学。阅读教学既可以通过联系单元内课文，在"原单元"中展开，也可以联系不同年级、不同单元的课文进行"跨单元"，亦可在真实学习与生活中发掘"超单元"的课外阅读资料，丰富阅读教学。

(一)抓准单元知识点，形成结构性问题

  单元导语是进行人文主题教育和语文素养培育的引导语。单元核心知识点是从单元主题、学生问题、文章母题等综合抽象出来的阅读这一类文章的必要知识。

  首先，把握学情是突破学习重点的前提，抓准问题是突破学习重点的关键。无论是综合性问题还是专题性问题，抑或是有争议的结论、观点，只要指向和突出单元核心知识，就能成为培养学生质疑能力、反思能力的有效载体。

  其次，单元核心知识的落实需要通过问题设计来进行解构。问题设计应该包含基本特征、阅读方法、现实价值思考三个层面。在确定基本问题的基础上，教师需要预测学生的学习结果。教师应该从学生的学习需要出发，转变思维方式：学生为什么要学习本单元？学生学习本单元要达到什么目标？学生是否能够理解这个目标的学习价值度？学生应该收

获哪些超越目标的深化理解？教师需要指导学生开展哪些活动？教师只有从学生的角度出发，思考的范围涵盖甚至超出本单元的学习目标，如此才能恰当地设计本单元的整体教学。

(二)规划教学任务流程，构建整体化教学

单元整体教学最常用的一种方式，是以单元"核心教学目标"为主线，按照"单元导读—字词积累—知识梳理—精读赏析—回顾小结—迁移运用—总结提升"的教学流程来进行，将原先割裂的以篇教学的统整起来，形成一个相互联系、逐步推进的有机整体。

深入的学习体验源自真实的学习情境。通过规划学习任务和流程，让学生在具体的情境中能迁移运用所学知识，形成基于经历与体验的学科核心素养，如此才能有效完成本单元的学习任务。在具体的教学实践过程中，教师需要设计单元核心任务与单篇学时任务，从而构建有内在逻辑关联的整体教学。

教材中的"教读课文""自读课文"和"写作课"是单元整体教学设计的依据。不同课型在实现单元学习目标上是有差别的。设计学习任务就是将教学目标具体化。自读课是触类旁通的思维进阶，在自读课上，学生把从教读课中获得的阅读经验加以运用和强化，并沉淀为自主阅读的能力。写作课则能够将单元核心知识落实。这样，教读课、自读课、写作课三种课型基于一组课文，以单元核心知识为纽带，构建了单元整体教学路径，让学生在真实的情境里完成任务，并对其思维活动进行整合，最终形成并发展语文素养。

(三)串联各篇课文知识，实现整体学习效应

单元整体教学的设计需要对教学内容、教学资源进行梳理、整合、拓展，并使之形成一个有机整体。每个单元都有单元导语，对本单元主题加以提示，主要指出本单元的学习要点。所以，教师在进行单元整体教学时，一般不在教学内容上做大的调整。但也不会完全拘泥于教材，有时也可以根据教学需要，或按文体来组织单元，或将课文进行前后的调整、筛选、补充，使之形成一个既独具特色又凸显语文能力的单元学习结构。

进行单元整体教学时，可根据教学需要，适当调整教学的先后顺序。实施单元整体教学，单元内的每一篇课文不是一个个孤立的个体，而是相互关联的整体。此时，学生获得的不再是零碎、片段的知识，而是有联系的、系统的知识整体。这样有助于学生学习能力的形成和迁移。

(四)建立单元间的知识关联，构建整体学习体系

语文学科的知识和能力就像一棵大树，随着年级的升高不断伸展。因此，需要打通单元之间、年级之间的关节，使其连片，从而形成一个更大的组织体系，让学生获得全面且有结构的知识和技能。

教育部统编小学语文教材的重大变革之一是专门安排了几个重要的阅读策略单元，其意义不言自明。其中三年级上册的"预测"策略单元就是这套教材编排的首个阅读策略单元。接下来，有四年级的"学习提问"、五年级的"提高阅读速度"、六年级的"有目的地阅读"。虽然语文教材的大部分单元会渗透相关的阅读策略，但这四个单元是把阅读策略当作核心目标、外显目标，而不是一个渗透的目标。那么，教师在每个阅读策略单元进行整体教学时，不仅要思考"为什么要教这一策略，应该如何教"的问题，还需要思考"这

四个阅读策略之间有什么关联？如果有，该如何做好承上启下"？三年级的"预测"多维度为四年级的"敢问、善问"指明了方向；同样地，四年级学了提问又为五年级"带着问题，用较快的速度默读课文"奠定了基础；而六年级的阅读策略又与问题相关，问题的指向引领了阅读的方向，目的明确而直接。因此，教师要发现其中的关联，在循序渐进的同时让学生拾级而上，进阶式提升语文能力。

(五)拓展课外阅读，丰富整体学习内容

补充拓展是单元整体教学中最常见、最有效的手段。教师用得最多的是基于教材单元文本主题的拓展式组群。例如，教育部统编小学语文教材五年级下册第二单元四篇课文都选自四大古典名著，但要让学生初步学习和掌握阅读古典名著仅靠这四个片段还是不够的。教师可以每篇课文为"1"，引入相关的经典章节，进行"1+X"组群，让学生充分阅读；再将这四大名著组成大群进行比较，在"同"与"不同"中去体悟阅读古典名著的方法；最后进行迁移运用。这样，整个单元的教学就显得很大气。

【案例 8-8】

教育部统编小学语文教材五年级上册第七单元"自然之趣"单元整体阅读教学设计片段

(1) 任务一：品诗中之景，悟景中之情

活动一：单元导读课。学习本单元之前，教师先引导学生走进人文主题，阅读单元导语，结合图片，谈谈自己如何理解"四时景物皆成趣"；再聚焦语文要素，明确本单元的学习重点；接着以情境的方式，串联起三大任务与任务下的活动，让学生对本单元的内容有整体的感知；最后前置习作要求，布置记录观察任务(观察时间、观察地点、观察的景物、观察的顺序、景物的变化等)。

活动二：品诗词。回顾之前学习诗歌的方法；借助注释和插图，想象诗词所描绘的画面，理解诗意，同时初步体会动态描写和静态描写，以及这样写的表达效果；结合资料，抓住每首诗词的关键字词和独特之处；最后体会诗人情感，并根据对诗词的理解进行背诵。

(2) 任务二：观天地之景，察动静之美

任务二下分别对应了三个活动，其中，《四季之美》和《鸟的天堂》是精读课文，重在学习方法，《月迹》是一篇略读课文，重运用方法，引导学生自主、合作探究学习。如何具体地体会动态描写和静态描写？可通过回顾《翠鸟》《海上日出》感受动静写法；再反复、多形式、多层次地朗读、配乐读，在声情并茂的朗读中感受景色的独特韵味；联系上下文，结合课后题想象画面，去感受人与自然的"和谐之美"；最后让学生收集如朱自清的《春》、冯骥才的《春天最先是闻到的》、叶圣陶的《夏日的雨后》《三棵银杏树》等课上朗读，与同学分享、交流这些名篇分别好在哪里，梳理、总结各文章的写作方法。

(3) 任务三：写眼中之景，感变化之美

这个任务的活动重在引导学生运用本单元所学到的方法进行写作，写出景物的变化。可结合观察记录单，厘清习作思路，突出景物的特点，从而表达思想情感；再回顾交流平台和课文中的写作方法，重点分析几个例句，引导学生按照一定的顺序有条理地描写景物，完成习作；然后自主修改习作，积极、主动地与同学分享习作，尝试从是否按照一定顺序、是否写出了景物变化等不同角度互相进行评价，并提出意见进行修改。语文园地中的设计

"元旦海报"看似与单元主题无关，但其实与大情境紧密相连，能够设计出一张好的海报，这也是学生自己"眼中的美景"。教师教学时可以引导学生进行小组合作，思考宣传语如何打动人？你想邀请的对象是谁？采用怎样的写法？如何画插图？

[资料来源：冯雪. 学习任务群下的小学语文单元整体教学设计的研究[J]. 中小学教师培训，2023(03)：60-64.]

三、整本书阅读与鉴赏教学策略

整本书阅读，是指学生在语文课程的学习中，运用个性化的阅读方法，与作者、文本、教师、同学对话的过程。整本书阅读的对象具有多样性，阅读的过程具有综合性和实践性，阅读的目的是养成阅读习惯、探索阅读方法、构建阅读经验、发展自身的语文核心素养。因此，整本书阅读教学是教师指导学生运用阅读策略和技能，对目前小学语文阶段可阅读的课内或课外读物进行完整、深入阅读的过程。

(一)重视课前导读，多种方式指导

1. 片段导入

教师选取精彩片段提前朗读，在激发学生对作品的阅读兴趣后让学生自行阅读。其理论来源于1979年美国阅读专家吉姆·崔利斯的《朗读手册》，该书提出当读书潜移默化地成为孩子的一种精神需求时，其效果才是突出的。吉姆·崔利斯书中所提到的朗读对象是儿童，国内也将此方式运用于小学整本书阅读的课堂，并起到了较好的效果。

2. 悬念导入

教师主动向学生讲述整本书最能吸引学生的情节，并在悬念处打住，激发学生阅读整本书的好奇心。比如，教育部统编小学语文教材五年级下册第二单元的第一篇课文《草船借箭》就描写了诸葛亮接下军令状，许诺三天造好十万支箭的情节，如果教师在这里设置悬念，让学生猜测诸葛亮有没有造出十万支箭，如果造出来了，又是用的什么方法，并带着问题与悬念来朗读或默读课文。那么，《草船借箭》的故事便能充分吸引学生，让学生乐于阅读、乐于学习，从而对其中的人物产生兴趣，教师再介绍一下《三国演义》中著名的人物和情节，自然而然地就会使学生对《三国演义》这本书产生阅读兴趣。

3. 读书会导入

读书会导入，是目前最常用的整本书阅读的导入方法。教师在指定或师生共同选定一本书之后，教师通过推介会或读书会等方式向学生介绍书籍的一些基本情况，以便学生能够更好地阅读整本书。教师介绍的重点包括人物形象、作品语言特点、特定作家背景、媒体评价以及一些音像资料等。通过书籍中有趣的人物形象、动人的作品语言、作家的相关背景以及这本书的荣誉、地位、有冲突的社会评价等引起学生的阅读兴趣，也能为学生的阅读提供指引。

4. 封面导入

利用书籍的封面、封二、封三和封底等与书籍有关的信息与线索，有效地调动学生阅

读的兴趣。封面、封二、封底等往往涉及书籍精彩的内容以及线索，让学生注意到这些信息，并引导学生对这些信息进行猜测或质疑，以此吊起学生阅读的胃口。

【案例 8-9】

《鲁滨孙漂流记》整本书阅读导读课教学实录片段

师：读整本书，其实从三年级我们就开始了，相信你们也学到了一些基本的方法。谁愿意到讲台前来与大家聊一聊，拿到《鲁滨孙漂流记》这本书，你是怎样一步一步阅读的？

生1：拿到书以后，我先看封面，然后看封二，再看封三，最后看了封底。

师：这是了解一本书的一般顺序，谁再来跟大家接着分享？

生2：我拿到这本新书后，通过看封面、封二、封三、封底，了解到这应该是一本好书。封面介绍了作者是英国的笛福，编译者是高娜，由南方出版社出版。书名下面配了一幅插图，背景是一座荒岛，给人一种荒野求生的感觉。荒岛上中年男人的头发、胡子都很长，应该就是鲁滨孙。他的眼神里有一种不可一世的感觉，坚信自己能回到自己的国家。

师：于是，你们就产生了想读这篇文章的欲望，是吗？(众生点头)还有人要分享吗？

生3：封二列举了三则"名人评论"，分别是英国诗人、评论家柯尔律治和著名学者、作家周国平及英国文学史家艾伦的评论。其中，柯尔律治评论道："《鲁滨孙漂流记》体现了人类的普遍性。"于是我就想，人类的普遍性是什么？我想从书中寻找到答案。封三给我们推荐了44本中外名著，这些好书都值得我们收藏。有一些我已经读过了，我打算读完这本后继续读"历险记"系列：《爱丽丝梦游奇境记》《八十天环游地球》《尼尔斯骑鹅旅行记》《海底两万里》《格列佛游记》和《汤姆索亚历险记》。封底应该是说明这个版本书的好处：注解生字难词、提炼经典写法、领悟人生哲理。(众生鼓掌)

师：真不错！像你这样拿到一本新书，有质量地从封面读到封底，并提取重要的信息为自己所用，这就是有效的读书，你简直算得上你们这个年龄段读书的"行家里手"了。

[资料来源：张淑英，崔志钢. 邂逅文学经典——《鲁滨孙漂流记》教学实录及评析[J]. 语文建设，2018(09)：57-62.]

(二)把控阅读过程，深入推进作品理解

1. 阅读交流

教师在整本书阅读过程中要不定期地组织学生进行交流讨论。目前，整本书阅读进行中期交流的方式主要有两种：第一种是教师主导，选择话题，进行交流，需要选取与内容相关的话题，通过从整体情节入手提炼话题或者从局部细节入手找出话题两种思路，增强讨论的有效性；第二种是由学生自己发挥，交流的内容不限制，学生要预先设定交流的目标，可以是学生感兴趣的话题、喜欢的句子等，关键是让学生在交流的环节中更好地感受作品。交流的方式也由学生自己决定。两种方式的侧重点各有不同，但其目的均是通过交流帮助学生保持对阅读的兴趣以及在老师与同学的帮助下更深入地进行阅读。与此同时，教师也可以通过学生的表现，及时地对学生的阅读状况进行引导。

2. 读法指导

小学阶段整本书阅读的体验可以帮助学生积累阅读经验，养成良好的阅读习惯。因此，

在阅读的过程中，教师需要教授学生一些阅读整本书的方法，帮助学生养成良好的阅读习惯，完成整本书的阅读。整本书的读法指导主要有四步。第一，关注与书相关的信息。可归纳为"四读"，即读封面：初步了解此书特点；读序言：帮助学生更快地走进书中；读目录，快速了解书本内容，学会索引；读插图，从短篇阅读平衡过渡到长篇阅读。第二，制订读书计划。阅读整本书是一个长期坚持的过程，学生可能会因为某些原因半途而废。教师应引导学生在开始阅读前制订一个简单的阅读计划，对阅读时间与进度进行调控与安排，并长期坚持下去，养成良好的阅读习惯。第三，学写读书笔记或摘要。在整本书的阅读过程中，教师要求学生将自己读书的感受与思考、书中出现的优美词语、精彩片段写成读书笔记，以便学生养成边读边想、边想边摘、边摘边悟的阅读习惯。这些珍贵的读书笔记可以成为学生日后语文学习可利用的资源。第四，思维导图厘清思路。整本书的阅读量较为庞大，对小学生来说难以把握，教会学生制作思维导图，将书中的内容结构可视化，一方面帮助学生阅读整本书，另一方面也有利于学生对整本书的概括和理解。

3. 课题式研读

在整本书阅读的过程中，学生会围绕整本书的内容产生许多有价值的问题；教师可以将这些问题通过课题的形式让学生进行研读，以达到深入阅读整本书的目的。在小学高年级整本书阅读的过程中，教师应该鼓励学生将阅读过程中的有价值的问题形成"小课题"，自主地进行深入研读。除了学生可以自主形成小课题外，教师也可以选择学生感兴趣且有价值的课题，带领全班同学一起研读、思考。

4. 阅读单指导

阅读单，是指教师在学生阅读的过程中将学生应该思考的问题、应该积累的部分进行整理的阅读指导单。教师应将阅读单引进小学高年级的整本书阅读，利用阅读单指导学生阅读、积累，并作为评价学生的一种方式。

【案例 8-10】

《汤姆·索亚历险记》整本书阅读推进课教学实录片段

师：翻开你手里的《汤姆·索亚历险记》，迅速找到跟课文一致的内容。

聊书1——嗨，汤姆！不得不说的那些淘气事……

师：很多同学找到了，是在第三十二章。这章的题目是《"快出来！找到他们了！"》。这本书的主人公是汤姆·索亚，他做过很多调皮捣蛋的事情，你有没有觉得有不可思议的地方呢？

生：我觉得最不可思议的事情是他和一群孩子把校长的假发弄掉了，我觉得很荒唐。

生：这么小的孩子，竟然有这样的冒险心态。让自己的工作变成了别人帮他刷油漆，关键是别人还愿意帮他，并给他回馈。还有，他在背《圣经》时，背不出来，竟然想办法从校长那里弄到了一本《圣经》。

师：(笑)汤姆·索亚特别机灵，会偷懒。谢谢同学们的分享，汤姆·索亚真是让我们大开眼界，也匪夷所思——为什么要把这个调皮的男生作为书的主角呢？

聊书2——嗨，汤姆：为什么不做乖孩子？

师：汤姆为什么不做一个乖孩子呢？

生：小孩子有点淘气是正常的。汤姆淘气，但是他把自己喜欢的女生从山洞里救出来；他淘气，但是很有胆量，敢在杀人凶手面前指证。他的这些品质完全可以让人忽略他的淘气。

师：淘气是孩子的天性，谁的童年没淘气过呀！

生：我认为汤姆虽然淘气，却是勇敢的、善良的。比如，在法庭上指认凶手，去跟他喜欢的女生告白。

师：读这本小说的时候你想到了自己小时候的事情，所以倍感亲切，是吗？(生点头)书上有两段文字的介绍，我请同学来读一读。

(出示资料①，生读)他算不上是村子里的乖孩子，可他对如何做个乖孩子心知肚明，因而对乖孩子们讨厌透顶。

师：有何感想？

生：汤姆如果想做一个乖孩子是完全有这个能力的。可他心想——我偏不做一个乖孩子，你能拿我怎么样？

师：这是逆反心理吗？

生：我觉得这还算不上是。因为还没到那种程度，他只是单纯地想搞怪。

师：那读这样的书是不是还很有意思？

[资料来源：周其星，张静.《汤姆·索亚历险记》整本书阅读教学实录及评析[J].小学教学(语文版)，2022(Z1): 151-154.]

(三)突出阅读展示，丰富分享平台类型

1. 阅读反思

阅读整本书不仅能了解书中的故事情节和人物命运或者著名的论点论据、典故传奇，更能体会书中的情感与道理，能够与自己的生活联系在一起，反思书本与现实的相同之处和不同之处，让人能够有所思有所悟，能用自己的话清晰完整地表达书中的道理和自己的感受，愿意将自己的反思分享给他人。

2. 阅读分享

每个人的阅读收获不同，阅读后的交流与分享可以促进学生的阅读能力提升，激发学生阅读的自豪感。因此，阅读后的分享是必要的。阅读分享的形式很多，绝不仅限于读书会，也包括组织阅读论坛、阅读交流会、阅读手抄报、文学表演、设置班刊、主题手抄报等形式。

3. 拓展阅读

阅读重要的是持之以恒，读完一本书后应该继续去读更多的书。因此，读完一整本书之后，教师可以开展拓展阅读，以一本带几本，鼓励学生对比着开展阅读活动，帮助学生养成持之以恒的阅读习惯。

4. 延伸创作

将创意读写引入整本书的阅读，帮助学生阅读后写下自己的思考与感悟。学生可以想

象自己就是作者,写一封信介绍这本书;也可以用书中主角的口吻来写几篇日记,并通过日记反映书中的主要内容;此外,还可以对书中的内容进行仿写和续写,促进学生读写能力的提高。

【案例8-11】

《灵犬莱茜》整本书阅读分享课教学实录片段

师:同学们,这个故事并没有结束。路德灵公爵发现莱茜不见了,他会怎么做呢?父亲又会怎么对待长途跋涉回家的莱茜?最后,让我们做一个结局大猜想,你觉得结局有可能会是怎样?大家大胆地推测一下。

生1:路德灵公爵也许不会找它了,因为他被莱茜感动了。父亲也不会再把它送回路德灵公爵那里,因为他也被感动了。

生2:路德灵公爵发现,山姆也许不会再把狗给他了。

生3:我觉得父亲绝对不会再把狗给公爵了,因为他可能对公爵说,即使他倾家荡产,什么也没有,也不要莱茜再离开他了。

生4:路德灵公爵会说,我真的感动不了这只狗,还是放弃吧!

生5:路德灵公爵发现莱茜不见了,他会回到英格兰绿桥村找山姆。山姆会找整个村民去说服路德灵公爵,最后他只好伤心地回到苏格兰去。

师:我以为路德灵公爵为了这条狗就永远在这里定居了。(众笑)还有同学要猜的,你看这个结局非常有意思啊!你刚才不是猜过了吗?

生:皆大欢喜的结局。

师:我们来听一听。

生:路德灵公爵回到绿桥村之后,看到莱茜的坚持、父亲的坚持,还有乔的坚持,不仅把莱茜还给他们,而且可能把一些钱留给他们。这样,他们也不会过得那么艰难。

师:这是我听过得最像童话的温馨结局。路德灵公爵慈心大发,不但把狗还给他,而且把自己的一些钱也给了他们,最美好的一个结局。结局究竟是怎样的呢?我不告诉你们。自己去读这本书,你会读到更多精彩的……

[资料来源:张祖庆. 走近灵犬莱茜——《灵犬莱茜》整本书阅读教学实录及反思[J]. 语文教学通讯(小学刊),2016(36):41-44,70.]

第三节 阅读与鉴赏教学案例与分析

一、不同文体阅读与鉴赏教学案例与分析

为了提升学生对阅读文体的理解与鉴赏水平,教育部统编小学语文教材的一部分文体被集中编写,形成整体的语文阅读单元。其中,诗歌及说明文是语文阅读单元的典型代表。本书选择了儿童诗、古诗及说明文三种文体来进行阅读与鉴赏教学案例的展示与分析。

(一)儿童诗阅读与鉴赏教学案例展示与分析

1. 教学案例

此处所选为儿童诗阅读与鉴赏教学案例,如表 8-1 所示。

表 8-1 儿童诗阅读与鉴赏教学案例

科目:语文	课题:一年级下册第 9 课《夜色》	课时:第二课时

教材分析:
《夜色》是第四单元以"家人"为主题的第二篇课文。本文是一首叙事性的儿童诗,作者用富有童趣的语言,以第一人称写出"我"原本胆子很小,很怕黑,后来在爸爸的鼓励和帮助下战胜了黑夜的恐惧,从此,学会欣赏夜色。诗歌告诉我们,克服胆小,做个勇敢的人,就能收获美好。诗歌共有两小节,通过前后对比,写出了"我"对夜色由害怕到接受的心理变化。第一节用具体事例写出了"我"怕黑,容易使学生产生共鸣。第二节讲述孩子眼中的夜色。朗读这首儿童诗,我们能够感受到童年的快乐,初步懂得"克服胆小,做个勇敢的人,能收获美好"的道理。

学情分析:
一年级学生喜欢阅读充满童趣、图文并茂的课文。经过一个多学期的学习,学生具备了一定的朗读、表达能力。很多孩子就像文中的"我"一样,对黑夜有着莫名的恐惧。学习课文时,他们能结合自己的切身感受,体会到文中"我"的那种紧张、害怕的心情。因为学生的思维方式是以直观、形象为主,体会课文抽象的语言文字有一定的困难。教师教学中要引导学生联系生活展开想象,在朗读和想象中走进儿童诗的情境中。

教学目标:
1.复习巩固字音,正确书写"看""笑"两个生字。
2.正确、流利、有感情地朗读全文,读好长句子的停顿。
3.读懂课文内容,了解"我"的胆小及后期的转变。
4.初步懂得"克服胆小,做个勇敢的人,能收获美好"的道理。

教学重点:
1.巩固字音,正确书写"看""笑"两个字。
2.正确、流利、有感情地朗读课文。

教学难点:
1.能结合生活实际进行表述。
2.初步懂得"克服胆小,做个勇敢的人,能收获美好"的道理。

教学流程:
(一)回顾旧知,温故知新
1.(复习导入)同学们,上节课我们学习的词语还记得吗?如果读对了,就能看见窗外美丽的景色,快来试一试吧。
2.(出示词语)学生朗读,回顾词语。
3.(回忆所学)恭喜同学们挑战成功。面对神秘的夜色,文中的"我"发生了怎样的变化?下面,请同学们自由放声地朗读课文,边读边回忆文中的"我"是个怎样的孩子?
(学生自由发言,说说文中的"我"是一个怎样的孩子)。

【设计意图】就语文课堂来说，一年级、二年级生字词教学是重中之重。于是我设计了生动、有趣的识字游戏，既激发了学生的学习兴趣，又巩固了所学知识，真正让学生乐在其中。接着，顺势引导学生回忆："文中的'我'是一个怎样的孩子？"引导学生回顾课文的内容，厘清课文的框架。

(二)走进夜色，感受胆小

1.(引出新知)那"我"为什么会有如此大的变化呢？下面，请同学们自己读一读第一小节，边读边思考，你从哪儿感受到"我"从前的胆子很小很小？

2.(引导学生思考)文中说，"我"从前胆子很小很小，天一黑就不敢往外瞧。天黑了，他连看都不敢看一眼，他真是太胆小了，那"我"为什么天一黑就不敢往外瞧呢？

3.(总结方法)联系自己的亲身体会，展开想象，或许能够理解小作者此时的心情。

4.(朗读指导)读"很小很小"的时候，声音特别轻，突出了"我"的胆小。

重读"天一黑"这个词语，还加上了动作，缩着自己的小脑袋，有种巴不得把自己藏起来的感觉，可见他的胆子可真小呀。

5.(出示胆小的句子)妈妈把勇敢的故事讲了又讲，可"我"一看窗外，心就乱跳。

6.(拓展交流)相信你也一定读过很多勇敢的故事吧，快让我们分享交流一下吧。

7.(理解词语)正是这样勇敢的故事，妈妈讲了一个又一个，讲了一遍又一遍，就是文中说的，"讲了又讲"。

8.(理解省略号)同学们，你们看，这里还有个省略号呢，你们想一想。省略的是什么呢？借助插图，发挥想象读懂了省略号。

9.(仿写训练)现在请同学们发挥想象，想一想夜色中当"我"害怕的时候，会看到些什么，又想到些什么呢？请你仿照例句来说一说。

【设计意图】在交流中融合朗读，在情境中引导学生将自己带入诗歌主人公身份，联系生活情境切实感受，读出紧张、害怕的心情，感受儿童诗想象奇特、富有童趣的奇妙韵味。在读诗、探究的同时，适时地进行词语积累和句式说话练习，引导学生结合生活想一想、说一说，有助于学生切身地感受"我"的胆小，让童心与童诗相融，达到提升学生语文素养的目的。

(三)走进夜色，感悟勇敢

1.(理解"偏要")爸爸明知道你怕黑，却还要坚持带你去散步，这就是"偏要"。

2.(创设情境)在爸爸的带动下"我"走出了家门，下面，让我们一起在夜色中散步吧。快看，一轮明月挂在天空，星星眨着小眼睛，路边的野花正开着，池塘里的荷花散发出阵阵清香。快听，青蛙在唱歌，蟋蟀在鸣叫，原来花草都像白天一样微笑。从此，再黑再黑的夜晚，"我"也能看见小鸟怎样在月光下睡觉。

3.(仿说训练)从此再黑再黑的夜晚，我也能看见_____。

4.(指导朗读)"从此，再黑再黑的夜晚，我也能看见小鸟怎样在月光下睡觉。"

你们瞧，她读得多轻柔啊，仿佛害怕吵醒在月光下睡觉的小鸟，它已经开始享受这美丽的夜色了。他强调了"再黑再黑"，让我们感受到无论多黑，"我"再也不害怕了，表现出了"我"的勇敢，这是多么值得高兴的一件事儿啊！

5.(欣赏夜色之美)下面，就让我们继续跟随这对父子的脚步，到沈阳的夜色中去散步吧。

6. 朗读课文第二小节。

7. 思考："我"是如何从"胆小"变得"勇敢"的？

8. 总结：克服胆小，做个勇敢的人，就能收获美好。

续表

【设计意图】本课省略号的留白给了学生无限的想象空间,通过配乐欣赏沈城的夜景,激发学生的情感体验,让学生发挥想象,填补空白,通过仿句的练习,不仅加深了同学们对夜色之美的理解,也丰富了学生们语言运用的积累。

【思政融入】在新的历史时期,当代小学生必须涵育正气,增强底气,拿出勇气,教师要积极引导学生,"给学生心灵埋下真善美的种子,引导学生扣好人生第一粒扣子"。

(四)指导书写,积累运用

这节课我们认识了这么多生字,你能把它们都漂亮地写出来吗?

1.(指导"笑"字)了解"笑"字的造字本源,生字有"四看",一看结构,二看宽窄高低,三看关键变化,四看范写。

泛写"笑"字,巡视指导,拍照展示。

2.(指导"看"字)根据会意字了解"看"字,利用"四看","看"字书写时要注意什么呢?

泛写"看"字,巡视指导,拍照展示。

【设计意图】写字指导是语文教学不可缺少的一部分。指导孩子正确的书写方法,纠正错误写字姿势,培养良好的书写习惯,帮助学生正确书写,记忆本课要求掌握的生字。

【思政融入】中国汉字有着十分悠久的历史,每一个汉字都凝聚着古人的智慧。在语文学习中,学好识字与写字,是建立文化自信的一种重要途径。写好中国字,做好中国人,将中国优秀的传统文化加以传承,了解汉字的造字本源,可以使学生更好地理解中国的文化。

(五)拓展延伸,体会夜色之美

1. 拓展古诗《舟夜书所见》。

2. 推荐阅读: 和大人一起读79页《夏夜多美》。

【设计意图】出示与《夜色》有关的古诗,渗透中国传统文化的同时,也丰富了学生的语文积累,进一步引导学生感悟夜色之美、成长之美。推荐阅读教材第79页和大人一起读中的篇目《夏夜多美》,以课堂为载体,以有限拓无限,给语文教学不断注入生机和活力。

板书设计:

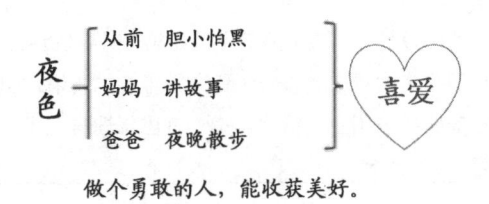

夜色 { 从前　胆小怕黑 / 妈妈　讲故事 / 爸爸　夜晚散步 } 喜爱

做个勇敢的人,能收获美好。

(案例提供者:朝阳一校沈北分校 程双奕,此教学设计用于辽宁省基础教育精品课,并获省级一等奖.)

2. 教学评价

小学语文一年级下册第 9 课《夜色》第二课时的教学充分体现了语文课程标准当中的教学理念,为我们起到了很好的示范和引领作用。

一是挖掘空白,提供句式支架,训练表达。一年级学生词汇积累得不多,掌握的句式也非常有限。对于正处于语言发展最佳时期的他们来说,增加词汇量,熟悉各种句式,是学习语言的重要任务。课文第二小节的最后一句写出了"我"在爸爸的帮助下变得勇敢,发现了夜色中许多美好的事物。教学中，教师引导学生想象"夜晚，我还会看见什么？听到什么？"为了让不同需求的学生都有话可说，教师借助沈阳夜景图片，创设和文中的"我"走出家门，亲眼看到美好夜景的情境。引导学生仿照书上"从此再黑再黑的夜晚，我也能看到。"的句子进行表达。这一活动是在学生生活实际和感受美好夜景的基础上进行的，因此，学生的表达不仅会成为课程的一种资源，而且使学生的学习过程变得丰富而有个性。

　　本节课的教学重点环节"读文品夜色"，教师抓住了有特点的词语"再黑再黑""讲了再讲""偏要"，通过创设情境使学生面对的不再是孤立的词语，而是有感情色彩的语境，可谓"一词一画面，一词知情感"。

　　二是聚焦单元语文要素，读好长句子。教师能抓住单元语文要素，重点进行朗读训练。通过学生自读、指名读、男女合作读等多种形式的朗读，给予学生读的机会，通过朗读帮助学生理解文义，(例如，注重长句子的朗读指导，读"睡觉"二字时要轻轻地读，以表现夜晚的美好；读"再黑再黑"时，要读得响亮一些，以表现"我"的勇敢；等等)同时注重学生之间的评价，引导学生在听读的同时进行有效的思考。

　　三是指导书写，增强写字教学的实效性。为了实现本学段的教学目标，夯实写字基础，在理解"笑"和"看"字的造字本义的基础上，教师顺势指导两个生字的书写。在此环节，教师引导学生从结构、高低、笔画等多角度观察"迎"字的书写要点，并练习书写。在教学中，教师通过合作交流分享学生的写字方法，通过独立书写来养成学生的书写习惯，通过评价反馈达到互相促进、共同进步的目的，从而真正增强语文识字与写字教学的实效性。

(二)古诗阅读与鉴赏教学案例与分析

1. 教学案例

　　此处所选为古诗阅读与鉴赏教学案例，如表8-2所示。

表8-2　古诗阅读与鉴赏教学案例

科目：语文	课题：四年级上册第七单元第21课《古诗三首》——《出塞》	课时：第一课时

教材分析：

《出塞》是教育部统编小学语文教材四年级上册第七单元第21课《古诗三首》的第一首古诗，这首诗属于汉乐府诗歌，全诗表达了作者对戍守边疆将士们久征未归的同情，也表达了诗人希望朝廷起用良将，早日平息战争，使国家安宁的爱国主义情感，是一首思想性与艺术性完美结合的佳作。王昌龄著有《出塞》两首，本诗是第一首。

学情分析：

四年级的学生已经初步掌握学习古诗词的方法，能够借助文中的注释、插图及查阅工具书等去理解较为简单的古诗。教师在教学时，一方面可以在熟读的基础上使学生整体感知古诗的内容，理解一些关键词语的意思；另一方面创设情境，引导学生品读语言，读中感悟。

教学目标：

1.认识"塞""秦"两个生字，读准"教""将"两个多音字，会写"塞""秦""征"三个字。

2.有感情地朗读课文，背诵课文。

3.能借助注释理解诗句的意思，说出自己的体会。

4.体会作者的思想感情，激发学生对戍边将士的同情及保家卫国的豪情壮志。

续表

教学重点：
通过有感情地朗读古诗，使学生能借助注释理解诗句的意思，体会作者的思想感情。

教学难点：
激发学生对戍边将士的同情及保家卫国的豪情壮志。

教学流程：

(一)视频导入，激发兴趣

1.今天，老师给大家带来一个电影的片段，大家在观看电影片段之前，老师提一个要求，请同学们认真观看，注意里面的每一个细节。

2.看完这个片段，老师想问一问大家，为什么吴京饰演的冷锋敢单枪匹马地面对那么多全副武装的敌人，而且面对着冷锋的"来啊"，这些敌人一动也不敢动呢？

学生自由回答。

3.没错，就是因为如果他们在国界线上开了一枪，那引发的就是国家之间的战争，所以国界线是不容任何外敌入侵的。今天如此，两千多年前的唐朝也是如此。我们看，这是唐朝的边界，北方就是虎视眈眈想要入侵中原的匈奴，而阴山山脉就成了一条天然的国界线。正是这样一条天然的国界线，唐诗中也涌现了很多描写边塞情景的诗歌，我们管这样的诗歌叫作边塞诗，今天我们就来学习一首边塞诗，题目叫作《出塞》。

【设计意图】用电影片段导入新课，引出"边界"这一概念，激发学生的学习兴趣。

【思政融入】电影片段中，敌人不敢在中国国界线上开枪，体现出中国的实力强大了，同时引出在两千多年前的唐朝，边界也是不容外敌入侵的，保家卫国的情怀深植在中华民族的骨子里，引导学生赓续红色血脉，厚植爱国情怀。

(二)解诗题，知诗人

1.我们看题目"出塞"的"塞"字，是一个多音字，谁知道这个字还有哪些读音呢？

堵塞(sè)、瓶塞(sāi)

2.在这里我们读作 sài，什么意思呢？

边界、边疆、塞外。

3.塞就是边界上隔绝内外的屏障。那么，出塞的意思是什么呢？

出征边塞。

4.说得不错，出塞是乐府旧题，多写战士们到边疆戍守征战之事。那么，这首诗的作者是——唐朝著名的边塞诗人王昌龄。

5.谁能简单地介绍一下王昌龄呢？

学生简单介绍王昌龄。

6.看来同学们对王昌龄既熟悉又陌生，那么，我们来通过一段视频了解一下王昌龄。看完视频，你们对王昌龄都有哪些新的认识？

学生说对王昌龄的认识。

【设计意图】通过对多音字"塞"的不同读音，帮助学生理解诗题中"塞"的含义，从而理解诗题，引导学生对语言文字正确地理解与运用。通过视频对王昌龄进行进一步的介绍，加深学生对诗人的认识，为后续学习奠定基础。

(三)初读诗歌,读准字音

1.王昌龄大约 20 岁时离开家乡,像王昌龄这样有抱负的时代青年到长安谋求发展,没见什么成效,于是他投笔从戎,从此西出长安,踏上出塞之路。那么,我们就跟随王昌龄的脚步,一起走进这首《出塞》。请同学们打开语文书自己先读一读这首诗,要求同学们读准字音、读通诗句,最好把这首诗的节奏读出来,至少读三遍。

学生自读,教师指名读,并相机评价。

2.古人说:"凡读书,须读得字字响亮,不可错一字,不可多一字,不可少一字",这首诗里面有一个多音字我们很容易读错,哪一个字?

"教"。

3.这里为什么读作 jiào 呢?

学生解释。

4.说得差不多,在《新华字典》中,它的解释是这样的,谁来给大家读一读。

出示《新华字典》中的解释,学生读。

5.请同学们看语文书上的第三个注释,"教"是什么意思呢?谁找到了?

教——令,使

6.所以这个字读作——jiào

7.我们应该根据字的意思去选择正确的读音,好,我们一起来读一读这首诗,《出塞》王昌龄,齐读。

【设计意图】通过自读、指名读,加强学生的诗歌朗读,通过多音字"教"落实识字教学。

(四)小组合作,理解诗意

1.老师听出了同学们对这首诗的情感抒发,非常好,古人说"书读百遍其义自见",诗多读几遍,意思也会渐渐浮出水面。那么,这首诗讲的是什么内容呢?现在请同学们以小组为单位,一起来交流交流每句诗的意思。

学生自主合作交流,教师相机指导。

2.刚才老师在巡视过程中,有同学问老师第一句话是什么意思,如果你们组没有交流出来,我们认真听一听其他小组的汇报。好,哪个小组愿意和大家分享一下,说一说这首诗讲的是什么意思?

学生以小组为单位逐句说诗意,教师相机评价。

3.刚才同学们说的第一句诗为什么那么难理解呢?因为它用到了一种修辞手法叫作互文,也叫互文见义,是不是很陌生,那什么是互文呢,我们找一位同学来介绍一下,谁来读一读?

出示"互文"手法介绍,学生读。

4.互文与今天我们说的一种成语结构非常相似,比如说一个成语,ABCD,AC 两个字和 BD 两个字意思相近,比如千军万马,它的意思就是千万的士兵和战马,形容队伍声势非常浩大,而不是一千个士兵和一万匹马。再比如,见多识广,意思是见识非常广博。那我们看看这句诗,秦时明月汉时关,是什么意思呢,仅仅是秦时的明月照耀着汉时的边关吗?

是秦汉时期的明月照耀秦汉时期的边关。

5.真聪明,互文就是你中有我,我中有你。那么,谁能够将这首诗的意思完整地说出来呢?谁来试试?

学生完整地说诗意。

【设计意图】通过小组合作,理解诗意,提高了学生学习的能力和效率。互文的知识,联系诗句进行解释,符合课程标准中所说的,不刻意地、系统地讲解语法知识,在学习情境中随文讲解,更便于学生的理解与记忆。

(五)再读诗歌,品悟诗情

1.同学们,我们已经知道了古诗的大意,要想深深地把古诗烙印在自己的心上,理解就很重要。秦时明月汉时关,万里长征人未还,人未还。将士们是不能回家,还是不愿意回家?认为将士们不能回家的举手,认为将士们不愿意回家的举手。大家可以结合自己对这首诗的理解,也可以结合平时历史知识的积累,表达自己的观点,说明自己的理由,谁来说一说。

学生表达观点,说出理由(不能回家:战死沙场、朝廷不让回去;不愿回家:保家卫国)

2.出示《资治通鉴》资料及《中华人民共和国兵役法》资料。

3.刚才同学们说了"人未还"的原因,老师总结了大体有以下两种,一是将士们战死沙场,所以人未还;二是受到兵役的限制,皇命难违,所以人未还。但是我想,大部分的将士在边关有险,国家有难的时候,都会选择舍生卫国,生死抉择间我们能看到将士们盈盈的赤子情怀。

4.秦时明月汉时关,万里长征人未还。让我们梦回唐朝,用不同的感情朗读,去体会诗人笔下的苍凉悲壮。夜深了,一轮明月照耀着边关的城墙,如果你就是征战沙场的战士,你怎么读这两句诗呢?

生读:秦时明月汉时关,万里长征人未还。

5.征人离家万里之远,回家遥遥无期,可明月千里寄相思,如果你是征战沙场的将士的亲人,你又会怎么读呢?征人白发苍苍的父母,一脸皱纹,相互搀扶着他来到村口,站在一棵老树下,忍不住喊一声:

生读:秦时明月汉时关,万里长征人未还。

6.征人柔弱无助的妻子,替别人洗完一筐又一筐的衣服,遥望着,忍不住别过脸去,偷偷擦拭眼泪,心中在呼喊:

生读:秦时明月汉时关,万里长征人未还。

7.征人无依无靠的孩子,看见别人的父亲百般爱护自己的孩子,忍不住流下了泪水,张开双臂面对苍天痛呼。

生读:秦时明月汉时关,万里长征人未还。

8.如果你是诗人王昌龄,看着眼前战士血染沙场,不断地重复出现这千百年不变的画面,你又会怎么来读呢?

生读:秦时明月汉时关,万里长征人未还。

9.这两句诗我们读完了,你现在有什么感受呢?

学生自由说感受。

10.看来,你与他们感同身受,同学们对他们有着深深的同情,而这就是战争所带来的苍凉悲壮,让我们带着这种苍凉和悲壮再来齐读这两句诗。

学生齐读。

11.面对这样的画面,诗人说出了自己的心愿,他的心愿是——

学生:但使龙城飞将在,不教胡马度阴山。

12.诗句中写到了一个汉代名将——李广,出示李广介绍。

13.这两句诗里有一个词最能够体现诗人的壮士情结和英雄情怀,是哪个词?

学生:不教。

14.如果匈奴的骑兵已经兵临城下,你就是守卫边关的将军,你看着城墙下的敌军,你会对他们说些什么呢?

学生自由说。

好,刚才同学们说的这些,都体现在"不教"这个词上,这个词不仅能体现诗人的壮志,也能表现出戍守边疆将士们的豪情。我们读诗的时候就要这样,不断地与诗人对话,与文字对话,在反复品味的朗读中去感受诗人的情感,我们一起再来读一读这两句诗。

【设计意图】通过不同角色的朗读,将学生带入诗歌情境当中,加强朗读教学,进一步体会诗歌表达的情感。

【思政融入】将《中华人民共和国兵役法》与《资治通鉴》中唐朝的兵役制度做对比,体会唐朝"万里长征人未还"的原因,以及现在中国兵役制度的合理性,激发学生保家卫国的爱国情感。

(六)拓展阅读,升华情感

1.今天,老师又给大家带来几首诗,看一看,想一想这些诗或者诗人都有什么共同点?

2.我们会发现这些边塞诗都是唐朝的,要知道,唐朝以前收录的边塞诗只有200首,可仅《全唐诗》中边塞诗就有2000余首。

3.一提到唐诗,我们就会想到谁呢?

学生回答:李白、杜甫、王维。

4.同学们,刚才提到了那么多唐代的诗人,其实这些诗人他们都写过边塞诗,出示诗句。

5.这是大唐的疆域图,和我们现在的比起来怎么样,唐朝是汉族建立王朝中疆域最大的,那时候政治清明,经济文化高度繁荣,唐朝的皇帝主张开疆拓土,而且鼓励文人到边疆去建功立业,只有唐朝、唯有唐朝,文人才真正地走出书房,走到了大漠边疆、沙场,他们用自己真实的生命体验传递了辽阔土地的脉搏,成就了边塞诗的豪情。今天,我们用一首首边塞诗唤醒了我们对历史和民族的记忆,我们也将用边塞诗记录和传承千百年来不变的英雄情结和赤子情怀。最后,我们一起来读这首诗。

6.希望同学们课后可以收集更多的边塞诗去读一读,去品味流淌在我们血液中的赤子情怀。

【设计意图】拓展边塞诗的资料,落实本单元人文主题,增强学生的爱国主义情怀。

【思政融入】在教学中充分发挥语文培根铸魂的作用,热爱中华文化,培养爱国主义精神,建立文化自信,通过中华优秀传统文化的传承与弘扬,增强学生价值判断、自我塑造能力,做好立德树人工作。

板书设计:

出塞

人未还　苍凉悲壮

不教　　豪情壮志

(案例提供者:沈阳市沈河区朝阳街第一小学沈北分校肇翔宇,此教学设计用于辽宁省基础教育精品课,并获省级一等奖.)

2. 教学评价

小学语文阅读与鉴赏中的古诗教学,不能限于对古诗字面意思的理解和诗句意思的疏通上,更应引导学生在历史文化的背景下对古诗的思想感情加以理解与感悟。

一是创设情境,巧妙拓展。《出塞》一诗描写的历史年代背景与学生的现实生活距离遥远,学生在理解诗意、体会诗境方面困难不小。感其境,才能激其情。《义务教育语文课程标准》(2022年版)指出，要"为学生创设情境，鼓励有创意地表达"。本课通过图片、音乐渲染、语言描述等方式创设情境，激活学生的情感体验，让学生自然而然地走进诗歌，继而与诗人对话、与文本对话。当学生真切地感受到"秦时明月汉时关，万里长征人未还"中所蕴含的巨大历史悲怆、无限深沉叹息的时候，"但使龙城飞将在，不教胡马度阴山"的呼喊则显得那么震撼人心，学生也就初步领略了诗歌的苍凉意境。

二是读悟结合，体味诗情。《出塞》这首诗高度凝练，学生年纪还较小，这方面的历史知识、文学积淀缺乏，学生理解征人的困苦生活、边塞的艰苦荒凉以及战争的惨烈有较大困难。为了突破难点，本课将其放在一个广阔的历史文化背景中来引导学生解读，帮助学生较为全面地理解诗歌的内在感情。以前两句诗的教学为例，引导学生从征人、亲人及诗人三个方面感悟，力求做到读悟结合，以读促悟，以悟促读。

三是学法渗透，提升能力。在引导学生理解诗意，感悟诗情环节中让学生自主理解，运用"自主、合作、探究"的学习方式。本课对学生课外知识的补充较多，目的在于帮助学生加深对古诗的理解，学生对这些古诗还较为陌生，加强学生课外知识的积累与运用，使学生受益于查阅资料方法的好处。

(三)说明文阅读与鉴赏教学案例与分析

1. 教学案例

此处所选为说明文阅读与鉴赏教学案例，如表8-3所示。

表8-3 说明文阅读与鉴赏教学案例

科目：语文	课题：六年级上册第三单元第12课《故宫博物院》	课时：第二课时
教材分析： 《故宫博物院》是六年级上册第三单元的一篇课文。这篇课文是说明文，学习重点是根据不同的写作目的选用恰当的阅读方法。《故宫博物院》是一篇以空间顺序进行说明的文章。课文按照游览路线，由南到北逐次并详略得当地介绍了故宫的主要建筑及其布局和功用。学习这篇课文，既可以让学生从中获得对故宫一般的了解，又可以增强学生对祖国传统建筑艺术的自豪感。与此同时，文中使用的说明顺序和文章的结构对学习写作说明文都具有很好的指导作用。所以，这篇课文的学习掌握对于今后学习其他课文都具有重要的示范作用。			
学情分析： 本课授课对象是小学六年级的学生，经过6年的学习，学生已基本掌握自主学习的方法。而本课是一节略读课文，是学生通过主观能动性，结合前面两篇精读课文的学习方法自主进行学习，学生可以相对好地驾驭。再通过希沃白板中的功能辅助教学，以达到事半功倍的效果。			
教学目标： 1.根据不同的阅读目的，筛选阅读材料。 2.从各种相关材料中提取重要信息，完成故宫参观路线图的设计。 3.对材料中的重要信息进行组合，并收集相关资料，浏览时进行讲解。			
教学重点： 掌握阅读方法进行阅读。			

教学难点：
多角度地结合资料找到对应的问题。

教学流程：
(一)创设情境，激趣导入
(课件播放《故宫的记忆》音频)教师伴随着音乐导入新课：同学们，你们去过故宫吗？(生自由回答)去过的人都赞叹它规模宏大、建筑精美、布局统一。特别是那些珍藏着无数稀世珍宝，更和其建筑艺术一样闻名于世，每个参观者都能从中深刻地了解到封建帝王生活的奢华、糜费，并为古代广大劳动人民的聪明才智所惊叹不已。你们想不想去看一看？今天这节课，我们就一起走进故宫，按照作者给我们安排的游览路线，去参观一下这座宏大壮丽的古代建筑群吧！
生齐读课题：《故宫博物院》，师板书课题。
【设计意图】通过运用希沃白板EN5中的"视频播放"功能激发学生的学习兴趣，对学习内容有一个初步的感知，创设一种氛围，把学生尽快带到学习中，为学好课文张本蓄势。

(二)整体感知，明晰任务
1.聚焦要素，把握重点
这一单元是策略单元，要想学习本节课，我们就要了解它的阅读任务，找同学读一读。
(1)为家人计划故宫一日游，画一张故宫参观路线图。
(2)选择一两个景点，游故宫的时候为家人做讲解。
同学们课前都进行了预习，预习时你在每个材料里了解了什么？师：要想了解历史、建筑等，光是了解这些是不够的，提供资源库，供学生自行选择了解。(资源库)生进行交流汇报。
看来，同学们都看到了自己感兴趣的信息，那么，现在就请同学们将目光聚焦到文本中，结合你看到的信息选择你想完成的任务(以组为单位截屏主观题选择任务)。
【设计意图】安排学生交流怎样根据不同的任务阅读，这是本单元的教学重点之一。为了使学生能更出色地完成两个任务，教师在学生动手之前先给予提示，这样使学生完成任务时有章可循，相当于为学生的达标"铺路搭桥"。
【思政融入】民族情怀的融入是教学的重中之重。通过播放故宫博物院的短片让学生的民族自豪感油然而生，更有利于本节课的学习。

2.妙笔点睛，趣味浏览
1)呈现空白平面图
这是一篇介绍建筑物的说明文，作者根据自己的浏览顺序介绍了故宫中的一些建筑。在这个平面图中你发现缺了什么？如果我们作为游客浏览故宫，你想怎么走？(随机点名)
2)再读，完成平面图(投屏补充图 学生演示)
根据方位词，同学们很快就找到了故宫这个庞大的建筑各组成部分的位置，现在，请同学们再读课文，在平板完成这个图。
3)做游戏(插入游戏)
看来，同学们都很快地了解了故宫的主要组成部分，接下来，我们做一个小游戏，试一试你对文本的了解有多少。
4)画故宫参观路线图
和身边选相同任务的同学交流：你为什么画这个？你怎么画这个？你画的时候参考什么材料，用了什么方法？(材料1、3、4)(抢答)(对比投屏)

【设计意图】教师讲解并出示参观路线图，为学生提供范例，使学生将此与自己整理的介绍顺序作对比，同时这也是为了训练学生按照方位词或表示行踪的词找出合适路线的能力。

(三)深入文本，习得方法

1.学习说明方法

师：通过阅读第二段，我们了解了故宫建筑群的总体特征，现在请同学们速读第二段，独立思考这段用了哪种说明方法，有什么作用。在书上作批注。(学生看书时，板书：说明方法) 思考出来的同学举手。(列数字，具体、真切地说明了故宫博物院规模宏大的特点。)(在说明方法后板书：列数字)

是啊，故宫的宫殿实在是太多了，这么多座宫殿，作者逐一介绍了吗？没有。那么，作者重点介绍的是哪座宫殿？太和殿。(白板上使用放大镜2倍放大，聚光灯显示。)学生找出写太和殿的段落，教师明确：5~8段。

2.聚焦太和殿外景特点

认真研读5~8段，小组合作探究：为什么要重点介绍太和殿？

教师点拨：先分析每一段介绍了太和殿哪个方面的特点，再看这些特点是否体现了故宫的整体特征。(告诉学生小组汇报的方式，举例：我们小组探究出第五段主要介绍了太和殿的外形，太和殿外形的特点是色彩鲜明 雄伟壮丽)(学生思考时，板书：太和殿)

(一组汇报完毕，白板展示太和殿图片，让另一组学生作为导游向游客介绍太和殿，根据文字指着图片讲解。并拉出：色彩鲜明，雄伟壮丽。)(在太和殿后面板书：外形)

3.聚焦太和殿内景特点

参观了太和殿的外景，游客还会参观哪里？学生齐答：内景。好，下面，哪个小组来汇报第六段介绍的是什么。(白板出示内景图。学生上来指出皇帝宝座，雕龙屏等，拉出：富丽堂皇，图案以龙为主。)(在外形下面板书：内景)

4.了解太和殿位置、用途

其他小组继续汇报7~8段。(明确：分别介绍了位置、用途。并在内景下板书：位置、用途)

总结：重点介绍太和殿的原因：(链接查资料)。

从外形看，建筑精美，雄伟壮丽；从内景看，皇帝的宝座在此，富丽威严；从位置看，位于紫禁城的中轴线上，又是三大殿之首；从用途看，是举行重大典礼的地方。凡此种种，都最能体现故宫的总体特征，读者了解了太和殿，基本上就了解了整个故宫，所以要重点介绍。 (指导学生如何提炼信息、写作特点、详略得当等写作手法。)

【设计意图】本文为说明文，教学重点一是让学生复习巩固说明方法，二是让学生找到阅读说明文的方法，并且真正地深入文本中去学习其中的内容，为完成任务二做铺垫。

【思政融入】对故宫博物院内部的了解是一种文化的传承。学生可以通过文本了解故宫里的历史故事，能够对我国的历史产生浓厚的兴趣。

5.身临其境，出口成章(抢答)

同学们都通过自己对文本的理解厘清了作者的浏览顺序，但是能口齿清晰地讲出来是更为重要的，选择任务二的同学，现在请你化身为一名小导游，讲一讲作者的浏览路线吧。

师追问：你的导游词怎么来的？让学生找到相关材料，再次出示上一届有一个学生的讲解，给学生做一个示范，再让学生讲。

【设计意图】教学进行到此环节处时，让学生阅读《材料二》，使学生懂得要介绍某一处景点，必须从多方面收集信息，然后从收集到的信息中筛选自己想要的材料。

【思政融入】通过学生的语言表达帮助学生建立起本民族的文化自信，能够以饱满的精神去介绍自己国家的历史建筑，对于学生精神层面的熏陶有着举足轻重的作用。

(四)拓展延伸，升华情感

师：以上我们学习了按空间顺序、使用恰当的说明方法，重点突出地介绍建筑物的写法，故宫里有不计其数的著名建筑。

回归文本，这个单元学完你有什么收获？学会检索材料，明白根据不同任务阅读相应材料。也就是带着问题读课文，只有这样才能提高阅读效率。变成爱阅读、会阅读的学生。

(小问卷)故宫还有很多建筑群，你想去哪一处浏览呢？老师给同学们一个小问卷，选一选。

故宫网站:https://www.dpm.org.cn/Visit.html#block1.

VR 故宫:http://v.dpm.org.cn、http://pano.dpm.org.cn/gugong_app_pc/index.html.

师：今天的汇报只看到了这几个人的，老师都拷走了，回去进行批改给同学们提出反馈意见。感兴趣的同学可以和父母去故宫参观一下，由于新冠疫情可能不能离开沈阳，沈阳也有现成的故宫，同学们可以回来之后当大家的小导游，介绍你的游览路线吧。中国故宫是世界上现存最大、最完整的宫殿建筑群，它集中体现了我国古代建筑艺术的独特风格，我们在惊叹我国劳动人民的勤劳和智慧之余，也为我们祖国有这样优秀的文化遗产而骄傲和自豪！

【设计意图】通过问卷调查，将学生对本堂课的兴趣进行了延伸，给予学生查找故宫博物院资料的方法，能够让学生课后依然进行学习积累。读万卷书不如行万里路，鼓励学生亲自走出去，带着对本堂课的理解对故宫博物院这一历史建筑能够有更加深入的了解。

【思政融入】学生在信息资源平台中可以欣赏到中国名胜古迹，伟大建筑——故宫，让学生在美图美景中感受中国古代劳动人民的智慧，感受博大精深的中国文化，增强对伟大祖国的热爱！

课后作业：在故宫博物院中选择一处你感兴趣的建筑深入进行了解，并与同学一同分享。

(案例提供者：沈阳市沈河区文艺路第二小学 孙怡萌，本教学设计为 2021 年信息与通信技术环境下教育教学创新展示评选活动特等奖.)

2. 案例分析

一是立足单元要素，巧设情境。这一单元是策略单元，因此，每节课都有相应的阅读策略让学生根据不同的阅读目的，选择恰当的阅读方法。融入信息技术对策略的学习起到事半功倍的效果。本篇课文是非连续性文本，有两个任务。因此，教师先以视频导入，让学生回忆故宫留给自己的印象，再出示两个提示问题：一是为家人计划故宫一日游，画一张故宫参观路线图；二是选择一两个景点，游故宫的时候为家人做讲解。这两个问题必须通过平板更好地呈现在学生面前。本节课就是围绕这两个问题而展开的。这样的设计，不仅巧妙地将单元语文要素融入教学，还可以推进学生思维发展，层层递进，有效进行教学活动。

二是善用信息技术，个性化教学。本课最大的特色就是平板一对一教学，实现教学的个性化。通过使用校合作的青柠课堂平台对学生实施一对一监控式教学。课前教师将与本节课有关系的所有课外资料通过分类放到青柠课堂的资料库中，以方便学生学习时的自主选择。充分挖掘语文课程资源，然后在课上随机生成一些问题，再通过平台功能中的屏幕截图以选择题、判断题等客观题及主观题的形式发送给学生，让学生作答，通过后台汇总的成绩分析满分、优秀、良好、薄弱人数。在整理环节，教师可针对点击率高的题目进行重点讲解，同时调出每个选项的名单，让学生都能感觉被重视、被看到、被发现。这样，教师在课上对每个学生的情况都一目了然，对于知识点的学习、班级整体情况也都有了整体的把握，可以说充分体现了个性化课堂教学的针对辅导，创造出更高效的课堂。在教学中，教师充分利用多媒体白板进行交互式教学，在任务驱动下进行教学，突破教学重点，调动学生的学习积极性，熟练地运用交互式白板构建师生互动的教学模式。

三是分层教学，学以致用。任务的设置是层层递进的，学生通过任务基本了解故宫博物院的全貌后，再让学生对基本内容进行巩固，最后对学生能力进行训练，这样有梯度的设置可以让学生一堂课习得多种学习方法。不同的学生有不同的学习能力和学习基础，他们对知识的掌握也自然有快有慢，面对不同层次的学生，现在教学主张采用分层教学和分层辅导。随着平板电脑进入课堂，分层教学得到很大的完善。因此，采用平板电脑教学可以得到学生对学习情况的直接反馈，更好地因材施教，更好地完善分层教学和分层辅导。在教师推荐的课外课程中，学生可以欣赏到中国名胜古迹、伟大建筑——故宫，让学生在美图美景中感受中国古代劳动人民的智慧，感受博大精深的中国文化。这一环节，可以有效促进课堂生成，让学生产生情感共鸣，进而完成爱国主义教育。通过这种智能化推送，满足学生个性化学习需要，学生学会查阅课外资料、积累信息等学习方法，举一反三，学以致用。

二、单元整体阅读与鉴赏教学案例与分析

(一)教学案例

此处所选为单元整体阅读与鉴赏教学案例，如表 8-4 所示。

表 8-4　单元整体阅读与鉴赏教学案例

语文单元：教育部统编小学语文教材五年级上册第一单元	人文主题：一花一鸟总关情
阅读要素：初步了解课文，借助具体事物抒发感情的方法	习作要素：借助具体事物表达自己的情感
课文解析： 《白鹭》语言优美，作者或用对比，或化用古人佳句，描写白鹭诗画般的美；《落花生》是叙事散文，作者借花生的特点表达了朴实、低调的人生观与价值观；《桂花雨》作者紧扣桂花的香味、"桂花雨"的特点浓墨重彩描摹，表达作者对家乡、亲人的情感；《珍珠鸟》描写珍珠鸟由"怕人"到"亲近人"，都是在突出其可爱的特点。	
核心概念：作家笔下万物皆有情	
学习主题：亲近作家笔下有情万物——感受万物之美，体会作家情怀	
单元学习任务群：	
任务一：走近作家眼中的心爱之物。快速阅读《白鹭》《落花生》《桂花雨》《珍珠鸟》，概括课文主要内容；比较分析几篇课文的相同和不同；带着想象朗读课文，初步感受并说说作家笔下事物的不同特点。	

任务二：跟着作者赏析心爱之物。研读《白鹭》《落花生》《桂花雨》《珍珠鸟》，了解作者围绕相关场景，运用对比、联想等方法描绘事物特点，表达情感的写法。

活动一：研读郭沫若的《白鹭》，诵读文中运用对比、拟人等手法写白鹭外形和场景中特点的语段，想象白鹭如诗一般的美。

活动二：研读《落花生》，了解许得山将花生与其他果实对比，同时关联人物品质表达作者情感的写法。

活动三：对比阅读《桂花雨》《珍珠鸟》，体会琦君围绕相关场景表达情感和冯骥才运用"特点+多个事例"描写自己独特感受的不同。

任务三：描绘我的心爱之物。围绕"万物皆因有情而可爱"主题，运用阅读过程中学到的对比、联想、将事物置于不同场景等方法，描写自己的心爱之物。

单元"教—学—评"整体推进表

五年级上册第一单元"教——学——评"整体推进表

学习主题	核心概念	学习任务	重组内容	评估要点	评价层级 3	评价层级 2	评价层级 1	学习活动
亲近作家笔下有情万物——感受万物之美，体会作家情怀	作家笔下万物皆有情	走近作家眼中的心爱之物	白鹭、落花生、桂花雨、珍珠鸟	1.能准确画出文章线索结构图。 2.准确说出作家笔下事物的不同特点。 3.大致说出几篇课文的异同。				快速阅读四篇课文，概括课文主要内容。 带着想象朗读课文，初步感受作家笔下事物的不同特点。 试着比较几篇课文的相同处和不同处。
		跟着作者赏析心爱之物	白鹭	1.给三幅画面命名，并说出这样写的好处。 2.能找出对比方法并说出表达效果。				1.抓住对比描写，展开想象，朗读课文，感受白鹭的美。 2.阅读第6~8自然段，体会作者将事物置于场景中突出特点的写法。
			落花生	1.解释事物特点与人物品质关联表达情感的方法。 2.能说出用对比突出事物特点的写法。				1.归纳课文主要内容。 2.朗读"议花生"段落，了解作者关联人物品质表达情感的写法。
			桂花雨、珍珠鸟	1.发现并说出描写两个场景和多个情境的不同处。 2.说说"特点+多个事例"写法的表达效果。				1.对比阅读《桂花雨》《珍珠鸟》体会琦君和冯骥才写心爱之物的异同。 2.朗读摇桂花和小鸟逐渐信任"我"的段落，体会作者的独特感受。
		描绘我的心爱之物	习作/"交流平台"	1.运用对比、联想、关联场景等方法，写出事物的独特之处。 2.描写心爱之物，能围绕主要特点写出独特情感。				1.围绕"万物皆因有情而可爱"这一主题，选好自己的心爱之物。 2.关联课文和"交流平台"，总结表达方法，描写心爱之物，表达独特感受。

(资料来源：重庆渝中区解放小学 李敏，本教案设计内容来源和转载于语文教学通讯小学刊，2022-11-10.)

(二)案例分析

1. 核心概念的整合：促进学生协同思考

根据林恩·埃里克森(Lynn Erickson)和洛伊斯·兰宁(LoisA. Lanning)的观点，学生建构个人理解时会在脑海中将事实性知识和技能与已有的相关概念进行交互、迭代的处理加工，即协同思考。因此，教学应该"推动学生从事实性知识走向概念性理解的学习"。单元整体教学要促进协同思考，就应该围绕核心概念展开。核心概念是单元主题、知识、情境的整合，是单元整体教学的抓手，体现单元知识的结构，指向学科思想，具有复杂情境下的可迁移性。本单元的核心概念是"作家笔下万物皆有情"，这一核心概念既超越了单元课文的事实性知识，又容纳了单元的知识结构，贴近学生真实生活，可以实现复杂情境下的迁移，由此确立单元学习主题，重组课文学习内容。

2. 学习主题的整合：彰显单元育人价值

《义务教育语文课程标准》(2022年版)在"课程理念"部分指出："义务教育语文课程结构遵循学生身心发展规律和核心素养形成的内在逻辑，以生活为基础，以语文实践活动为主线，以学习主题为引领，以学习任务为载体，整合学习内容、情境、方法和资源等要素，设计语文学习任务群。"在"课程内容"第二部分"内容组织与呈现方式"中再次强调："设计语文学习任务，要围绕特定学习主题，确定具有内在逻辑关联的语文实践活动。"明确揭示了在语文学习任务群视域下，学习主题具有重要的统摄作用。结合单元核心概念"作家笔下万物皆有情"，可以确定单元学习主题为"亲近作家笔下有情万物——感受万物之美，体会作家情怀"。学习主题整合了单元学习内容，引导学生探究不同作家笔下的一花一鸟，体会不同作家不同的描写风格，指向了核心概念。

3. 学习任务的整合：重组结构化的教学内容

有了核心概念对单元内容的锚定和学习主题的引领，接下来，就需要突破单篇和课时思维，设计学习任务，重组结构化的单元教学内容。学习任务要导向单元核心概念，以挑战性问题为原动力，调动学生的学习主动性，激活学生的协同思维。

学生对于描写花鸟万物的文学性文本阅读，容易形成诸如"喜爱""赞美""怀念"等指向作者写作目的的概念化理解，无法深入言语表达的背后，真正体会一花一鸟不同描写方法背后作家的审美经验和文化价值，真正领悟到"万物有情"的人文意蕴。教师教学时，不妨依据单元核心概念"作家笔下万物皆有情"设疑"为什么说作家笔下万物皆有情？"以此为大任务，再整合单元教学任务架构出单元学习任务群。这些任务展现了从单元整体到具体篇章，从单篇教学到课文重组，从感知到研读再到对比读的过程，体现了思维从低阶到高阶发展和读写互促的逻辑自洽，实现了教学内容的结构化。

4. 评价要点的整合：关注"教—学—评"一致性

在以促进协同思考为目的的单元整体教学中，学习评价的设计应以核心概念和学习主题为引领，聚焦学习任务和学习内容，指导学习活动的设计，体现教学逻辑和评价逻辑的前后关联性、一致性。以小学语文五年级上册第一单元为例，可以运用整合策略设计出单元"教—学—评"整体推进表。

综观表格，评估要点既关注了学习过程中的表现，也关注了学习结果的要求；既关注了语言构建与积累，也关注了文学创意表达的知识和技能；既关注了概念性理解，也有对真实生活的观照。精准指向单元核心概念、学习主题和学习内容，同时还指导了学习活动的设计，体现了"教—学—评"一致的设计理念。

三、整本书阅读与鉴赏教学案例与分析

(一)教学案例

此处所选为整本书阅读与鉴赏教学案例，如表 8-5 所示。

表 8-5　整本书阅读与鉴赏教学案例

书名：《呼兰河传》
文学价值：
萧红的《呼兰河传》在当时的文坛无疑是一颗璀璨的明珠。萧红以呼兰河村庄为切入点，向我们展示了 20 世纪 20 年代中国这一历史环境下中国人民的生活状态。刻画出呼兰河人们的心理弊病，由此揭露了国民的劣根性，从而表达了作者对盲目、愚昧的国民劣根性的批判，以及她对民族命运与民族前途深切的担忧与恐惧。
教学价值：
1.阅读《呼兰河传》，有助于培养学生独立阅读的能力，形成良好的语感，并且丰富学生的精神世界。 2.积累更多知识。阅读完《呼兰河传》后，学生更能关注到人物形象的多面性；能从人物描写的外貌、语言、动作、神态、心理描写的句子，以及人物的典型事例等方面更多面地认识书中人物，感悟人物性格。并且，学生在阅读的过程中，逐渐在看待事物上开始形成自己独特的看法，也渴望将自己的看法表达出来。 3.勾连课内速读的阅读策略和概括文本主要内容的方法，教结构与用结构，拓宽学生的思维广度。
学情分析：
小学高年级是学生完成识字与写字的学习，进入自主阅读的关键时期。在此阶段，小学生使用的主要阅读方法是精读法，但是，这种单一的方法限制了学生的积极性，阅读效率低下，不适用篇幅较大、内容较多的整本书阅读，因此，我们需要通过整本书的阅读设计，重心下移，渗透速读和复述等多种阅读策略。并且在教育部统编小学语文教材六年级下学期，第二单元是要求学生掌握如何给长篇小说写梗概，语文园地也要求学生掌握把握文章主要内容的方法。 小学阶段，学生学过的《火烧云》和《祖父的园子》都选自萧红的《呼兰河传》，这两篇选文都是以儿童化的视角和语言进行叙述的，读起来更具有童真童趣，更具吸引力。所以，想以此激发学生的阅读兴趣，让他们更加深入了解萧红笔下的故乡——呼兰河，了解她的童年和故乡。
教学目标：
1.通过回顾速读的阅读策略和概括文章内容的主要方法，学生能够加快阅读速度，概括每个章节故事的主要内容。 2.学生能通过人物的外貌、语言、动作、心理、神态描写，赏析人物形象。 3.体会作者对国民劣根性的批判，对自由自在生活的向往和对人性美的追求。
教学重点：能通过人物的外貌、语言、动作、心理、神态描写，赏析人物形象。
教学难点：体会作者对国民劣根性的批判，对自由自在生活的向往和对人性美的追求。

续表

教学流程：
导读阶段：
(一)明晰方法，激发阅读兴趣
1.谈话导入，了解学情
同学们好，上课前我们先来回顾两篇文章，同学们还记得《火烧云》和《祖父的园子》吗？同学们，记得这两篇课文的作者是谁吗？
是啊，这两篇课文的作者都是萧红，并且都是选自她的长篇小说《呼兰河传》。今天老师就要带大家走进整本书的阅读，感受更深层次的美。这本书的名字是——《呼兰河传》。
(二)回顾速读策略，走进作者
1.回顾教材五年级下册语文园地二交流平台的阅读方法
(1)集中注意力，连词成句地读，不要逐字逐字地读，更不要回读，遇到不理解的词句可以联系上下文猜测词句的意思。
(2)带着问题读。
(3)可以通过查阅资料，增加对作者或者书中人物的了解。
2.速读作者生平简介，走进作者
3.小组合作：以时间为轴，列表格
【设计意图】很多作家的作品都会和他们自己的人生经历有较大的关联，阅读之前，先让学生收集作家资料，尤其是作者创作的经过，这对深入了解文本有较大的帮助。
(三)制订共读计划，落实阅读任务
1.根据阅读计划，每天坚持阅读

时间	阅读范围	章节故事梗概
1~2 天	第一章	
3~4 天	第二章	
5~6 天	第三章	
7~8 天	第四章	
9~10 天	第五章	
11~13 天	第六章	
14~15 天	第七章	

2.边读边完成《呼兰河传》人物点评表

主要人物	人物描写句子(外貌、语言、动作、心理、神态描写)	主要事迹	性格特点
祖父			
有二伯			
冯歪嘴子			
小团圆媳妇			
看客们			

推进阶段：
(一)找出人物描写的句子，感悟人物形象
1.感悟人物形象
(1)四人小组进行讨论：分享交流《呼兰河传》人物点评表，组长进行资料整合，在班级进行小组汇报。
(2)通过班级交流丰满各人物形象，完善人物点评表。
【设计意图】学生一开始可能只找出了几处比较明显的人物描写，但是在组际和班级交流中，通过同学们的交流、补充，人物描写的句子已经能找完整。学生对人物评价的词汇从一开始的单一，渐渐地也变得多样起来。学生不仅能通过人物描写感悟人物形象，还能通过具体事例分析人物性格，说出自己对该人物的独到见解，这是一个具有思辨性的过程。
2.呼兰河乐此不疲的"看客们"
(1)在《呼兰河传》中，"看客们"一直贯穿其中，请同学们找出关于"看客们"的人物描写，并且从中感悟"看客们"的性格特征。
(2)出示相关文段，请同学们进行赏析。
"大神说，洗澡必得连洗三次，还有两次要洗的。"
于是人心大为振奋，困的也不困了，要回家睡觉的也精神了。这来看热闹的，不下三十人，个个眼睛发亮，人人精神百倍。看吧，洗一次就昏过去了，洗两次又该怎样呢？洗上三次，那可就不堪想象了。所以看热闹人的心里都满怀奥秘。
果然地，小团圆媳妇一被抬到大缸里去，被热水一烫，就又大声地怪叫了起来，一边叫着一边还伸出手来把着缸沿想要跳出来。这时候，浇水的浇水，按头的按头，总算让大家压服又把她昏倒在缸底里了。"
【赏析】以上的选段有看客们的神态和动作描写。如"个个眼睛发亮，人人精神百倍"是对看客们的神态描写；"浇水的浇水，按头的按头"是对看客们的动作描写。
从看客们的动作描写和神态描写中可以看出，正是因为看客的"热情"围观，更是将小团圆媳妇推向了死亡的边缘。当村民们听到小团圆媳妇要再次被热水烫的时候，他们感到的不是怜悯，而是精神振奋。当他们看到小团圆媳妇痛苦挣扎的时候并不是施以援手，而是协助大神一同按住反抗的小团圆媳妇，其中，大部分村民是围在一旁兴致勃勃地旁观。我们可以从看客们的动作和神态描写中体会看客们的麻木，对生命的漠视。
(3)身临其境：假如你当时在场，面对正在被热水烫的小团圆媳妇你会怎么做？
(4)拓展延伸：联系实际生活，谈谈你在生活中遇到的这种麻木的"看客"现象。
【设计意图】萧红的《呼兰河传》中，"看客们"是一直都存在的，通过让学生收集对"看客们"的描写，感受萧红是批判"看客们"那种麻木和对生命的漠视。通过身临其境和联系生活实际，教育学生生活中不要成为麻木且冷漠的看客之一。
(二)多元分享，章节梗概
1.勾连旧知，复习内容梗概的方法
(1)重温文章梗概的主要方法。
①关注章节小标题；②抓关键句；③边读边列提纲。
(2)观看微课，重温文章梗概的方法。
(3)生生交流：分享自己印象深刻的故事情节，并说明理由。

续表

2.小组合作，尝试概括章节内容的梗概

因为《呼兰河传》没有贯穿整本书的主线，没有完整的故事情节与中心人物，章节也没有概括性特别强的标题，但是每个章节都是由几个小故事组成的，可以分别概括。因此，教师可以指导学生在阅读文本的基础上进行关键信息的提取，针对故事的内容，为大章和小节拟订标题。每个小组选择一个章节尝试写内容梗概，并评出"最佳梗概奖"。

交流分享阶段：

(一)好书推广

读完本书后引导学生梳理每个章节内容，再将整本书的内容写故事梗概，然后分小队，到同年级的其他班级进行图书推广。

图书推广的过程中，学生必定要先对书本内容较为熟悉，并且对一些有可能较为吸引读者的章节有一个预判，并且需要有较好的语言组织能力和表达能力，同时还需要对书中的一些人物和事件有独到的思考。

图书推广环节后还设有一个答疑环节，这个环节可以让同学对书中感兴趣的内容进行提问，这就要考验同学们对书中内容是否熟悉，这个活动无疑是一次阅读再提升的过程。

(二)人物名片

《呼兰河传》刻画了五位最典型的人物：祖父、祖母、团圆媳妇、有二伯、冯歪嘴子。教师针对不同的人物设计恰当的阅读支架，比如，抓人物外貌特征制作图文并茂的人物名片。

(三)思维导图

一目了然的思维导图有助于提高学生的思维能力。比如，学生可先确定要选取的人物，然后在A4纸上画出人物，再根据你对这个人物形象的理解画出分支，将在课堂上和同学们补充完善的人物描写提炼关键词、相关事例、人物性格特点等方面进行剖析，在这个过程中既能够加深对人物的认识与理解，也增加了学生的阅读趣味。

(四)根据思维导图撰写人物分析小论文

绘制思维导图后，学生对人物的了解已经比较深入，以此为基础要求学生将自己的理解用文字表达出来。布置学生撰写小论文之前，先和学生讲解撰写需要注意的要点和写作方法。

1.先确定要选取哪一个人物，然后想一想选择这个人物给你印象最深的一个特点是什么？

2.上网收集分析这本书人物形象的相关文献，可以参考，但是不能照搬照抄。

3.给自己的小论文取一个最符合你阅读感受的名字(争取做到生动、形象)。

4.文章第一段开门见山，概括你对这个人物的总体分析。

5.按照典型特点、次要特点的顺序，逐段结合文本分析人物形象。要言之有物，从文本中选取关键词句、事例支持你的分析，但不能全篇照抄。

完成小论文后，先自己修改，再小组交流，最后全班交流分享。分享时，以小组为单位，整理本小组的思维导图和人物分析小论文。全班制作《呼兰河的众生相》阅读集。

(资料来源：佛山市南海区狮山镇松岗中心小学 蔡庆烨《呼兰河传》教学设计.)

(二)案例分析

1. 联系课文的方法，制订计划促读书

在《呼兰河传》整本书阅读与鉴赏教学的导读过程中，教师主要采用了联系课内课文

以及课文片段的方法使学生对相关内容进行回忆，并且让学生回顾五年级下册学过的阅读方法，不仅为学生接下来进行阅读提供方法的支撑，也提供了阅读前的读法指导。除此之外，教师还引导学生制订读书计划、制定人物评价表，全方位地为接下来的阅读推进奠定基础，充分体现了教师重视课前导读，多种方式激趣指导的教学策略。

2. 感悟人物说梗概，合作交流深入读

在阅读推进阶段，教师既对学生进行相关阅读方法的指导，推进他们进行阅读，同时也组织学生形成读书小组，对《呼兰河传》中的主要人物进行形象感知，其中最为突出的就是"看客们"，通过联系现实事件中的看客与书中的"看客们"进行对比，帮助学生深入理解人物形象。除了对人物进行深入解读外，教师还组织学生对于小说梗概进行概括，通过概括总结推进深入阅读。

3. 阅读分享共学习，延伸创作知书理

在阅读分享阶段，学生首先在通读书籍以及了解书中主要人物及故事梗概的基础上，对书目进行推荐，而这就涉及如何组织语言，通过学生将自己的阅读感受和大家交流分享，每个学生都能够在交流分享中有所收获，得到成长。除此之外，教师还布置了人物分析、思维导图以及小论文等诸多拓展创作的作业，帮助学生加深对《呼兰河传》整本书的理解，也锻炼了学生的表达能力。

本章小结

首先，本章对《义务教育语文课程标准》(2022年版)和教育部统编小学语文教材中的教学要求等内容进行了梳理，最终整理出三个不同学段的教学要求。其次，教师针对不同文体阅读与鉴赏、单元整体阅读与鉴赏以及整本书阅读与鉴赏制定了相应的教学策略。最后，通过引入不同文体阅读与鉴赏、单元整体阅读与鉴赏以及整本书阅读与鉴赏的教学案例，生动展现了阅读与鉴赏不同策略在实际教学中的应用，为各位语文教师提供了新课标下阅读与鉴赏教学的应用策略及参考案例。本章的特色在于教学策略与教学片段的一对一匹配，为阅读与鉴赏这一语文实践活动提供了可参考的实施路径。

思考题

1. 谈一谈阅读教学和阅读与鉴赏教学的区别。
2. 不同文体阅读与鉴赏的教学策略应该如何融入实际教学中？
3. 设计单元整体阅读与鉴赏教学时需要注意什么？
4. 进行整本书阅读与鉴赏教学时，教师应该怎样安排阅读课流程？

第九章　表达与交流教学策略与案例分析

本章学习目标

➢ 明确表达与交流各学段的教学要求。
➢ 掌握表达与交流板块的教学策略。
➢ 能灵活运用教学策略进行教学设计，并实施教学。

重点与难点

教学重点： 掌握表达与交流板块的教学策略。
教学难点： 根据不同学段进行教学设计与实施。

表达与交流教学策略与案例分析

导入案例

《学写请假条》

教师在教授《学写请假条》一课时，为学生设置了这样一个情境。

师：清晨，明明一起床就感觉头疼，浑身不舒服，还有点恶心、肚子疼，他想跟老师请假不去上学了。你们能帮帮他，给老师编辑一条微信吗？

生：王老师，我早上起床感觉头疼不舒服，可以不来上学吗？

生：王老师，我恶心、肚子疼，想请假一天。

……

师：同学们，说得都很清楚，可是，你们会写请假条吗？

接下来，老师讲解写请假条的格式和要求。最后，设计不同的情境，让学生写请假条进行练习。

如果请你进行最后一个教学环节，你会给学生设计哪些请假情境呢？

(资料来源：沈阳大学 王晔教学片段.)

在教育部统编小学语文教材中，表达与交流的内容涉及面比较广，但是有一个共同的特点就是与学生的生活密切相关。那么，如何选择适合学生的主题，创设有效的交际情境，让学生能够在日常生活中学会与人沟通交流，并以自己的方式写下自己的见闻和感受呢？让我们一起来开启本章的学习吧！

第一节　表达与交流各学段的教学要求

表达与交流不是简单地听、说和写，它既是一种手段，也是一种目的，更是一种情境。特定情境中的表达与交流富含对象意识与生活化，不仅促进学生表达与交流技能的发展，还对学生的语言、思维、审美、文化等方面具有强化作用。《义务教育语文课程标准》(2022年版)突出了学生的语文实践，提出将"表达与交流"作为四大语文实践活动之一，凸显了自主、合作、探究以及个性化学习的教学模式，实现了传统听、说、写的转变。本章以《义务教育语文课程标准》(2022年版)为参照，通过对教育部编小学语文教材"表达与交流"的内容进行梳理，总结了表达与交流的学段教学要求，提出了具有针对性的表达与交流教学策略，并辅以相应教学案例进行阐释，旨在为小学语文教师提供表达与交流教学的可行性思路。

第一学段(1—2年级)

(1) 学说普通话，逐步养成说普通话的习惯，有表达交流的自信心。

(2) 能认真听他人讲话，努力了解讲话的主要内容。听故事、看影视作品，能复述大意和自己感兴趣的情节。能较完整地讲述小故事，能简要讲述自己感兴趣的见闻。与他人交谈，态度自然大方，有礼貌。积极参加讨论，敢于发表自己的意见。

(3) 对写话有兴趣，留心周围事物，写自己想说的话，写想象中的事物。在写话中乐于运用阅读和生活中学到的词语。

(4) 根据表达的需要，学习使用逗号、句号、问号、感叹号。

第二学段(3—4年级)

(1) 乐于用口头、书面的方式与人交流沟通，愿意与他人分享，增强表达的自信心。

(2) 能用普通话交谈，学会认真倾听，听人说话时能把握主要内容，并能简要转述。能就不理解的地方向人请教，就不同的意见与人商讨。

(3) 能清楚明白地讲述见闻，说出自己的感受和想法。讲述故事力求具体生动。能主动参与日常生活中的文化活动，根据不同的场合，尝试运用合适的音量和语气与他人交流，有礼貌地请教、回应。

(4) 观察周围世界，能不拘形式地写下自己的见闻、感受和想象，注意把自己觉得新奇有趣或印象最深、最受感动的内容写清楚。能用便条、简短的书信等进行交流。尝试在习作中运用自己平时积累的语言材料，特别是有新鲜感的词句。

(5) 学习修改习作中有明显错误的词句。根据表达的需要，正确使用冒号、引号等标点符号。课内习作每学年16次左右。

第三学段(5—6年级)

(1) 听人说话认真、耐心，能抓住要点，并能简要转述。乐于表达，与人交流能尊重和理解对方。注意语言美，抵制不文明的语言。

(2) 表达有条理，语气、语调适当。参与讨论，敢于发表自己的意见，说清自己的观点。能根据对象和场合，稍作准备，作简单的发言。

(3) 懂得写作是为了自我表达和与人交流。养成留心观察周围事物的习惯，有意识地丰富自己的见闻，珍视个人的独特感受，积累习作素材。

(4) 能写简单的纪实作文和想象作文，内容具体，感情真实。能根据内容表达的需要，分段表述。学写读书笔记，学写常见应用文。

(5) 修改自己的习作，并主动与他人交换修改，做到语句通顺，行款正确，书写规范、整洁。根据表达需要，正确使用常用的标点符号。习作要有一定速度。课内习作每学年16次左右。

在落实以上要求的过程中，注重了解中华优秀传统文化的源远流长、丰富多彩，提升自身中华优秀传统文化修养；感受先贤志士的人格魅力，感悟老一辈无产阶级革命家的英雄气概、优良作风和高尚品质，体会捍卫民族尊严、维护国家利益和世界和平的伟大精神。

第二节 表达与交流教学策略

新课标理念指导下，学生的表达与交流更多地与问题解决、任务驱动联系起来，写话、写作、口语交际作为学习方式和思维方式，将成为"做事"情境下的真实表达与交流。

以下从口头与书面两方面展开论述。

一、口头表达与交流教学策略

口头表达与交流能力，即口语交际能力，我们通过对《义务教育语文课程标准》(2022年版)各学段具体目标进行解读，不难发现，口头表达与交流教学理念更为明确地凸显了交互性、实践性、综合性和生活化。因此，我们在进行口语交际教学时，应更注重交际策略、实训策略、综合化策略以及生活化策略的必要性。

(一)口头表达与交流教学中的交际策略

口语交际是以交际为核心，交际双方通过口头语言进行交流沟通的活动。口语交际的过程绝不是听与说的简单相加，而是听与说双向互动的过程。只有交际的双方处于互动的状态，才是真正意义上的"口语交际"。因此，教师在进行口语交际教学时，应采取多种手段促进师生之间、生生之间互动。

1. 精心筛选交际话题

话题是交际的中心，话题的选择直接关系交际的效果。

首先，教师确定话题时应充分考虑话题的价值性、实用性、互动性和学生的兴趣等因素，思考话题能否激起学生的思想火花，产生热烈的交流氛围，尽量选择多元的、贴近生活的交际话题。一方面，教师可选教材中的阅读和写作中的材料，延伸训练，拓展学生思维广度。例如，上完《草船借箭》的教学课程后，可引导学生讨论周瑜、诸葛亮、鲁肃、曹操等人物的性格特点，让学生说说自己最欣赏哪一个人物。另一方面，教师也可以选取生活中的一些热点话题，比如，引导学生讨论同学之间、师生之间及与家长之间如何相处的问题，如何看待网络游戏的问题等。

其次，对于一些双向互动性明显的话题，教师要充分激发学生的讨论兴趣与欲望，让学生承担有实际意义的交际任务，激发学生跃跃欲试、一吐为快的欲望，让学生兴致勃勃地交流、体验，从而获得审美感受。

对于"辩论"这一互动话题，教师应明确这是小学语文教材中唯一一次辩论课，因此，教师执教时应注意指导的层次性和有效性。首先，教师播放辩论视频，让学生直观感受，了解辩论会的基本流程。其次，以生为本，结合教材整理出的辩论要点，引导学生进行辩论。在此过程中，教师应注意让学生自己选择感兴趣的辩题，而不是规定辩题，让学生抽签决定自己做正方还是反方，自荐、互荐辩手。在小组辩论时，要求每个学生都参与发言，给学生提供语言实践的机会。最后，师生总结评议，评选出优胜小组，并请学生说说此次辩论获得的收获，从而积累辩论的经验。

【案例 9-1】

教育部统编小学语文教材六年级下册第五单元口语交际《辩论》

辩论，就是通过摆事实、讲道理来丰富认识，帮助我们全面地看待事情、处理问题。然而，真正的辩论可没有那么容易！那么，这节课我们一起来讨论和学习一下辩论的原则、注意事项以及基本技巧，展开一次模拟辩论会，感受辩论的魅力。

在本节课的教学设计中，不可缺少的就是下面的环节——交际指导。

1. 分组筹备。学会筹备资料。(有针对性地收集材料，选择有说服力的事例。)
2. 明确辩论程序。

立论——自由辩论——总结陈词

要求：(1)我方陈述要充分利用时间，用简洁的语言清晰地表明自己的观点。(2)对方陈述时要注意倾听，抓住对方的漏洞。(3)自由辩论时进一步强调我方观点，并针对对方观点进行有效的反驳。

3. 辩论要紧扣议题，包容合作。
4. 意见不一致时，辩论双方应互相尊重，礼貌地表达自己的不同见解。

(资料来源：沈阳大学师范学院 小学教育专业学生安文婷.)

对于互动性不太明显的话题，教师要注意关注隐性的一方，想方设法让学生在互动中想说、会说、善说。例如，对于"打电话劝阻要转学的同学"这一话题，教学中不能只关注"劝阻一方"怎样劝说，而是既要引导劝阻者"能言善劝"，又要引导被劝阻者"能言善辩",这样双方才能沟通,才不至于让劝阻者唱"独角戏",从而锻炼和发展学生的口头表达与交流能力。

2. 明确交际时的身份与角色定位

口语交际中,学生是交际的主体,但这并不是说教师完全就置身事外,把讲台完全让给学生,成为讲台底下的观望者。在口头表达与交流教学中,教师的身份是多重的,其既是口语交际教学的主导者,又是参与者、调控者、促进者,多重角色在整个教学过程中应相互转换。进行口语交际前,教师需向学生提出具体要求,把具体任务落实到每个学生身上,同时教给学生倾听、表达、应对的方法,指导学生如何利用语气、语调、表情、手势和动作等增强表达效果。此外,教师还要发挥示范作用,亲自做示范或直接参与角色活动,师生在平等和谐的氛围中共同体验和感受语言的魅力。

3. 加强师生、生生之间的合作交流

口语交际是人与人之间交换思想、意见,交流经验、成果、情感,或者买卖东西,寻求帮助,交涉事情等必不可少的活动,因此,教师应注意师生之间、学生与学生之间的合作与交流。在交际环境中,如果师生之间、学生与学生之间能加强合作与交流,彼此相互启发,相互交际,并且交际中相互学习,听说中相互补充、启发和促进,那么教学效果就会更好。

可以让学生充当小记者"采访科任老师",整个"口头表达与交流"都处于"双方互动"之中,学生如何采访老师,提什么问题,是事先设计好的,但教师的回答不一定按学生的思路来,学生必须随时调整提问的角度。这时,师生之间相互合作,就能使整个采访活动顺利进行。

【案例9-2】

教育部统编小学语文教材二年级下册第三单元口语交际《长大以后做什么》

情景表演,师生模拟采访。

(老师模拟记者,采访学生)

师:每个人都有自己的梦想。你们长大以后想做什么?并说一说为什么会有这样的想法。

生1:记者阿姨您好!我长大了想当一名老师,我的老师,她知道得很多,能歌善舞,还喜欢和我们一起做游戏。

师:真棒!你不但清楚地表达了自己的想法,还能简单说明理由,真是个会表达自己感受的孩子。谢谢你接受我的采访,祝你早日实现理想。

师:梦想不一定实现,但理想必须要有,你能告诉我你长大以后想做什么吗?

生2:我想当牙医。

师:为什么呢?

生2:因为现在有很多小朋友的牙齿都坏掉了,我想给他们治一治。

师:你真是一个认真观察且有爱心的孩子。希望你早日实现自己的理想,谢谢你接受我的采访。

师:"三百六十行,行行出状元。"既然你们有了梦想,就应该将梦想化作行动的动力,这样才能把美好的理想变成现实。老师衷心地祝愿同学们都能实现自己的理想,做一个对社会有用的人。

通过采访,调动了学生的积极性,真正做到了让学生想说、会说、敢说。

(资料来源:沈阳大学师范学院 小学教育专业学生于欣彤设计.)

(二)口头表达与交流教学中的实训策略

口头表达与交流教学的训练策略就是要积极引导学生经历实践和扎实训练,达到《义务教育语文课程标准》(2022年版)所强调的"在各种交际活动中,学会倾听、表达与交流"的教学目标。因此,教师在口头表达与交流教学实训中需要注意以下四个方面。

1. 明确口头表达与交流实训的重点

进入小学以后,教师要求小学儿童能够听懂教师的讲述和指示,能了解讲述的意思,抓住主要思想。口头表达与交流包括对话和独白两种形式。学前儿童的对话言语占据主导地位,并在对话过程中加以常用手势和表情来补充解释,独白言语尚未发展完全。与学前儿童相比,小学儿童已基本能选择词汇,组织内容进行口语表达与交流。因此,教师应把正式场合的独白式口头表达与交流作为重中之重。

所谓"正式场合的独白式口头表达与交流",突出"正式场合""当众表达",特别强调交际的对象"当众",其最主要的就是"面向大家"。首先,要突出独白式口头表达与交流的交际性;其次,结合每一种具体的情境思考,明确在这一特定的场景下,应该重点介绍哪些内容,应该怎样介绍?当然,我们需要注意的是,独白式口头表达与交流不等同于口头作文,不能误将学生的口头表达变成表演式的、背诵式的、书面语式的、口头作文式的表达,偏离了口头表达与交流的方向。

这一口头表达与交流实践活动,教师应根据收集到的资料列一个提纲,按照一定的顺序讲述;根据听众的反应,对讲解的内容做调整,将这作为教学重点。对此,教师可以在口语交际实训前引导学生确定好讲解的主题,帮助学生模拟讲解现场,利用学习小组让听的学生提出改进意见。

【案例9-3】

教育部统编小学语文教材五年级下第七单元口语交际《我是小小讲解员》

教学目标:

1. 确定好讲解的主题,围绕这个主题查阅、收集文字和图片资料。
2. 根据查到的资料列一个提纲,并按照一定顺序讲述。
3. 根据听众的反应,对讲解的内容做调整。

讲解之前,需要安排讲解的顺序和主要内容,做到条理清晰,重点突出,可以通过列提纲的方式来实现。本课的重难点之一,就是指导学生学会列讲解提纲。

怎样根据查到的资料列一个提纲?以介绍我们学校的图书馆为例。

讲解对象:学校图书馆。

讲解主题:书香校园,阅读活动有特色。

讲解内容:图书馆的总面积、图书馆有多少藏书,分成哪些类别、图书馆开放时间、图书馆入馆借阅规定、图书馆的阅读环境和氛围、图书馆组织了哪些形式多样的读书活动。

讲解之后要做点评。同时还可以提示同学们,真正讲解的过程中,可能文字过多,这样可以做一些辅助小卡片,标注重要信息,以做提示。这样就向真正的讲解员迈进一步啦!

(资料来源:沈阳市沈河区文化路第二小学 付天琪老师设计。)

2. 把握口头表达与交流实训的突破口

教师应将培养良好心理素质作为发展学生口语能力的突破口。在口才训练系统中,心理素质占据举足轻重的作用。因此,口头表达与交流教学应该从培养学生敢于当众表达开始。在起步阶段,通过各种方式降低难度、放缓坡度。一是擅于借助道具表达。如交流喜欢的小玩具,或翻开书给大家展示自己喜欢的某篇童话等。二是以小组为单位当众表达。这样做有助于缓解学生紧张不安的情绪。三是从当众朗读起步。四是不断转变评价的角度,着力增强学生信心,让学生觉得上台发言是很自然的事情。

3. 合理安排口头表达与交流实训的频率

教师要把常规的口头表达与交流活动作为发展学生口语能力的重要保障。首先,开发教材加大口头表达与交流力度。如三年级上册第二单元的"讲名人故事",四年级下册第四单元的"小小新闻发布会",五年级上册第四单元的"生活中的启示"等都可以设计成长时间持续的口头表达与交流活动。由于每一段时间固定一个交际主题,这不仅使学生能够事先做充分准备,而且可以保证尽可能多的学生参与,使教师充分关注到每一个学生的进步。其次,可以把习题训练同口头表达与交流融为一体。比如,《地震中的父与子》课后练习题"想象一下,阿曼达在废墟下会想些什么,说些什么呢?把你想到的写下来"与口头表达与交流教学习题"给同学讲讲你与父母之间的故事"有着非常密切的联系。如果在刚学完课文立即对此进行强化练习,每位学生都会有乐于表达的欲望,都能有效提高自己的口头表达与交流能力。

4. 挖掘口头表达与交流实训的新内容

教师要将口头表达与交流教学实践中的空缺发展为新内容,为学生设计有质量的口头表达与交流训练活动。从全视角深度学习观来看,教师在教学实践中还应该融入两部分内容。一是口头表达与交流实训的起始环节,教师应注意组织学生观摩典范讨论场景,初步感受讨论的实质与价值,通过讨论提高学生的学习效率;二是口头表达与交流实训的结束环节,教师要引导学生再次进行思考性讨论,明确未来讨论需改进的方面。

例如,在教育部统编小学语文教材六年级下册关于讨论的课中再次将讨论这一口语交际活动作为自觉认识的对象,梳理出"讨论是什么""为什么要开展讨论""怎么有效开展讨论活动"这三大问题的图式,并指明今后仍要努力的方向。又如,"劝告"是教育部统编小学语文教材三年级下册的训练专题,训练点为"从对方的角度并用商量的语气劝告"。但单凭这两点还不能高质量地完成一项"劝告"任务,教师还得引导学生认识:为什么要对同学与亲友的错误言行积极劝止?在给定的对象与场合下,可以用哪些内容来规劝?这些内容按哪种顺序来组织比较理想?除教材给定的策略外,还要使用哪些规劝策略?

(三)口头表达与交流教学中的综合化策略

《义务教育语文课程标准》(2022年版)强调要遵循学生身心发展规律和核心素养形成的内在逻辑，整合学习内容、情境、方法和资源等要素，增强语文课程教学的综合性。因此，教师在进行口头表达与交流教学时应紧跟教育潮流，多途径、多渠道促进学生口头表达与交流能力的提升。

1. 以学习任务群提高口语交际教学效率

所谓学习任务群，就是一系列相关学习任务组成的集合体，教育部统编小学语文教材中也有一些单元初具学习任务群的面貌，教师教学过程中可以以阅读、习作学习任务关联口头表达与交流学习任务，促进学生进行深度学习。

例如，四年级下册第七单元在阅读、习作与口语交际三方面的任务相关性很强。该单元的阅读任务为从对人物的语言与动作的描写中感受人物的品质。该单元的习作任务为以"我的'自画像'"为题向新班主任介绍自己，这是书面自我介绍。显然，前期阅读为后期的深度写作提供了情感触发和写作技法。该单元的口语交际任务为选择或创设一个情境作自我介绍，这是口头自我介绍。于是，在这样一个单元结构中，书面自我介绍与口头自我介绍两者之间的联系与区别很自然地成为认识与体验的对象。

【案例9-4】

教育部统编小学语文教材五年级下册第七单元学习任务群设计

学习任务群是结构化的课程内容，增强了学科知识间、学科与生活之间、学科内各部分内容之间的多重联系。五年级下册第七单元选录了《威尼斯的小艇》《牧场之国》《金字塔》等书面讲解的文章，习作为介绍一处中国的世界文化遗产；口语交际话题为"我是小小讲解员"，要求学生讲解校园里有代表性的地方。如此感受、体验书面讲解与现场口头讲解的异同，自然成为该单元的高阶性学习任务。

教师可将该单元的口语交际要求修改为"把自己扮成导游，想象自己正在威尼斯城面向游客现场讲解威尼斯的小艇"，那么，该单元的阅读、习作与口语交际三大模块在学习任务方面的正相关性更强，更能促进学生口语交际能力的提升。

(资料来源：沈阳大学师范学院学生作业整理.)

2. 运用跨学科学习提升学生综合能力

口语交际能力是一个综合性很强的能力，口语交际教学的空间也完全可以延伸到语文课堂外，学生日常生活的空间有多大，其口语交际的学习空间就有多大。因此，口语交际的教学不仅可以在语文课上进行，而且可以在课下和其他学科课程小组学习。

一方面，口语交际是学生日常生活的一部分，利用课外时间来学习，不仅自然便捷，更是贯彻落实"藏息相辅"教学原则的要求，关键是教师应该怎么将课余学习与课内教学匹配。如六年级上册第六单元口语交际话题为"意见不同怎么办"，如果课上活动为"从某一角色出发在两个与环境保护有关的问题中任选一个阐述看法"，那么，教师就必须课前布置学生利用课外时间走访社区相关人物的任务，听取并分析他们的看法；五年级下册第七单元，为了让学生能进一步运用在这次课上习得的"现场讲解"的方法并形成正向迁移能力，教师就应该布置巩固性课后练习，如要求学生在学校给低年级同学讲解校园有代表性的地方，或到社区做志愿讲解员等。这样做既能使学生学以致用，又能培养学生的爱心。

另一方面，口语交际也是小学各门课程课堂的组成部分。各学科教师如果都有心引导学生提升口语交际品质，那么，各学科的课堂都可以为口语交际提供空间。现在有部分学生校内与校外都不爱讲话，怎样才能改变这一局面，让学生在课内、课外都愿意说、说得得体，甚至是说得有艺术呢？那就需要改变目前课堂上只听老师说的局面，引导学生积极倾听同学"说说"，同时教师自己率先示范，以身作则，不仅认真地听学生的意见，而且还会听，能听出其最重要、最真实的意思，听出对方的话里的意思，遇到高品质的"说说"，还能及时点出其美妙所在，并予以表扬。

(四) 口头表达与交流教学中的生活化策略

《义务教育语文课程标准》(2022年版)强调语文课程从学生语文生活实际出发，引导学生乐于实践，勇于探索。因此，教师在进行口头表达与交流教学时应注重生活化策略，以学生生活的实际需要为交际目的，让教学的过程成为实现某种需要的生活的过程，有效地提高学生日常口头表达与交流的基本能力。

1. 创设丰富的生活化交际情境

语文学习的外延和生活的外延相等，生活就是口语交际的内容，口语交际就是生活的工具。教学中，教师要善于捕捉现实生活中的精彩画面，创设丰富多彩的生活化交际情境，引导学生进行口语交际训练。创设情境时，教师要注意学生的年龄，要能引起他们的兴趣，口语训练还要具有一定的挑战性。如在进行《小兔运南瓜》《一起做游戏》《看图讲故事》这类情景的口语交际教学时，最好呈现相应的图片或者在黑板上画出相应的图画，这样不仅能吸引学生的注意力，激发学生的兴趣，还能起到提示作用。

教师在进行口语交际教学时，首先要看口语交际中的"小贴士"，"小贴士"明确地指出了本次口语交际教学的目标。第一条是注意说话的语气，不要用指责的口吻。这一条"小贴士"涉及语境理论，指向语境理论中的副语言语境。再从言语情景来看，教材提供了三个与生活密切相关的情景，通过不同的情景来感受不同的表达语气可以作为教学的三个环节。第一，劝告高年级同学不要玩楼梯扶手——感受不同的劝告语气。第二，劝告同学不要横穿马路——实践训练，注意劝告语气。第三，劝告同学少玩电脑游戏——对象变化，注意语气的同时，思考如何采取有效的劝告方式。

【案例9-5】
教育部统编小学语文教材三年级下册第七单元口语交际《劝说》

教学目标：
1. 注意劝说时说话的语气，不要用指责的口吻。
2. 学会多从别人的角度着想，让劝说更容易接受。

教学重点：能根据具体的情境选择恰当的方式尝试劝告别人。

教学难点：能注意说话的语气和技巧从对方的角度着想晓之以理、动之以情地进行劝说。

谈谈生活中的劝告经历，进行情境预设。

(1) 劝爸爸不要抽烟、喝酒。

(2) 劝妈妈开车时不要打电话。

(3) 劝外卖小哥骑电动车要遵守交通规则，不闯红灯。

(4) 我的父母经常为一些家庭琐事吵架，我该怎么劝。

(5) 表哥喜欢玩电脑游戏一玩就是一整天。

选定的话题与情境要来源于生活，学生熟悉且有话可说。而执教本课的重点在于让学生学会运用得体的语言，多从对方的角度着想进行劝说，所以创设交际情境，设计多样化、有层次的交际活动显得尤为重要。

(资料来源：沈阳市南京一校 张颖.)

2. 提供多样性的生活化交际练习

一方面，教师应把握课堂教学，在课堂教学中进行生活化口语交际训练。第一，抓住导入环节进行口语交际，激发兴趣，鼓励探究；第二，抓重点字词进行口语交际，加深理解，锤炼语言；第三，抓重点句段进行口语交际，揭示中心，抒发感情；第四，抓空白填补进行口语交际，启发想象，扩展思路；第五，抓疑惑之处进行口语交际，引发辩论，明辨事理；第六，抓总结归纳进行口语交际，扩展延伸，升华主题。

另一方面，教师应充分利用课余时间，让口语交际训练在课外能够有效延伸。首先，让学生走进大自然。教师可以建议家长利用节假日，带孩子贴近大自然，丰富其知识储备。其次，让学生走向家庭。教师可以建议学生把在学校看到的、听到的、感兴趣的事告诉父母、亲友，在交流、表达中提高交际能力。最后，让学生走向社会。教师可以利用暑假、寒假给学生布置社会实践作业，比如，让学生调查所居住的小区的"垃圾分类"情况，培养学生面向社会，学习交际，在社会实践中提高口头表达与交流能力。

二、书面表达与交流教学策略

《义务教育语文课程标准》(2022年版)对小学阶段的书面表达与交流有两种表述：第一学段叫作"写话"，第二、第三学段叫作"习作"。基于此，小学阶段的书面表达与交流教学策略可分为写话教学策略和习作教学策略。

(一)写话教学策略

写话是把想要表达的内容用文字记录下来，将口头语言转化为书面语言，它是低学段作文训练的重点，为学生打开了作文学习的大门，可为中高学段的习作打下基础。因此，写话教学对小学阶段的写作教学极其重要，这需要教师投入更多的教学精力，提升学生的写话能力，为中高学段的习作训练奠定坚实的基础。

1. 创设情境，激发兴趣

社会心理学认为，人与人之间的信息传递与交流需要在良好的心理认同和情感共振的基础上进行。因此，通过创设与写话内容有联系的情境，可激起教师、学生、写话内容之间的情感共鸣，为学生营造一个良好的创作氛围，让学生沉浸在写话的世界，使学生形成良好的求知心理，激发学生的写话兴趣。

一方面，教师可以创设生活化情境。所谓生活化情境，就是接近学生的实际生活、学生所熟悉的情境。写话基于生活化情境，学生能够感受到写话在生活中的应用，体验到写话的乐趣，从而产生表达欲望，敢于表达、乐于表达。例如，教育部统编小学语文教材教科书二年级上册专门设计了"学写留言条"的写话板块，并提供了两个真实情境，一个是"去办公室还书，老师不在"，另一个是"去小芳家通知，明天九点钟准时到学校参加书法小组活动，但家里没人"。在这样富有生活气息的情境里，学生体会到了写留言条的重要意义。学生写完留言条之后，教师可以引导学生之间互相转述各自的留言，也可以将自己的留言条送给同学。另外，教师还可以让学生自己创设一个需要写留言条的情境，进一步体会写话的实用与乐趣，激发学生写话的动力，进而对写话有兴趣。

另一方面，教师可以创设趣味情境。进行写话教学时，教师应善于创设富有童趣的情境，让学生在轻松、愉快的氛围里感受到写话的实用。低学段的学生天性活泼、好动，喜欢新鲜的事物，且他们的具体形象思维占主导，统编教材一年级、二年级教科书中的写话板块正是在依据儿童的认知规律的基础上进行编排的，设计了生动形象、趣味盎然的插图，教师应充分利用这些符合学生心理特点的图片创设趣味情境，调动学生的多种感官，让学生如临其境，从而使学生的写话兴趣高涨。

例如，教育部统编小学语文教材二年级下册《语文园地七》的写话训练，教师就可以借助书中"猫和老鼠"的插图，以学生熟悉的动画片《猫和老鼠》为切入点导入新课，吸引学生的注意力。与此同时，将学生带入充满趣味的情境，再巧妙地提问，引导学生开动脑筋，发挥想象，最后让学生将心中所想转化成书面文字。在如此有趣的情境下，写话对学生来说并非难事，自然而然地也就愿意动笔写话。

2. 留心生活，学会观察

生活就是一个百科全书，教师应引导学生留心观察生活，留心周围的事物，发现生活中的美好，寻找生活中的亮点。写话教学时，教师可以从游戏、活动入手，让学生围绕游戏、活动来写话，通过这样的方式，学生下笔如有神，变得乐于动笔，激发了学生的表达愿望。除此之外，教师还可以让家长带着孩子去领略更广阔的天地，课余生活小学生只有不断丰富自己的素材库，写话时才能进行提取，做到下笔有内容。

留心生活就意味着学生要有一双擅于发现的眼睛，勤于观察，因此教师要培养学生的观察能力。在写话教学中，看图写话是训练学生观察能力的有效方式，它是学生通过观察图上的内容进行写话的一种写作训练，包括单幅图看图写话、多幅图看图写话。小学一年级、二年级的统编教材语文教材中编排了大量丰富多彩、形式多样的图片，这些图片都是教师可以深入挖掘的写话资源，教师应当充分利用，为学生的写话架设通道。

首先，引导学生学会观察图片。培养学生有序观察图片的习惯，如从上至下或从下至上、从左至右或从右至左、由远及近或由近及远、从景到人或从人到景等，通过有条理、有顺序地观察图片，学生能够从不同角度获得图片中的信息，做到有话可写，而且写得有内容、有条理。

其次，引导学生抓住图片的重点，分清主次。低学段的学生还没有足够的经验去分清图片信息的主次，很难抓住重点。因此，教师要培养学生抓住重点的能力，找到图片侧重传递的信息，让学生进行有效的观察。

再次，观察要全面。细微之处也要注意到，尤其在多幅图片的写话中，图与图之间的联系就应该特别注意。学生观察图片之后，教师可以先让学生"想图"，也就是让学生基于精美的图片展开合理的想象，使静止的图片和人物"活"起来。再让学生"读图"，指导学生准确表达图片内容，学会说完整话。

最后，再由说到写，教师组织学生在说清楚图画内容的基础上再将句子写下来。在这样的看图写话教学过程中，学生会觉到写话并不难，怎么说就怎么写，写自己想说的话，写自己想象中的事物，即"我手书我口，我手书我心"，学生自然就能够落笔成章。

【案例9-6】

教育部统编小学语文教材二年级下册第四单元《语文园地四》看图写话

教学目标：能根据提示看图发挥想象，并借助词语按时间顺序把小动物一天的经历写下来。

教学重点：在有序观察的基础上，按时间顺序把小动物一天的经历写下来。

教学难点：根据提示看图发挥合理的想象。

下面的教学片段，我们重点看看老师是如何启发同学根据图画的内容进行想象，并把句子写清楚的。

师：通过仔细观察，我们说清楚了图画的基本意思，但这些小动物呀，跟你们一样，在玩游戏时也会说话，做动作，还有各种想法呢。咱们一起来想象它们是怎样玩的吧！

第一幅图：小虫子、蚂蚁和蝴蝶它们看到了什么，是怎么想的、怎么做的？又会说些什么呢？

(1) (天气怎样？)小虫子、蚂蚁和蝴蝶来到了(什么地方，干什么？)，走着走着，它们突然看到了(什么？怎么想的？)是怎么做的？又会说些什么呢？

(2) 小虫子和蚂蚁玩跷跷板，想一想它们的心情是怎么样的？蝴蝶在旁边干什么呢？

把刚刚说的连起来就是第一幅图的内容，现在请你们把这段文字和之前说的第一幅图的内容比一比，你觉得哪个更好？(边读边分析并板书)

早上，天气晴朗，小虫子、蚂蚁和蝴蝶在绿油油的草地上散步。(谁在什么地方干什么，还加上了环境描写)走着走着，它们突然发现了半个蛋壳。(看到了什么)小虫子眼珠子骨碌碌一转，说："我们找根木条把蛋壳做成跷跷板吧！"蚂蚁和蝴蝶听后，不约而同地说："这真是个好主意！"(说了什么)于是，它们三个齐心协力地把蛋壳做成了一个跷跷板。蚂蚁和小虫子开心地玩起了跷跷板。蝴蝶在空中飞来飞去为它们加油。(做了什么)三个小伙伴玩得开心极了！

(3) 写法小结：我们通过仔细观察，写清楚了图上画出来的内容，大胆想象了小动物们看到了什么、怎么想的、说了什么、怎么做的等内容。而这一看一想，让画面"活"了起来，故事也更精彩了！

教师在这一环节中，首先引导学生细致观察第一幅图，抓住小动物的表情和动作展开想象，想象小动物说的话和心里的想法，把图画内容完整地说出来了，初步习得表达的方法。接着由扶到放，构建语言支架，有效地培养了学生的语言运用能力，让学生习得写话的方法。

(资料来源：刘久亮老师小语工作坊 宁强县实验小学 党晓红.)

3. 巧用课文，乐于积累

儿童的记忆力好，且善于模仿，教师应根据这个情况，从文本中寻找可以利用的资源。教育部统编小学语文教材课后习题的编排就体现了对学生语言文字的积累，如"读一读，记一记""朗读课文，背诵课文"等习题，其目的就是让学生多读、多记、多积累。"读一读，记一记"主要是让学生积累好词，丰富语言"仓库"；"朗读课文，背诵课文"是让学生积累优美语段，教育部统编小学语文教材中有较多文字优美的儿歌、短文、童谣等，它们读起来朗朗上口，带有节奏感和韵律感，对于低学段学生来说容易记忆。因此，教师要巧用课文，让学生在朗读、背诵的语段中潜移默化地受到熏陶，提高学生的语言表达能力。

例如，一年级下册《棉花姑娘》的最后一句话："不久，棉花姑娘的病好了，长出了碧绿碧绿的叶子，吐出了雪白雪白的棉花。"教师可以将这句话改为："不久，棉花姑娘的病好了，长出了碧绿的叶子，吐出了雪白的棉花"，然后引导学生比较这两句话，学生会发现"碧绿碧绿""雪白雪白"这样 ABAB 式的词语会让句子更为生动，进而对这类的词语产生兴趣，这时教师就可以引导学生积累并运用词语，模仿句式进行写话训练。久而久之，学生会养成乐于积累的习惯，并在自己的写话中也乐于运用积累的佳词好句。

4. 培养语感，规范表达

一年级的小学生刚接触标点符号时，对它们比较陌生，存在着标点符号运用不规范的情况。教育部统编小学语文教材一年级上册《青蛙写诗》一课采用了学生喜闻乐见的儿歌形式，让学生认识逗号、句号和省略号。因此，教师在一年级时就应该在阅读教学中渗透标点符号的教学，教学生写好一句完整的话，让学生掌握标点符号的正确写法和用法，如完整句子后面要加上句号；如果是问句，后面加问号；当语气表达很强烈的时候，后面要用感叹号等。从而让学生明白标点符号运用的意义，帮助学生建立句子的概念，让学生感受到标点符号的魅力。

在写话练习时，教师可以引导学生感受图片中人物或动物的心情，通过想象画面来思考哪个标点符号可以适用于这一情境，进而清楚标点符号的使用规则。教师在批改写话作业时，应将学生标点符号运用不恰当的地方圈出来以提醒学生，让学生进行修改，强化学生对于标点符号的理解；教师也可以挑选出标点符号使用正确的学生作品在班级中分享，并让学生朗读，强调标点符号也要读出来，学生在朗读过程中会将每一个标点符号的语气表现出来，进而加深了对标点符号用法的理解，这不仅培养了学生的语感，也有助于规范学生的表达。

(二)习作教学策略

1. 读写结合，迁移运用

阅读是写作的基础，读写是一体的，并且能够相互促进。一堂堂阅读教学课，其实也是一堂堂习作课，如果说阅读是由外到内的吸收和积攒，即"内化"，那么习作就是由内到外的表达与倾吐，即"外化"。因此，对学生习作的训练应与阅读相结合。

首先，习作与课内阅读相结合。教育部统编小学语文教材中的课文就是一篇篇的例文，是值得细细品味与欣赏的。所以教师要善于用好教材，阅读教学时，带领学生欣赏课文，品析其遣词造句，引导学生摘录好词、好句、好段，积累习作素材，丰富习作材料库，从而达到读写结合、以读促写的目的。另外，课文中的写作技巧、修辞手法、表达方式等也是学生能够借鉴学习的材料，教师要在教学中重点强调，并通过仿写、小练笔等训练，如仿精彩句式、仿典型语段、仿文章结构等让学生将其迁移运用到自己的习作中，这样才能达到学以致用的效果，以进一步提升学生习作的能力。

【案例9-7】

教育部统编小学语文教材三年级上册第三单元《我来编童话》

"试着自己编童话、写童话"并不是个很明确的目标。编到什么程度，写到什么标准？这需要有个准确的定位。定高了，学生达不到，会打击师生的积极性；定低了，学生都会，实现不了教学的价值。究竟定个什么标准，我认为取决于学生现有的能力和水平。

起初，我从自身的教学经验出发，认为学生从小读到大，而且三年级的孩子，他们现在正处于想象丰富的时候，所以把目标定为"根据所给的词语，发挥想象，生动地编写一个童话故事"，强调故事的生动性。为了增强故事的生动性，我进行了以下教学。

出示《一块奶酪》教学片段。

蚂蚁队长叼着奶酪的一角往前拽着，也许是用力过猛，一下就把那个角拽掉了。盯着那一点儿掉在地上的奶酪渣，蚂蚁队长想："丢掉，实在太可惜；趁机吃掉它，又要犯不许偷嘴的禁令。怎么办呢？"它的心七上八下，只好下令："休息一会儿！"

师：读一读这段话，你觉得哪里写得有意思？说说自己的体会。

生：我觉得"盯着那一点儿掉在地上的奶酪渣"的"盯"字写得有意思，写出了蚂蚁队长特别想吃的样子。

师：这个"盯"字是蚂蚁队长的——

生：动作。

生：我觉得"蚂蚁队长想：丢掉，实在太可惜；趁机吃掉它，又要犯不许偷嘴的禁令。怎么办呢？"这里写得有意思，写出了蚂蚁队长特别矛盾的心情。

师：这里写出了蚂蚁队长心里的想法，我们称之为——

生：心理活动。

生：我觉得"它的心七上八下，只好下令：'休息一会儿！'"写得有趣。蚂蚁队长想不出办法，就让休息一会儿，它这是在拖延时间，想办法。

师：这是蚂蚁队长的——

生：语言。

师：作者细致地描写了蚂蚁队长的动作、心理活动等方面，让我们感受到一个鲜活生动的人物形象。

通过观察交流，学生发现，人物的动作、语言、心理活动的细致描写可以使故事更生动。在独立编故事的时候，学生开始关注人物的动作、语言和心理活动。但是从课后全班学生习作的反馈来看，部分学生只能关注其中的一两点，三点都能兼顾到的学生微乎其微。

《义务教育语文课程标准》(2011年版)在"课程目标"部分对中年级的习作明确提出了阶段性目标：留心周围事物，乐于书面表达，增强习作的自信心；能不拘形式地写出见闻、感受和想象，注意表现自己觉得新奇有趣的或印象最深、最受感动的内容；尝试在习作中运用自己平时积累的语言材料，特别是有新鲜感的词句。这里强调的是"乐于""表达""不拘形式地写""尝试""运用"。

结合课标中的阶段性目标，反观本节课学习目标，实践证明：把故事编生动，对刚刚升入三年级的学生来说要求太高！多数学生能够达成的学习目标才是合理的，不能太低也不能太高。

[资料来源：《小学教学与设计》(语文)2022年第1期、第2期，李丽.]

其次，习作与课外阅读相结合。除了教材的课文，课外读物也蕴含着宝贵的习作材料，教师应鼓励学生课余时间多阅读、多积累，从阅读中有所收获。教师要帮助学生养成写读书笔记的习惯，让学生读过的书变得有迹可循，将习作与阅读有机地结合在一起。学生还可以写积累本，将课外读物中的优美词语、句段摘录下来，并将其灵活地运用到自己的习作中，能够活学活用。习作是学生智慧的结晶，当学生有了自己的写作材料库，并能够迁移运用，写出自己的生活，讲出自己的故事，并表达出自己的创意，那么他们的习作信心自然会增加，习作的兴趣自然也有所提高，习作就变得更加得心应手。

2. 观察生活，积累素材

生活是学生习作的源泉，正如叶圣陶先生所说："生活如泉源，文章如溪水。"生活中并不缺少美，只是缺少发现美的眼睛。如果学生生活中能够处处留心、时时在意，文字自然就会顺着笔尖流淌，这样学生习作时就不愁无从下笔了。因此，教师应引导学生观察生活、用心感受生活，让学生意识到生活是习作的源头活水，要从生活中积累习作素材。

一方面，教师要培养学生观察生活的习惯，让学生发现生活的点点滴滴，保持对生活的热爱与好奇，并用手中的笔记录下生活中的美好时刻。大自然、大社会都是"活"教材，教师还可以组织学生从课堂走向课外，从校内走向校外，从习作课堂走向社会课堂，带领学生感受和体验生活，不仅开阔学生的视野，丰富学生的见识，还可以让学生在生活中汲取养料，为自己的创作积累素材。可见，生活中的真人真物真事，为学生的习作提供了有利的条件。

另一方面，在习作教学过程中，教师可以开展与习作内容相关的活动，让学生在活动中获得习作素材，教师应利用学生的兴奋点引导学生活动之后马上写，并尽量当堂完成。学生在快乐、自在的活动氛围中，热情被点燃，积极参与的热情和兴趣就会转化为习作动力，这样一来，习作就变成学生愿意参与的活动，丰富学生生活体验的同时，学生的习作能力也有所提升。总之，在习作教学中，教师要将习作训练与学生生活有机结合，着眼于学生的真实生活情境，增加学生的习作兴趣，让学生成为习作的主体，在指导的过程中，搭建支架，渗透习作方法，这样学生习作时就会乐于动笔、乐于表达，有话可说、有事可写、有感可抒。

【案例9-8】

教育部统编小学语文教材四年级下册第六单元习作《我学会了——》

教学目标：

1. 用表示顺序的词语，把学会这件事的步骤说清楚。
2. 用"一波三折"的思路，把"不会到会"的过程说清楚。

3. 回忆有趣的经历，写出心情的变化。

教学过程：

一、畅谈学本领的过程

师：你学会了什么？

师：老师特别想知道，你是怎么学会这项本领的？

学生回答，教师和学生进行点评。(他说得清楚吗？完整吗？)

【通过创设情境，学生都乐于分享自己学会的本领，讲述学会本领的过程时，学生因为还没有掌握方法，说的过程都是零碎的、碎片化的。因此，就有了接下来的写作法宝指导。】

二、搭建支架，渗透方法

(一)第一个写作法宝：叙事有条理

师：同学们，那些了不起的作家，他们能把事情写得很清楚，让我们一看就明白，是有秘诀的。睁大眼睛，看吴老师带给同学们的第一个写作法宝——

怎样做到叙事有条理呢？我们可以用上这些连接词。

出示：

首先……其次……再次……最后……

第一步……第二步……第三步……

请你用上述这些连接词再来说一说学习的过程。

师生点评。

(二)第二个写作法宝：过程有波折

1. 怎样写才能做到过程有波折，更吸引人呢？我们来看一个例子。

分享磕鸡蛋的经过。(播放微课)

2. 用一波三折的方法，小组内说一下。(学习过程中遇到哪些困难？都是怎么克服的？)

3. 指名反馈，说完师生点评。

点评①这位小勇士勇于挑战困难，说出了条理，说出了波折。恭喜你成为我们班级的第一位"勇气之星"。

点评②他讲得很好，你也很会评。看来你也掌握了这两个法宝。

(三)第三个写作法宝：心情有变化

1. 当你遇到困难时，你会用什么词语来形容你的感受？

2. 你学会这项本领时，你又会怎么形容？

接下来，课堂练笔，接受挑战！

(资料来源：东莞市石龙镇实验小学. 吉春亚本真书院公众号，吴素雯.)

3. 指导评价，鼓励自评

提升学生的习作能力既需要习作训练，也需要鼓励和认可。学生的习作完成后，往往需要交给教师，那么，教师的评价对学生习作的发展就显得尤为重要。教师要通过评价帮助学生斟酌语句，反复修改润色，学生要想写一手好文章，教师就要发挥自身的"扶梯"作用。教师应注意到，习作是学生的劳动成果，教师应用一颗宽容的心尊重学生的作品，发现学生的优点，犹如"沙里淘金"，而不是"鸡蛋里挑骨头"。教师可以采用面对面批改习作的方式,通过与学生交流,教师能够了解学生的想法,并给予适时指导。写评语也是教师评价的另一种方式,教师的评语要多使用鼓励性语言,增强学生的习作信心,让学生获得习作的成就感,感受习作的乐趣,从而爱上习作。

《义务教育语文课程标准》(2022年版)强调了要让学生自己修改习作中的错误。因此,在习作教学中,教师要鼓励学生进行互评和自评。生生互评将评价的权利交给了学生,学生发表自己的意见与建议,学生对其他学生习作作品的评价能够从中取长补短,改正自己的问题。与此同时,这也是学生交往的过程,这不仅有助于提高学生的习作能力,还能够促进学生间的人际交往。要鼓励学生自评、自改,教师要引导学生反复琢磨自己的习作,将自己当成读者,善于发现问题并及时修改。这就需要教师在学生习作中做好批注工作,让学生感受教师的用心良苦,在修改标准上,师生应达成共识,这样学生就会用这把尺子衡量自己的习作,在自改时就会有章可循,有序进行。

第三节　表达与交流教学案例与分析

一、教学案例1

(一)教学案例

长大以后做什么

教学对象:二年级学生

学情分析:二年级的学生对各种职业已经有了一定的了解,但并不深入。经过一年多的口语训练,大多数学生已经能围绕一个主题展开叙述,语句通顺,条理清楚,有较强的口语表达能力。低年级的学生表现欲较强,在教学过程中,我们要创设真实的交际情境,让学生完成有实际意义的交际任务,对学生的日常生活进行针对性的指导。再进行多向互动,体验情境交际的快乐,进而提高学生的口语交际能力。

课时安排:一课时

教学目标:

1.能把自己长大后想干什么说清楚,简单说明理由。

2.能认真倾听同学发言,明白同学说的内容,对感兴趣的内容提出疑问。

教学重点:能清楚地表达自己长大后想干什么,并简单说明理由。

教学难点:能认真倾听同学发言,对感兴趣的内容提出疑问。

教学方法:

1.情境教学法

2.角色体验法

教学过程:

一、游戏激趣,认识职业

每个孩子都想快点长大,那长大以后你想做什么呢?今天我们就一起聊聊这个话题——长大以后做什么。首先,我们来玩个闯关小游戏,认识不同的职业吧!

1.看图猜职业

依次出示图片：医生、消防员、厨师、警察。

请同学们说一说图片中的人的职业，再说出他是做什么的。

句式练习：这是一位_____，他是_____。(用自己的语言说清楚人物是做什么的)

2.我来说，你来猜

老师用语言分别描述宇航员、清洁工和快递员的职业特点，学生猜一猜是什么职业？再说一说他们工作都要做什么？

除了这些，你还知道哪些职业？他们工作时都要做什么？

小结：社会上的职业很多，虽然大家社会分工不同，但都在自己的岗位上为祖国做贡献，让我们的生活变得更美好，所以，每一种职业都值得我们尊重。

【设计意图】通过游戏认识不同的职业，唤起学生对职业了解的记忆，引发了学生的思考，激发学生的表达欲望。同时，进一步丰富了学生对职业的认知，为课堂上更好地交流做好准备，为学生学会边听、边思考并提出疑问做好铺垫。

【思政融入】职业认知。渗透并让学生认识到社会上的工作有很多种，只是分工不同，热爱自己的工作，做好本职工作就是在为祖国做贡献。树立工作不分贵贱，人人平等的价值观。

二、样例示范，学习表达

过渡：孩子们，你们都在慢慢长大，长大以后你们想做什么呢？请同学们闭上眼睛，做一个甜甜的梦，梦中的你就像一棵正在成长的小树，感受着阳光和雨露。渐渐地，你长大了，是一个大人了，你想做什么工作呢？

1.播放样例视频，引导学生说清楚

我们先来听听这些同学是怎么说的吧。(播放小视频)

生1：我长大以后想当宇航员。因为我对宇宙特别感兴趣，我想探索更多关于宇宙的奥秘。

生2：我长大以后想当老师，因为我觉得老师特别了不起，可以传授知识，我也想让更多的孩子学到知识，增长本领。

2.总结提炼，学习表达方法

这些同学表达得特别清楚，他们先说了什么，又说了什么呢？

生：他们都是先说自己长大以后想做什么，又说明了理由。

句式：我长大以后想做_____。因为_____。

3.学生练习，提高表达能力

请你也用上述句式说一说长大以后想做什么？为什么？

【设计意图】通过样例示范和师生对话，引导学生明确有序表达，先说想做什么，再简单说明理由。学生在表达时做到有理有据，初步培养了他们的逻辑思维能力。

三、倾听思考，练习问答

1.教师示范，学生提问

过渡：你们想知道老师小时候的职业理想吗？我小时候希望自己长大了做一名科学家。因为我想发明一个新型机器人，让它来陪我学习和游戏。听了老师的话，你有什么问题吗？

预设学生提问：

老师您想发明创造一个什么样的机器人啊？

您原来想当科学家，为什么现在成为老师呢？

小结：你们能够针对老师说的话提出自己的问题。同学们也可以问问同学，听听他们是怎么回答的。

2.同桌交流，互相问答

请同桌两个人介绍自己的理想，再选择自己感兴趣或不明白的地方向对方提问。

提示：在提问的过程中运用"为什么""怎么"等疑问词。面对同学提出的问题，我们作出恰当并礼貌的回应。

【设计意图】通过教师和学生的问答交流帮助学生拓宽交际思路，同时为学生提供了沟通的框架，指导学生怎样对感兴趣或不明白的内容进行提问。同桌之间的交流进一步巩固在交流中，要听清楚别人说话的内容，并对感兴趣的内容多提问。

【思政融入】鼓励质疑，引导学生学会提问，学会从不同角度进行思考，结合生活实际提出并思考问题。

四、模拟情境，实践运用

1.班级分享会，面向大家说

过渡：下面，请同学们把自己的愿望说给大家听，要站在台上说给全班同学听，想一想应该注意什么呢？你有什么建议？

预设：声音洪亮、说清楚等。

(1)小组内轮流说一说，一个人说，其他同学认真听，互相提问。

(2)分享者上台展示，台下同学与分享者互动提问。

小结：同学们面向全班交流，大方、自信，而且面对大家的提问回答得这么好，真了不起！

【设计意图】面向大家说，目的是转换交际对象和交际场景，在真实的交际语境中锻炼学生的交际能力，培养学生口语交际的对象意识和场合意识。学生在小组练习的基础上，自信地站在讲台上自由地表达，灵活应对。

2.小记者采访，面对镜头说

过渡：我们还可以录制一部长大以后从事什么行业的专题片，这样可以和更多人分享。不过，录制专题片我们要进行现场采访，你们回忆一下，在电视里你们看到的，面对镜头要怎么说、怎么做呢？

预设：要微笑、声音大、有礼貌、尊重别人的观点。

(1)教师扮演小记者，采访学生。

场景模拟：我们录制正式开始。观众朋友大家好，这里是长大以后做什么专题片录制现场，想知道二年级一班的同学长大以后想做什么吗？下面，我们将进行现场采访。

师：你好！请问你愿意接受我的采访吗？

生：你好！我愿意接受你的采访。

师：请问你长大以后想做什么？

生：我长大以后想做……

师：你为什么会有这个想法呢？

生：因为……所以……

师：原来是这样啊，谢谢你接受我的采访。

(2)学生做小记者，现场采访。

过渡：下面，我将话筒交给一名小记者，谁能像老师刚才这样现场进行采访？

指名学生当小记者，并对学生进行采访。

评价：刚才这位小记者和被采访者的语言表达怎么样？

预设：语言表达清楚、恰当，而且很自然。

【设计意图】面对镜头说，交际对象和交际场景进一步升级，学生口语交际的热情空前高涨。教师示范采访，让学生迅速适应新的交际场景和交际对象。小记者现场采访，让学生充分锻炼并全面展示口语交际能力。

五、总结提升，深化主题

每个同学都有自己的愿望，而且每个学生的愿望又都是那么美好。在长大的过程中，你们还有时间不断地思考，有些同学可能还会有新的想法，你的一个愿望、我的一个愿望，你的一个梦想、我的一个梦想将成就你们美好的未来，高老师祝愿你们的愿望都能实现，梦想都能成真。今天这节课就上到这，下课。

【设计意图】鼓励学生在成长的过程中不断去思考，让本次口语交际的学习不止于此时此地，而是延伸到课后，延伸到学生以后成长的过程中。

六、课后作业

回家跟爸爸、妈妈说说，你长大后要做什么？并说清楚为什么。

(资料来源：沈阳市铁路五实验小学，高爽.)

(二)案例分析

1. 基于教材，巧设情境

"长大以后做什么"是教育部统编小学语文教材二年级下册第三单元的口语交际主题。本次口语交际教材中的插图直观呈现了四种常见的职业，分别是消防员、医生、教师和厨师。引导学生以小组交流的形式，围绕主题简单、清楚地说出自己的想法，可以对感兴趣的内容多提问。提示学生交流范围，也表明了不同的社会分工产生了不同的职业。在教学过程中，可以很好地进行课程思政的融入、渗透并让学生认识到社会上的工作有很多种，只是分工不同，热爱自己的工作，做好本职工作就是在为祖国做贡献。树立工作不分贵贱、人人平等的价值观。

本节课在充分挖掘教材的基础上还创造性地使用了教材，巧妙地设计了相关联的一系列情境。从课前活动开始，紧紧围绕主题，到通过游戏认识不同的职业，唤起学生对职业了解的记忆，引发学生的思考，为本次口语交际打下了良好的基础。让学生进行小游戏猜职业，充分调动学生参与课堂的积极性。通过创设班级分享会和小记者采访等多种情境，让学生进行多向互动。

2. 基于学情，突出重点

本节课遵循以生为本的教学理念，以提升学生口语交际能力为最终教学目标，为学生创设一个真实的交际情境，选择恰当的交际内容，营造浓厚的交际氛围，提高口语交际课堂的实效，进而提升学生的口头表达水平。

教材从两个方面提出了交际要求：一是把话说清楚——"清楚地表达想法""简单说明理由"。说话清楚，注意有理有据，是口头表达的具体要求，也有利于学生初步的逻辑思维能力的培养。二是认真听——"对感兴趣的内容多问一问"，引导学生学习边听边思考，积极参与交流。

3. 基于课型，培养习惯

口语交际是一种面对面的直接交流活动，学生是课堂的主人，因此，本设计定位准确，以学生为中心展开课堂教学。在教学过程中，让学生在班级上展示自己的想法，一步一步地引导学生说出"自己长大以后做什么"以及为什么会有这样的想法。并通过同桌互相说、面向大家说和面对镜头说等真实的交际任务，不断转换交际对象和交际场景，激发学生的交际兴趣，引导学生进行充分的交际实践，培养学生口语交际的对象意识和场合意识，全方位锻炼学生的口语交际能力。

教学时，教师还应该不断提醒学生，交流表达时，"说清楚"的同时，还要做到"大方得体、有礼貌"，使其具有文明、和谐进行人际交流的素养，进而培养孩子的交际习惯。

本教学设计联系生活实际，巧妙创设情境，让学生兴趣盎然地参加口语交际活动，使教学活动在具体的交际情境中进行。把自己长大后想干什么说清楚，简单说明理由。同时能听明白同学说的内容，并对感兴趣的内容提出疑问。重点突出，高效率地完成了本节课教学目标。这样一来，学生在多种情境的实践中提高了口语交际的表达能力。

二、教学案例2

(一)教学案例

我的拿手好戏

教学对象：六年级学生

教学内容：六年级上册第七单元

教材分析：《我的拿手好戏》是教育部统编小学语文教材六年级上册第七单元的习作，该单元的主题是"艺术之美"，语文要素是借助语言文字展开想象，体会艺术之美。习作要求是"写自己的拿手好戏，将重点写具体。"这一要求是在五年级下册第一单元表达要素"把一件事的重点部分写具体"的基础上的进一步升华。本单元习作内容紧扣单元学习内容，先从课文阅读中感受艺术之美，进而联系现实生活，表达自己在学习艺术或技能方面的感悟。

通过本单元的学习，让学生明白十八般武艺，样样是好戏！跳舞、唱歌、画画、变魔术；剪纸、绣花、捏泥人儿，做标本，做航模；挑西瓜、做面包、炒拿手菜；吹口哨、玩魔方、钓鱼、捉田鱼、爬树……学生在选择拿手好戏时，注意其中的有趣故事。

学情分析：六年级的学生生活比较丰富，能够留心观察生活中的点滴，并把生活中的小事作为习作的素材，在习作中表达自己的真情实感，反映自己的内心世界。经过三年的习作练习，学生掌握了一些基本的习作方法，并积累了一些习作经验。大多数学生能够根据习作主题把习作写清楚，写完整。在写记叙文中，能有意识地对文中的人物进行比较细致的刻画。但是学生在进行细致描写的时候不够灵活，需要教师进一步地指导。

教学目标：
(1)学会列提纲，明确写作思路。
(2)能通过具体事例来写"我的拿手好戏"，展示拿手好戏的精彩。
(3)能把自己的感受、看法写出来，写出真实情感。
教学重点：
(1)仿照例子列提纲，写出自己的拿手好戏，能把重点部分写具体。
(2)习作结构清晰、有详有略、重点突出。
教学难点：
(1)能"围绕拿手好戏有哪些有趣的故事"把重点部分写具体，表达自己内心的情感体验，突出"趣"味。
(2)通过自己亲身经历的事情，运用生动、准确的语言写出自己的拿手好戏，并写出感受和看法。
教学方法：
1.情境教学法
2.观察法
教学流程：
一、激趣导入，引出主题
1.观看图片，交流分享
(出示：打篮球、绘画、做手工、弹钢琴等图片)
老师给大家带来一些图片，同学们，看到这些图片，你们能感受到什么？
2.引出本次习作主题
过渡：拿手好戏可不止这些，让我们看一看书上习作提示中的这些词语，请一位同学来给大家读一读，看看里面提到了哪些拿手好戏？(出示教材中的第一段材料，学生读提示词语)
十八般武艺，样样是好戏！
◇跳舞，唱歌，画画，变魔术。
◇剪纸，捏泥人儿，做标本，做航模。
◇挑西瓜，做面包，炒拿手菜。
◇吹口哨，玩模仿，钓鱼。
……
提问：听了这些词语，你有什么发现？
3.小结：相信同学们已经发现了，拿手好戏并不神秘，它存在于我们生活中的许多方面。
【设计意图】初步感知拿手好戏，激发学生的学习兴趣和愿望。
【思政融入】引导学生把一件平常的事情做好，学做生活中的有心人。
二、打开思路、确定内容
1.拿手好戏大比拼
过渡：老师相信，同学们在很多方面都有自己擅长的本领。你的拿手好戏又是什么呢？我们来听一听几位同学的分享吧！
【思政融入】立德树人，必须坚持"五育"并举，引导学生成为德、智、体、美、劳全面发展的社会主义建设者和接班人。

2.学生借助介绍卡，介绍自己的拿手好戏
3.小结：在介绍"我的拿手好戏"时可以介绍我的拿手好戏是什么；拿手好戏的练习过程；围绕拿手好戏发生的故事以及我的收获。

三、列出提纲，构思结构

1.过渡：磨刀不误砍柴工。写作之前做好谋篇布局的工作，列好作文提纲，先对行文有整体的把握，让文章中心明确、条理清晰、详略得当，自然能够写好你的拿手好戏。那么，怎样才能列好提纲呢？我们继续阅读教材中的第三段文字材料。请同学们打开语文书仔细读一读《三招挑西瓜》这份提纲，看看哪些地方值得我们学习、借鉴。

(1)学生阅读教材上的习作提纲，发现提纲的要领。
(2)教师总结要领，明确习作内容
- 先点明拿手好戏是挑西瓜。
- 简单介绍怎样练成挑西瓜的拿手好戏。
- 详细写周末和同学挑西瓜、吃西瓜的趣事。

2.小结：书上《三招挑西瓜》这份提纲，结构清晰、有详有略、重点突出。
3.读一读提纲中的重点部分，你还有什么发现？
4.小结：为了把趣事详写，提纲按照事情的发展顺序又构思了三个内容：一是用"看、拍、听"三招自信地挑了两个大西瓜；二是第一个西瓜挑得很好，得到了同学的夸赞，小作者很得意；三是第二个西瓜没熟，小作者很尴尬，这样既写了拿手好戏是怎样练成的，又突出了重点内容，我们在写习作时也可以把感受最深的内容作为重点部分，在重点部分呈现自己的情感变化。

【设计意图】教材中提供了范例提纲，提纲能帮助学生厘清思路，我们也可充分利用教材，引导学生解读提纲，发现写作内容，明确重点。

四、试写提纲，铺排好戏

1.学生练习写提纲(出示习作任务一)。

> 习作任务一：
> 　　我要给我的拿手好戏厘清思路，列个提纲，并确定详写略写部分。

2.教师点评(出示两个不同程度的提纲进行对比)。
学生提纲一

```
弹钢琴 ── 点明我的拿手好戏是弹钢琴
       ── 我克服重重困难，从不会弹到考过十级水平。（略写）
       ── 古典音乐比赛中我脱颖而出。获得全奖。（略写） ── 比赛前我做好充分的准备工作。
                                                    ── 大赛时我全身心投入，娴熟地演奏。
                                                    ── 一曲演毕，台下掌声不断。
```

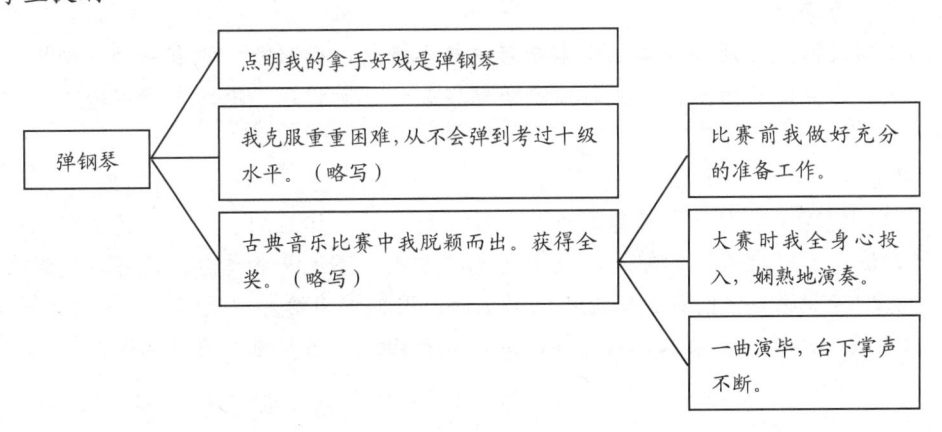

217

学生提纲二

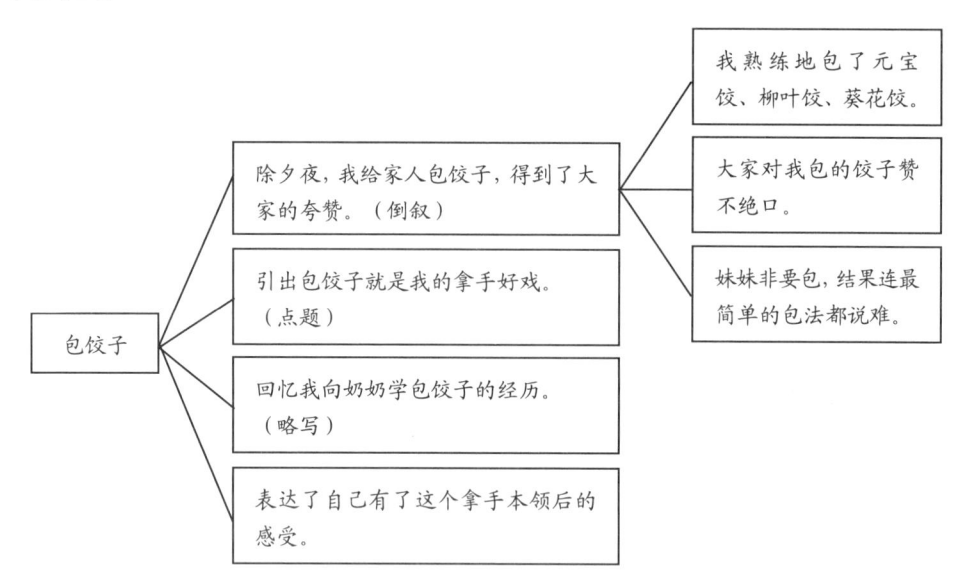

```
                          ┌─ 我熟练地包了元宝
                          │  饺、柳叶饺、葵花饺。
         ┌─ 除夕夜,我给家人包饺子,得到了大 ─┼─ 大家对我包的饺子赞
         │  家的夸赞。(倒叙)              │  不绝口。
         │                              └─ 妹妹非要包,结果连最
         │                                 简单的包法都说难。
         │
  包饺子 ─┼─ 引出包饺子就是我的拿手好戏。
         │  (点题)
         │
         ├─ 回忆我向奶奶学包饺子的经历。
         │  (略写)
         │
         └─ 表达了自己有了这个拿手本领后的
            感受。
```

提纲一:能仿照教材提纲,厘清思路,写具体每部分内容。

提纲二:有自己的想法,变换写作内容的顺序,采用倒叙式写法。

小结:同学们都很能干,教材中的这种提纲是一种写作思路,变换顺序用倒叙式来写更是一种思路,能吸引读者的阅读兴趣,要表扬这位同学。

【设计意图】对比提纲,既肯定了大部分同学能仿照教材中的范例学会写提纲,这是对学生的基本要求,同时也表扬了学生的创新提纲,他们有自己的写作思路,不照搬模仿,同样厘清思路,紧扣重点,也扩宽了其他学生的思路。

五、练习写片段,写出精彩

1.聚焦重点,写出精彩。(出示习作任务二)

> 习作任务二:
> 　　我要把最能展现我拿手好戏的精彩镜头秀出来。

2.学生分享精彩片段。

【设计意图】引导学生试写片段,分散教学难点。有了前面的指导与积累,由说到写就是水到渠成的事情。

【思政融入】学习写作就需要我们拥有一双善于发现的眼睛,拥有一颗感受生活美好的心灵,这样才会发挥情感、实践与体验活动在写作中的作用,也才会更好地用文字记录生活。

3.教师总结

同学们,这节课我们一同确定了写作内容,列出了习作提纲,初步了解了重点部分写作的具体方法。通过这节课的学习,我们发现"看戏"不仅是看舞台,还可以通过文字观看,希望通过这节课,我们都会用文字记录生活,用文字为读者"表演"一出出生活大戏。

(此教学设计用于辽宁省基础教育精品课,并获得辽宁省基础教育精品课三等奖)

(资料来源:沈阳市沈河区朝阳街第一小学沈北分校包美金.)

(二)案例分析

1. 结合提示,明确把"什么"写具体

写人记事,大多是因为被某种情景触动,留下深刻的印象,进而产生与他人表达交流的欲望,落笔成文。因此,要想"写具体",学生首先应当找到能触动心灵的事件或情景。课堂伊始,引导学生分享——你的拿手好戏是什么?唤醒学生的生活经历,寻求写作的灵感。接着,出示教材开始的提示语,进一步拓宽学生的思路:十八般武艺,样样都是好戏!只要是自己擅长的,都是自己的拿手好戏。继而交流分享——"拿手好戏"中印象最深刻的事,梳理出——苦练好戏和展示好戏是本次习作内容方面的要点。明确要把"展示好戏"写具体。整个过程中,教师充分利用教材,提示学生习作方向,唤醒学生生活体验,帮助学生确定话题,为"把什么写具体"开拓了思路。

2. 勾连教材,助力怎么"写具体"

对于怎么"写具体",六年级的学生是有一定的思考能力的。通过之前的学习,学生已经掌握了运用动作、语言、神态等描写,把人物表现写具体的方法;展开合理的想象,把事情发展变化的过程写具体的方法。再对标五年级下册第一单元的"把一件事的重点部分写具体",本单元虽是在其基础上对"写具体"这一言语能力的再提升,但两次习作的侧重点也各不相同:五年级下册第一单元的"写具体"是围绕感受对所见、所闻、所思、所感进行细致描写;本单元的"写具体"是让艺术之美具体可感。

本次单元习作,除了要把重点部分写具体外,还有一个学习目标是学习列提纲。列提纲在五年级上册第四单元的习作《二十年后的家乡》学习过,本单元的教材范例在提纲细度和表达形式方面都有了新的知识点。教材给出了《三招挑西瓜》的习作提纲,构思了三部分习作内容:先点明拿手好戏是挑西瓜,再简单介绍怎样练成挑西瓜的拿手好戏,最后详细写周末和同学郊游时挑西瓜、吃西瓜的趣事。为了把趣事写详细,提纲按照事情的发展顺序又构思了三个内容:一是自信地挑西瓜;二是被夸赞;三是遭遇尴尬。通过列提纲,确定本次习作的写作顺序:自己的拿手好戏是什么、拿手好戏是怎么练成的、围绕拿手好戏有哪些想要分享的故事这三个方面递进式的逻辑关系也就清晰了;本次习作的重点:哪些内容重点写?哪些内容简略写?以及重点部分怎么分步写具体也就明了了。借助列提纲,学生在后期评价、修改的时候也有了抓手:是否根据提纲,有条理地写清楚,有重点地写具体自己的拿手好戏?

在习作教学中,教师准确定位习作目标,正确解读教材,切切实实地用好教材,发挥好教材中的事例作用,搭建合理的支架,帮助学生提升写作能力,让写作真正成为学生的"拿手好戏"。

本章小结

本章通过真实的生活情境案例导入,学生生病需要请假,如何利用微信编辑文字。结合请假条的教学内容,教师将表达与交流内容有机结合,完成本单元的教学目标。本章重点介绍了表达与交流各学段的教学要求,从口语交际和写话、习作两个板块重点阐述了相

应的教学策略。同时，为了使理论更加贴近实践，教学策略列举了大量的教学案例，使本章的学习更具有实用性，指导意义更强。

思考题

1. 口头表达与交流的教学策略有哪些？

2. 课程标准建议培养学生的观察能力和想象能力，通过观察可以帮助学生捕捉习作素材，使其"言之有物"；通过想象，可以帮助学生打开思路，创造性地表达。仔细观察生活，获取素材。巧妙构思，发挥自己的想象。请以教育统编小学语文教材四年级下册第二单元《我的奇思妙想》为例，写一篇教学设计。

3. 六年级三班的同学在阅读《西游记》时，对猪八戒这个人物有两种不同的看法，语文老师组织了一场辩论赛。假如你是正方，针对反方辩词该怎么说呢？

正方：_____。

反方：我方认为，猪八戒好吃懒做，见识短浅，在取经的路上意志不坚定，遇到困难就退缩，而且在师傅面前爱打小报告，耍小聪明，贪恋女色，是一个自私自利的人。

4. 请你选择一个适合小学生讨论的题目，组织一场辩论赛。

第十章 梳理与探究教学策略与案例分析

本章学习目标

> 明确梳理与探究各学段的教学要求。
> 掌握梳理与探究板块的教学策略。
> 能灵活运用教学策略进行教学设计，并实施教学。

重点与难点

教学重点：掌握梳理与探究板块的教学策略。
教学难点：根据不同学段进行教学设计与实施。

梳理与探究教学策略
与案例分析

导入案例

"梳理与探究"和"综合性学习"教学内容一样吗

上课前，一位同学向老师请教一个问题。

《义务教育语文课程标准》(2011年版)首次提出了"综合性学习"的要求，意在加强语文课程与其他课程及生活的联系，促进学生语文素养的整体推进和协调发展，同时对不同学段的综合性学习提出了不同的要求。

而《义务教育语文课程标准》(2022年版)的课程目标，则是以识字与写字、阅读与鉴赏、表达与交流、梳理与探究四个板块进行制定的，那么，梳理与探究这部分与综合性学习一样吗？它们之间有着怎样的联系与区别？在进行梳理与探究这部分教学时，应遵循怎样的教学策略呢？通过本章的学习，就可以解答同学的疑问了。

(资料来源：沈阳大学 王晔教学片段.)

"梳理与探究"是近几年创造性地提出的一种学习活动，且逐渐由小学阶段延伸到中学阶段。"梳理"是根据所学过的零散的语文知识进行系统化的整理，掌握语文学习的规律和适合自己的学习方法，并进行自我构建。这是一个回忆、分析、整理的内化过程，通过构建知识，让梳理过的语文知识产生联系，成为自己的知识体系。"探究"则要求学生能通过自己已有的知识体系来发现问题、分析问题和解决问题，这一学习活动更加注重过程、强调对问题的批判和思考。"梳理与探究"在语文学习活动中也处于十分重要的地位。

第一节　梳理与探究各学段的教学要求

"梳理与探究"板块的课程目标及其内容体现了语文课程的实践性与综合性，着重引导学生日常生活中学语文、用语文，在真实情境中形成语文能力，增强文化自信，提升思维能力和审美创造能力。

第一学段(1—2年级)

(1) 观察字形，体会汉字部件之间的关系。梳理学过的字，感知汉字与生活的联系。

(2) 观察大自然，热心参加校园、社区活动，积累活动体验。结合语文学习，用口头或图文等方式整理、表达自己在活动中的见闻和想法。

(3) 对周围事物有好奇心，能就感兴趣的内容提出问题，结合其他学科的学习和生活经验交流讨论，尝试提出自己的看法。

第二学段(3—4年级)

(1) 能结合已有的学习经验，总结理解难懂词语、句子的方法，尝试分类整理学过的字词。

(2) 能辨析近义词，体会陈述句和反问句的不同语气，在具体语境中正确选择运用。

(3) 学习组织有趣味的语文实践活动，在活动中学习语文，学会合作，能对其他同学的展示活动作出评价，提出改进建议。

(4) 初步学习调动多种感官进行观察，积极思考，运用书面或口头方式，并可尝试用表格、图像、音频等多种媒介，呈现自己的观察与探究所得。

(5) 能提出学习和生活中的问题，有目的地搜集资料，能对收集到的资料进行整理，与同学共同讨论，尝试运用语文并结合其他学科知识解决问题。

第三学段(5—6年级)

(1) 分类整理学过的字词，发现所学汉字形、音、义和书写的特点，发展独立识字能力和写字能力。

(2) 感受不同媒介的表达效果，学习跨媒介阅读与运用，初步运用多种方法整理和呈现信息，学习有条理地表达自己的观点。

(3) 了解搜集资料的基本方法，解决与学习和生活相关的问题，尝试写简单的研究报告。

(4) 策划简单的校园活动和社会活动，对所策划的主题进行讨论和分析，学写活动计划和活动总结。

(5) 对自己身边的、大家共同关注的问题，或影视作品中的故事和形象，通过调查访问、讨论演讲等方式，开展专题探究活动，学习辨别是非、善恶、美丑。

在落实以上要求过程中，注重了解中华优秀传统文化的源远流长、丰富多彩，提升自身中华优秀传统文化修养；感受先贤志士的人格魅力，感悟老一辈无产阶级革命家的英雄气概、优良作风和高尚品质，体会捍卫民族尊严、维护国家利益和世界和平的伟大精神。

第二节　梳理与探究教学策略

在《义务教育语文课程标准》(2022年版)中，小学学段要求学生通过梳理与探究学习能学会观察字形，体会汉字部件之间的关系；能够分类整理学过的字词，掌握所学汉字形、音、义和书写的特点，感知汉字与生活的联系，帮助自己更好地识字、写字，逐渐发展独立识字能力和写字能力；能提出学习和生活中的问题，利用图书馆、网络等渠道有目的地获取资料，共同讨论，尝试运用语文并结合其他学科知识解决问题。

一、鼓励学生观察和整理，掌握多种媒介呈现能力

在梳理与探究教学中，根据最近发展区理论，教师要根据学生的发展水平，在学生的最近发展区中采用整合化教学，帮助学生梳理知识结构，在头脑中构建完善的知识体系，从而掌握正确的梳理方法。在教学过程中，学生应该成为学习的主体，清楚需要梳理的内容，教师只需发挥指导作用，指导学生根据学习内容，尝试自己列出要梳理的内容。梳理需要根据一些标准，教师在教学时要启发学生思考梳理知识的标准是什么，并引导学生根据不同学习内容选择不同的梳理方法，这样，学生才能高效地进行后续的梳理与探究学习。

根据《义务教育语文课程标准》(2022年版)，教师教学过程中还应该鼓励学生观察大自然，观察社会，积极参与各类实践活动，积极思考，在活动中观察和探索，引导学生学会运用书面语或口头语，并用表格、图像、音频等多种媒介呈现自己的观察与探究所得，感受不同媒介的表达效果，学习跨媒介阅读与运用，初步运用多种方法整理和呈现信息。开展《走近毛泽东》专题学习时，教师可以借助《七律·长征》《开国大典》《青山处处埋忠骨》和《毛主席在花山》等课文，帮助学生学习表现人物的一些基本方法，让学生从毛泽东的言行中感受其"非凡中的平凡"以及"平凡中的非凡"，并通过跨媒介阅读了解毛泽东作为文学家、书法家在现当代文坛的卓越成就，收集关于毛泽东指导中国革命的故事，诵读毛泽东诗词……通过一系列综合性学习探究，最后形成学习报告，强化学生对领袖形象的立体认识。

二、引导学生自主学习，提高自我构建水平

皮亚杰构建主义提出，教师应当及时更新教学观念，积极创设一些合适的教学环境并引导学生构建起自主学习的知识系统，方便他们以后更好地解决问题。在语文学习中，教师要给学生提供自主学习的机会，使学生养成勇于探究、善于合作、积极参与的好习惯，培养学生收集和处理信息、发现问题、分析问题和解决问题的能力。教师要鼓励学生积极参加到学习活动中来，使学生的主体意识、能动性、创新意识和实践能力不断得到发展。如在教学五年级上册综合性学习《遨游汉字王国》时，可由学生独立或以小组学习的形式，

了解汉字的起源、演变，体会汉字丰富的文化内涵。

如在语文综合性活动中，活动开始前可以让学生根据本次活动的主题自主设计活动方案，根据自己兴趣和需要安排活动内容、活动形式、活动流程等，既能够提高学生学习的自主性，也能够提高学生对语文学习的兴趣，从而培养学生学习语文的学习动机。在语文综合性活动过程中，可以让学生自主完成活动流程，按照自己设计的活动方案开展活动。学生能根据不同的活动主题，通过独立完成和与他人合作完成等获得多种学习策略。

【案例10-1】

教育部统编小学语文教材五年级下册第三单元《遨游汉字王国》

教学目标：

1. 明确综合性学习的要求，了解综合性学习的特点，为小学高年级综合性学习打下良好的基础。

2. 制订活动计划，积极、主动地参与活动，并能通过独立或合作学习，较好地完成任务。

教学重难点： 认真阅读教科书中提供的阅读材料，从中受到启发同时收集更多体现汉字神奇、有趣的资料。

教学过程：

第一课时

一、激情导入，揭示内容

1.谈话导入。汉字是世界上最古老的文字之一，和许多其他国家的文字相比，无论是在字形上还是在读音上汉字都别具一格。看，老师在黑板上就写了两个汉字(即"汉字")。你们对汉字有哪些了解呢?(学生自由发言，教师随机点拨)

2.揭示内容。同学们，通过刚刚的交流，大家已经对汉字有了初步的了解，接下来，让我们更深入地走进汉字王国，一起遨游汉字王国，开展综合性学习，感受汉字的有趣和神奇，在此过程中了解汉字文化，并为汉字的规范使用做些力所能及的事。

二、合作讨论，制订计划

1.提示：在我们的教科书中，有对我们进行综合性学习的指导内容，让我们一起翻看教科书。

2.学生自由读课文开头的一段话。

3.学生汇报从这段话中了解到的要求。

教师相机强调：

(1)自由组成小组；(2)讨论活动内容：收集体现汉字趣味的资料；(3)制订活动计划；(4)活动结束后展示活动成果。

4.学生自由分组。(教师适当指导：可以分为四大组，第一组字谜组；第二组歇后语、笑话、古诗组；第三组绕口令、对联组；第四组汉字起源组)

5."汉字真有趣"活动计划。

活动时间：＿＿＿月＿＿＿日

活动内容：

(1)收集或自编字谜。

(2)查找体现汉字特点的古诗、歇后语、对联、故事等。

(3)了解汉字的趣味。

成果展示：把收集到的资料编成小报贴在教室里，举办趣味汉字交流会。分工情况如下：

组长：＿＿＿　　收集资料：＿＿＿

编辑：＿＿＿　　抄写：＿＿＿

插图：＿＿＿

6.学生分组讨论活动计划。

提示：讨论时要分工明确，如专人记录讨论结果、专人负责整理讨论意见；讨论后，形成完整的计划；可以选择丰富多样的汇报形式，如竞猜、讲故事、朗诵、展览等。

三、讨论交流，完善计划。

1.以小组为单位汇报活动计划。

2.师生共同评议。(教师相机引导，提示注意计划的完整、合理、科学以及活动形式尽量不要重复)

3.小组根据评议，修改并完善活动计划。

四、课外实践，完成活动。

学生根据拟订的计划，进行相关的收集、查找、整理等工作。

1.提示学生查找图书收集。

2.提示学生利用网络搜索。

3.提示学生通过请教别人得到相关资料。

(资料来源：灵宝市第二小学语文名师工作室公众号 雷茹霞.)

无论是怎样的学习过程，都必须体现四个"主动"，即主动与人交往、合作；主动观察、思考，提出问题；主动进行对问题的调查、交流、讨论等工作，并主动解决问题；主动谋求个体创造潜能的充分发挥，获得快乐学习的情感体验。例如，以班级为单位开展《秋天来了》综合性学习活动，教师可以将学生分成若干小组：秋天的味道、秋天的动物、秋天的植物、秋天的艺术、秋天的声音等，小组分工协作，形成各自的活动成果。在活动结束后，让学生进行自主评价和反思。让学生通过自我评价了解自己的优势，从而提高学生自我效能感和增加成功体验，让学生更愿意投入到语文学习中。

例如，在教育部统编小学语文教材三年级下册《中华传统节日》的教学中，教师让学生自主组建学习活动小组，允许学生自主选择和确定自己感兴趣的某个传统节日进行学习，并让学生围绕活动主题自行设计活动方案和自主完成活动过程，在展示活动成果的过程中，可以表演、朗读诗歌、展示自己制作的美食等方式。最后让学生自主进行学习评价和反思。

需要注意的是，虽然语文学习要提高学生主体地位、培养学生自主学习能力，但在教学过程中仍不能忽视教师的引导作用，尤其是对于小学低年级学生更要注重通过引导来逐步提高学生的自我学习能力。教师要引导学生积极参与，学生只有亲自尝试、亲身体验，才会有更深的感悟。

三、结合学生兴趣和需要，开展丰富的探究活动

《义务教育语文课程标准》(2022年版)提倡学生积极参加校园、社区活动，积累活动体验；学习组织有趣味的语文实践活动，在活动中学习语文，学会合作；策划简单的校园活

动和社会活动，对身边的、大家共同关注的问题或影视作品中的故事和形象，通过调查访问、讨论演讲等方式开展专题探究活动，学习辨别是非、善恶、美丑。

梳理与探究学习对语文教学中的常规学习活动进行了扬弃和完善，具有开放性学习的特点，强调活动、实践、体验。因此，梳理与探究教学就不能再局限于教室、学校场所，而要走出教室，走出校门，开展广泛的语文实践活动。

学生选择的学习内容越多，梳理与探究教学涉及的空间就越广，进行的学习活动就越复杂，需要付出的时间就越多。因此，教师应给予学生充足的时间和空间，让学生在探究活动中取得更好的学习效果，奠定更扎实的知识基础。例如，以"保护环境，爱我家园"为主题的语文综合性学习，在各年级都可以开展，不同年级可以采用不同的活动形式，如摄影、演讲、辩论、走访、调查报告等，但教学重点必须指向语言实践。

梳理与探究教学与阅读教学、写作教学、诗词教学存在着不同，语文梳理与探究学习不能仅依靠单纯的朗读和长时间的训练，还听、说、读、写得综合训练，开展活动时要帮学生创造机会提高自己的综合能力。

梳理与探究学习注重学习的过程，教师必须创设丰富的情境让学生充分地展示自己，在每一次的学习活动中，结合新课程标准给出的教学建议对学生过程中的变化和表现给予层递性的具体指导。

教学中应该灵活调整不同过程的指导方式，鼓励学生积极参与实践活动，积极展示学习成果。教材也对综合性学习进行了活动化设置，如三年级的"中华传统节日"、五年级的"汉字的魅力"、六年级的"诗海拾贝"等，根据这些纲目式的提示，教师可以开发出可执行和可操作的综合性学习活动课程。

四、联系实际生活，培养学生的学习兴趣

语文综合性学习虽然基于语文学科，但是其学习探究不能局限在学校之内，也不能局限于语文课堂、教材和教师。在现实的教育环境中，学生的大部分活动都是在教室里进行的，书本上系统的知识与运用这些系统知识的场景一定程度上是脱离的，这使学生的语文学习与生活相分离，将间接知识的学习与直接经验的学习对立起来，将不利于学生积极品格的形成，影响学生语文实践能力的提高。

语文是实践性很强的学科，语文梳理与探究学习注重让学生结合生活经验和学科知识经验来解决生活中的问题。因此，语文学习内容丰富而开阔，学生的学习不能只集中在教室或课堂这个有限的环境中被动地接受系统的知识。

语文梳理与探究学习的内容来源于教材，更来源于生活。因此，教师开展梳理与探究学习活动时，应考虑到不同年龄段学生的身心发展特点和认知发展规律，选择恰当的知识学习方法，联系学生的实际生活寻找切入点，从观察自身、观察周边逐渐延伸到观察大自然、观察更广阔的空间，增加学生与生活相关的活动体验。

【案例 10-2】

教育部统编小学语文教材三年级下册第三单元《中华传统节日》

学习目标:

1.小组分工合作,用不同方式收集介绍我国传统节日的资料,能记录、整理这些节日的相关风俗资料,能和大家交流相关风俗。

2.结合单元语文要素,选择自己最感兴趣的一个传统节日写一篇习作,注意把过节的过程写清楚、写具体。

3.能对照综合性学习活动评价标准,进行自评和对其他小组的展示活动作出评价,提出改进建议。

4.以适当的方式展示综合性学习的成果,了解和感受中华优秀传统文化的魅力,激发学生热爱并弘扬中华优秀传统文化的情感。

一、任务驱动,开启节日探寻之旅

1.借助学生已有的学习经验和生活经验,读词语猜节日,看画面说习俗,观视频排顺序,用孩子们喜闻乐见的方式激发其学习兴趣,调动其进一步探究中华传统节日的积极性。

2.自主阅读活动提示,在相互交流中明确学习任务,知道收集资料的范围和途径。

3.本着自由组合、意志搭配的原则,组建学习小组,同一研究小组的成员共同商讨、制订计划,如表10-1所示,分解任务,为合作学习做好准备。

表 10-1 "中华传统节日之端午节"资料收集整理计划

内 容	节日时间	节日习俗	节日故事	节日诗词	节日歌曲	节日体验	……
收集途径	翻看日历	问问长辈	查阅书籍	请教师长	网络搜索	亲身经历	……
记录方式	进行摘抄	绘制图画	学习讲述	写成作品	学习演唱	学包粽子	……
完成人员							
完成时间							

4.为了让学生能自主、有效地开展学习活动,可提供"资料收集整理自评表",引导学生一边对照评价标准一边完善学习。

二、中期交流,指导确定展示形式

1.三年级的学生第一次进行交流方法的综合性学习,在交流过程中对学生"说、听、问、答"的交流方法进行指导很有必要。对于"说",提供参考句式,有助于学生进行言之有序的表达。

说——出示资料,陈述要点。

听——仔细倾听,适当记录。

问——进行提问,提出建议。

答——虚心接受,及时补充。

2.在此基础上进行交流,组织学生组内轮流介绍,对照评价标准相互评价,为每个学生提供充足的学习空间和平等的表达机会。

3.确定展示方式,小组讨论展示方式时,难免会意见不一致,进而出现一些问题,教师要及时干预,典型的问题,要集体进行有针对性的指导,助力学生提升与人合作的能力,培养团队互助的精神。

三、习作指导，进行个人成果展示(略)

四、小组汇报，活动开展得有声有色

1.小组成果展示时，要充分调动每个学生的参与积极性，让每个人都有展示自我的机会，鼓励他们用丰富多彩的形式进行展示。如图10-1~图10-3所示。

图10-1 春节

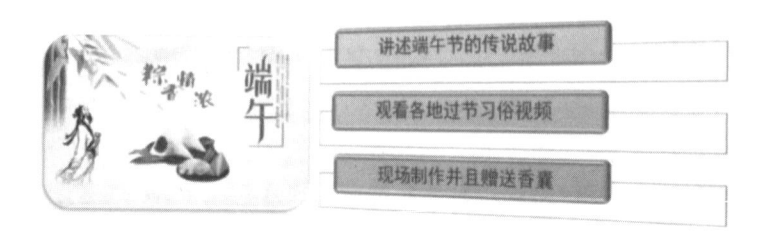

图10-2 端午节

图10-3 中秋节

2.组织互动评价环节中以鼓励为主，教师可以根据学习小组汇报过程中的不同表现，给学生颁发各类小奖章，如最佳表演奖、最新创意奖、最美合作奖等。

3.我国是多民族的国家，在了解我国传统节日的基础上引导学生去了解我国少数民族的节日，激发他们浓厚的学习兴趣，培养探索意识，继续拓展探究。

(资料来源：江苏省南通市通州区教师发展中心　陈钰枢.)

就这个课例而言，教师也可以在导入环节播放关于传统节日的童谣来为学生创设情境，给学生营造节日氛围；教师可以在教学过程中让学生分享传统节日里自己做过哪些事情，这是教师重视学生生活经验的体现。无论是贴春联、包粽子还是赏月，通过学生习得的生活常识或接触到的节日习俗，教师可以引导学生理解这些行为背后所蕴含的节日意义。

五、采用多元评价，构建科学的测评体系

科学的教学评价对语文学习有导向和监控作用，是梳理与探究学习取得高效益的重要保障。学生梳理与探究学习的评价应重点考察学生的探究精神、合作意愿和综合运用语文的能力等。在每一次的梳理与探究学习结束后，教师不应对学生学习中获得的成果置之不理，应该寻找恰当的时机，组织学生对之前的学习和活动进行总结，并交流分享。

《义务教育语文课程标准》(2022年版)指出，语文课程评价包括过程性评价和终结性评价。过程性评价贯穿语文学习的全过程，终结性评价包括学业水平考试和过程性评价的综合结果，由此可见过程性评价的重要性。

教师要随时关注学生梳理与探究学习过程中的表现，在不同的学习环节给予学生客观、公正的评价，根据学生不同的表现给出针对性的点评和合理的意见及建议，帮助学生更清晰地了解自己的掌握程度和是否需要调整学习策略，以提高自己探索研究的能力，并形成良好的学习习惯。

教师要鼓励每个学生积极总结梳理与探究活动中的表现，正确看待自己在学习过程中的收获以及不足，从而提升梳理与探究学习能力。

教师进行评价时应该采用多元的评价方式，在教师评价的基础上，引导学生组内成员进行互评，让学生学会换位思考，提高学生审视他人的能力，加深小组成员的配合默契。与此同时，教师也可以鼓励学生进行自我评价，通过全面的自我审视正确看待自己的优点、缺点。

个体间具有差异性，学生的气质、性格和生活经历不同，所具有的学习兴趣和能力水平也会有所不同。教师要充分考虑学生个体间的差异性，并发现每个学生的闪光点，多采取激励性评价方式，提高学生语文学习的积极性。

第三节 梳理与探究教学案例与分析

一、梳理与探究教学案例

《综合性学习：难忘小学生活》

回忆往事(第一课时)

教学对象：六年级学生

教学内容：六年级下册 第六单元

教材分析：教材围绕"难忘小学生活"的主题，安排了"回忆往事"和"依依惜别"两个活动板块。两个板块紧密关联，"回忆往事"板块唤起了学生对往事的回忆，往事的重现又引发了学生的惜别之情，从而使学生在开展"依依惜别"板块活动时有了更深的感情基础。本单元沿用五年级综合性学习单元的编排方式，以任务驱动的方式带动整个单元的学习。每个板块都编排了"活动建议"和"阅读材料"。其中"活动建议"是综合性学

习的主体，提供了具体的活动任务、活动内容和活动方式。"阅读材料"属于综合性学习的活动资源参考，可以根据活动的需要选择使用这些材料。

学情分析：本单元为综合性学习单元，主题为"难忘小学生活"。这个单元与学生的生活联系紧密，学生进入这个单元学习时，即将告别生活六年的小学校园，开始新的学习生活。六年来，学生从天真烂漫的儿童成长为意气风发的少年，这既是孩子自己努力的结果，也是学校、老师的心血。这六年，发生过许多或令人激动、喜悦，或令人伤心、遗憾的事；这六年，是学生人生道路上永远难忘的岁月。即将毕业的时候，开展一系列有意义的活动，可以让学生珍藏记忆、表达情感、祝福未来的同时，综合运用语文知识与技能，促进语文素养的发展。

活动目标：

1.能围绕活动主题，明确活动任务，制订活动计划，并按计划开展活动。

2.能根据活动主题收集和整理反映小学生活的资料，填写时间轴，并与同学分享难忘的回忆。

3.能设计制作成长纪念册。

教师准备：

1.收集不同小学毕业生的成长纪念册。

2.制作反映学生校园生活的多媒体资料。

学生准备：

1.预习第一板块中的"阅读材料"。

2.收集、整理小学生活中的资料(奖状、照片、日记本、旧玩具等)。

活动过程：

一、激发兴趣，明确活动任务

1.导语：同学们，今天我们将迎来本学期最后一个单元——第六单元。不久后，你们就告别生活六年的小学校园，告别朝夕相处的老师、同学，带着依依不舍的心情跨入新的学校，开始新的学习生活。这六年来，你们走过懵懂的一年级、快乐的二年级、有趣的三年级、多彩的四年级、勤奋的五年级、拼搏的六年级。(课件展示)从天真烂漫的儿童成长为意气风发的少年，这既是你们自己努力的结果，也是学校、老师的心血。这六年，发生过许多或令人激动、喜悦，或令人伤心、遗憾的事；这六年，也会是你们人生道路上永远难忘的岁月。让我们跟随这次综合性学习活动——"难忘小学生活"找寻尘封的记忆吧！

2.播放教师收集到的小学生制作的成长手册集。

(俗话说："巧妇难为无米之炊。"要想制作这样精美、富有个性的成长手册，需要同学们大胆创新，展现个性，亲自动手收集资料，用心制作属于你自己具有特殊意义的成长纪念册，来珍藏这段难忘的成长记忆吧！)

3.通过同学课前自主阅读本板块内容，说说"回忆往事"我们要开展哪些活动，可以参考哪些资料。

【设计意图】临近毕业，学生的情绪会不太稳定，这次综合性学习活动又是一次语文素养与人文情感融于一体的活动，容易使学生的情绪波动，简单直接的导入设计有助于学生对往事的回忆，让学生能以学习的态度参与活动。

【思政融入】通过导入，教师让学生对六年的学习生活有一个回顾，能够产生自己的感悟，通过回想自己学校生活的点点滴滴，回忆起与同学之间的互帮互助；对老师的尊师重道；对自己行为规范的审视。

二、讨论"回忆往事"的活动内容，制订阶段活动计划

1.学生再读"回忆往事"活动建议，明确具体活动内容。

(1)填写时间轴。

(2)分享难忘回忆。

(3)制作成长纪念册。

2.讨论三项活动的顺序和关系。

前一个活动是后一个活动的基础，"分享难忘回忆"需要"选取时间轴上有代表性的内容"，这两个活动都是围绕回忆展开的。"填写时间轴"和"分享难忘回忆"是"制作成长纪念册"的准备。

3. 学生精读"回忆往事"活动建议，并讨论交流具体步骤。

任务一：探寻方法，巧手绘制

(1)填写时间轴。

讨论"填写时间轴"的方法

1.利用"阅读材料"，帮助学生回忆小学生活，引导学生按照时间的先后顺序选取每个学年或每个学期的重要事件梳理成长记忆，或者选择自己小学阶段特别的收获、教训、成功等经历，与同学、老师分享。

可以借助树状时间线索图，或者表格式时间线索图等帮助回忆小学生活。(集思广益)

2.范例引路。

(1)图 10-4 所示为树状时间线索。

(2)表格式时间线索图。表 10-2 所示为我的小学生活。

表 10-2　我的小学生活

年级	照片	习作、书法、美术作品等	获奖证书、奖牌	老师、同学的学期评语	……
一年级					
二年级					
三年级					
四年级					
五年级					
六年级					

图 10-4 树状时间线索

（树状思维导图内容：）

难忘的学习经历
- 第一次考试 —— 一年级
- 开始学习校本课程"阳光阅读" / 作文《爱如月光》在杂志上发表 —— 三年级
- 参加"机器人"兴趣小组，学习编程 —— 五年级

少先队活动
- 加入少先队 —— 一年级
- 参观周邓纪念馆 —— 二年级
- 为校园里的小鸟"安家" —— 三年级
- 参加图书义卖活动 / 为一年级小同学戴红领巾 —— 五年级

悲伤与感动
- 一位同学失去了母亲 —— 一年级
- 合唱团张老师生病住院了，我们很难过 —— 四年级
- 拍毕业照那天，很多同学都流泪了 —— 六年级

文体活动
- 在"六一"联欢会上表演小合唱 —— 一年级
- 在元旦联欢会上说相声 / 在运动会上代表班级参加投掷比赛 —— 四年级
- 在拔河比赛中反败为胜 —— 五年级
- 排演校园法治小品《小明的奇遇》 —— 六年级

难忘的老师
- 班主任郭老师退休了 —— 二年级
- 幽默的数学杨老师来到了我们班 —— 五年级
- 班主任王老师给每个人写了一张明信片 —— 六年级

中心：**我的小学生活**

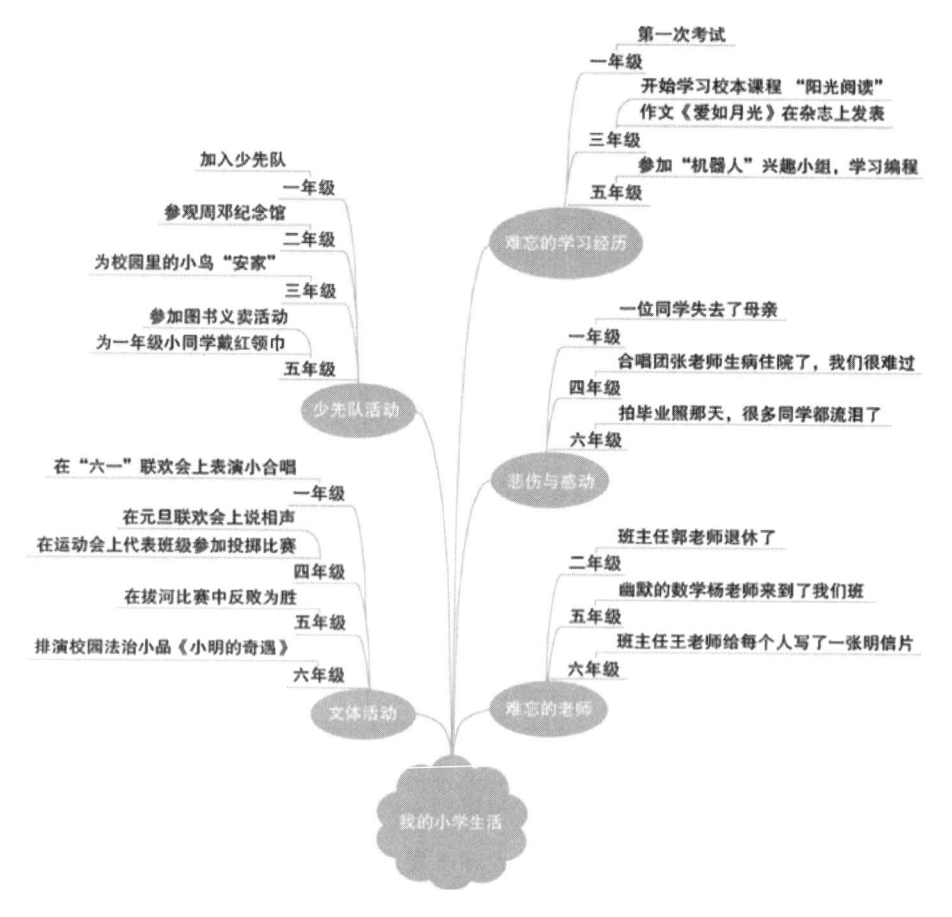

图 10-4　树状时间线索

(3)时间线。图 10-5 所示为 S 形时间线索。

（S 形时间线内容：）

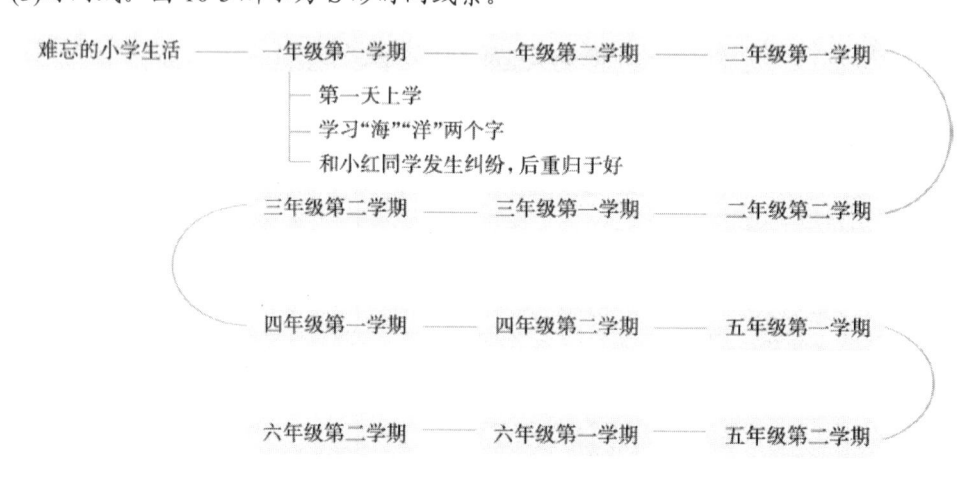

难忘的小学生活 —— 一年级第一学期 —— 一年级第二学期 —— 二年级第一学期
- 第一天上学
- 学习"海""洋"两个字
- 和小红同学发生纠纷，后重归于好

三年级第二学期 —— 三年级第一学期 —— 二年级第二学期

四年级第一学期 —— 四年级第二学期 —— 五年级第一学期

六年级第二学期 —— 六年级第一学期 —— 五年级第二学期

图 10-5　S 形时间线索

【设计意图】六年的小学时光还是比较长的，加上学生在低年级对成长的经历记忆模糊，设计时间轴的时候教师结合范例带领学生一起回顾班级集体发生的有意义的活动，可以帮助学生回忆起更多有趣的往事。形式多样的范例可以激发学生的创作热情，制作出有

个性的时间轴。

任务二：重拾记忆，勾起回忆

(1)回忆自己难忘的点点滴滴，选择每一年中印象深刻的人或事，用关键词语或句子概括出来。把印象深刻的人或事填在相对应的时间点上，并完成时间轴的填写。

(2)或借助实物、图片等创意形式，完成时间轴的填写，把照片贴在旁边。

(3)制作成长纪念册。

引导学生通过《如何制作成长纪念册》这一阅读材料了解制作成长纪念册的步骤，即"收集、筛选成长资料""根据需要给收集的资料分类""编排成长纪念册"。再引导学生围绕上述步骤如何自主完成，有哪些方法展开交流。

"制作成长纪念册"的具体步骤如下。

第一，收集、筛选成长资料。

第二，根据需要，给收集的资料分类(编年体、栏目式等)。

第三，编排成长纪念册(封面、扉页、正文)。

需要注意的是，讲解时以一般形式呈现，同时还应该让学生明白，成长纪念册是为了留下美好回忆，因此形式可以是多种多样的，根据自己的喜好呈现。

【设计意图】板块一"回忆往事"更注重对学生个人成长经历的回顾，所以制订活动计划也倾向于学生独立活动，让学生自主制订个性化活动计划的同时交流分享，让学生们能够体验共同追忆小学生活的过程。这不仅可以拓宽学生的思路，收集、丰富资料的内容，同时也能使学生体验到分享的快乐。

【思政融入】在制作成长手册的过程中，学生可以在其中加入自己对自我认知的记录，对自己行为规范的评定，使成长手册既是一个记录，又是一个反思记录册，让学生在思想与道德上进行自我提升。

三、学以致用，课后练习

1.填写时间轴，收集成长资料。

2.自己动手制作成长纪念册，下节课交流分享。

(资料来源：沈阳大学师范学院 19级小学教育4班安文婷实习公开课.)

二、梳理与探究教学案例分析

(一)聚焦方法，凸显语文味

本节课设计的"回忆往事""依依惜别"两个板块的活动不仅体现了语文知识与能力的运用，也包含了美术、音乐、信息技术等学科的知识与能力。活动中，要注意体现语文学科自身的特点。首先，注重引导学生运用学过的资料整理方法，筛选收集到的资料，包括文字、图片、音像等。其次，在开展"制作成长纪念册"等活动时，要注重引导学生运用语文知识与能力。例如，在制作成长纪念册时，应注意题目的拟定、扉页及正文的撰写。凸显"语文味"。

(二)恰当指导，提升练习

本节课注重增强活动的过程性。无论课内还是课外，教师都密切关注学生的整个活动，通过询问、检查、答疑、提建议、组织学生交流等方式进行过程性指导。学生在开展课外活动的阶段，教师根据情况安排课堂教学内容。例如，在成长纪念册中放入毕业联欢会的照片、记录自己的感受。对填写时间轴、制作成长纪念册等活动的内容呈现形式也进行了适当调整，如把时间轴变为各种形式的时间线索图。

(三)借助素材，激发情感

根据活动需要，灵活使用"阅读材料"。"阅读材料"不是课文，它只是学生完成活动任务的参考资料。本节课引导学生根据需要自主运用"阅读材料"，既可以在活动前浏览，也可以在小组活动时讨论，还可以在汇报、总结时使用。同时，要注意发挥"阅读材料"不同的价值：有的可以作为实例为学生提供直观感受；有的可以用来创设情境，激发学生的情感，唤起学生的回忆；有的可以提供思路，对学生的活动起指导作用。

本章小结

本章主要介绍了梳理与探究各学段的教学要求，重点阐述了梳理与探究的教学策略。与此同时，为了便于学生对理论深入理解，教学策略列举了相应的教学案例。优秀的教学案例的评析可激发学生对本章内容的深度思考。

思考题

1. 语文学习任务群共六个，"语言文字积累与梳理"排在任务群之首，并且明确定位为"基础型任务群"。那么，它与发展型任务群、拓展型任务群有什么关系呢？

2. 请你组织五、六年级的学生，对身边关注的问题做一次社会调查，并指导写出调查报告。

3. 整本书阅读活动，可引导学生在语文实践活动中积累读书经验，养成良好的阅读习惯。请你策划一次读书汇报会，让学生梳理、反思小学阶段的阅读生活，并与同学们分享阅读心得，交流研讨阅读中遇到的问题。

参 考 文 献

[1] 张鸿苓. 语文教育学[M]. 北京：北京师范大学出版社，1993.
[2] 曹发祯. 板书技能[J]. 佛山大学学报，1997，15(06)：37-42.
[3] 高延武，隋春荣. 多媒体课件设计与制作[M]. 北京：人民邮电出版社，2012.
[4] 张军征. 多媒体课件设计与制作基础[M]. 北京：高等教育出版社，2004.
[5] 王宗海，肖晓燕. 小学语文教学技能[M]. 上海：华东师范大学出版社，2011.
[6] 周小蓬. 语文课堂教学技能训练教程[M]. 北京：北京大学出版社，2010.
[7] 张隆清. 新课程背景下语文课堂讲解教学探讨[J]. 新课程学习(下)，2011，(05)：10-11.
[8] 力毛措. 微格教学中教师讲解技能探析[J]. 青海教育，2013，(Z1)：86.
[9] 石梦瑶. 中学语文教学板书运用的现状调查及策略研究[D]. 兰州：西北师范大学，2014.
[10] 吴艳玲. 小学语文看图写话教学问题与对策[J]. 语文建设，2014，(03)：18-19.
[11] 朱洁如. 语文综合性学习的课程定位与教学设计[J]. 全球教育展望，2014，43(07)：120-128.
[12] 季银泉. 小学课程设计与评价[M]. 北京：高等教育出版社，2015.
[13] 周珏. 学科教学导入四法[J]. 上海教育科研，2015，(04)：86-88.
[14] 曾小明. 浅议语文教学中"讲解"尺度的把握[J]. 小学教学研究，2016，(11)：24-25.
[15] 应亚珍. 字母角色化：汉语拼音教学的创新实践[J]. 上海教育科研，2016，(01)：61-63.
[16] [美]吉姆·崔利斯. 朗读手册[M]. 北京：新星出版社，2016.
[17] 黄先政，郭俊奇. 小学低段汉语拼音教学难点的化解[J]. 教学与管理，2017，(29)：38-39.
[18] 王凤桐. 小学语文微格教学教程(修订版)[M]. 北京：首都师范大学出版社，2017.
[19] 皮连生. 小学语文教学设计与实施[M]. 上海：华东师范大学出版社，2018.
[20] 何英姿，李文玲等. 用微格教学加强师范生板书技能训练之探析[J]. 广西教育学院学报，2018，(04)：125-128.
[21] 陆彩萍. 小学作文教学有效路径探析——基于叶圣陶语文教育思想的实践研究[J]. 中国教育学刊，2019，(07)：97-100.
[22] 薛法根. 用母语编织意义——统编小学语文教材写作教学要义[J]. 语文建设，2019，(02)：9-13.
[23] 吴春来. 语文教学技能九讲[M]. 上海：华东师范大学出版社，2020.
[24] 刘春. 小学语文课堂提问现状与改进建议——基于大数据的分析与思考[J]. 基础教育课程，2020(18)：4-11.
[25] 郭书明. 小学低年级多种识字教学情境的构建策略[J]. 中国教育学刊，2020，(S2)：57-59.
[26] 金海霞. 综合性学习"轻叩诗歌大门"学习设计及思考[J]. 语文建设，2020，(24)：10-13.
[27] 李怀源. 小学读整本书教学实施方略[M]. 上海：华东师范大学出版社，2020.
[28] 薛彩霞. 用好课堂提问 发展学生思维——基于思维提升的小学语文课堂提问策略研究[J]. 语文建设，2021，(18)：13-16.
[29] 韩慧. 小学低年级识字写字教学初探——以二年级下册《中国美食》为例[J]. 语文建设，2021，(24)：60-62.
[30] 罗夕花. 语文阅读进阶之路——罗夕花谈单元模块整合教学[M]. 北京：北京师范大学出版社，2021.

[31] 张玉霞. 小学语文教学中"单元整合·群文阅读"教学策略[J]. 天津教育，2021，(24)：166-167.

[32] 中华人民共和国教育部. 义务教育语文课程标准(2022年版)[S]. 北京：北京师范大学出版社，2022.

[33] 俞广凤. 核心素养下小学语文科普说明文教学探究[J]. 读写算，2022，(23)：54-56.

[34] 甘红娟. 小学语文诗歌教学策略[J]. 江西教育，2022，(28)：53-54.

[35] 王崧舟. 《义务教育语文课程标准》(2022年版)案例式解读[M]. 上海：华东师范大学出版社，2022.

[36] 张忠艳. 基于积极语用观的口语交际教学探究——以五年级下册"我是小小讲解员"为例[J]. 语文建设，2022，(06)：34-38.

[37] 李琳. 小学习作教学策略研究[J]. 教育理论与实践，2022，42(08)：58-60.